学前教育专业岗课赛证综合课程

阎 勇 余 鸿 主 编

中国纺织出版社有限公司

内 容 提 要

本书将幼儿心理学知识和教育学知识融为一体，主要讲解了学前儿童发展、学前教育、幼儿园生活指导、环境创设、幼儿游戏活动及指导、幼儿园教育活动的组织与实施以及幼儿园教育评价七部分的内容，既有对基本理论知识的讲解，又有对幼儿教育实践活动的指导，是一本集理论与实践、知识与技能于一体的综合性书籍，可供幼儿专业师生学习、使用。

图书在版编目（CIP）数据

学前教育专业岗课赛证综合课程／闫勇，余鸿主编 .-- 北京：中国纺织出版社有限公司，2024.3

ISBN 978-7-5229-1411-4

Ⅰ . ①学… Ⅱ . ①闫… ②余… Ⅲ . ①学前教育—教材 Ⅳ . ① G613

中国国家版本馆 CIP 数据核字（2024）第 042019 号

责任编辑：曹炳镝　段子君　李立静　责任校对：王蕙莹
责任印制：储志伟

中国纺织出版社有限公司出版发行
地址：北京市朝阳区百子湾东里 A407 号楼　邮政编码：100124
销售电话：010—67004422　传真：010—87155801
http://www.c-textilep.com
中国纺织出版社天猫旗舰店
官方微博 http://weibo.com/2119887771
北京佳信达欣艺术印刷有限公司印刷　各地新华书店经销
2024 年 3 月第 1 版　2024 年 3 月第 1 版第 1 次印刷
开本：787×1092　1/16　印张：17.5
字数：359 千字　定价：68.00 元

编委名单

主　编　阎　勇　余　鸿
副主编　肖　婷　廖书婷　胡建纯
　　　　袁志桃　罗　欣　齐　欣

前　言

在高职院校的学前教育专业课程中，分科课程仍是主流课程。这种课程注重学生基本理论知识的学习，但对学生实践技能的训练重视不够。2021年10月，中共中央办公厅、国务院办公厅印发了《关于推动现代职业教育高质量发展的意见》，其指出要完善"岗课赛证"育人机制，按照生产实际和岗位需求设计开发课程，开发模块化、系统化的实训课程体系。西昌民族幼儿师范高等专科学校作为首批入选国家级职业教育教师教学创新团队培育单位的学校，根据《国家职业教育改革实施方案》，积极进行"三教"改革的探索。本书正是创新团队"三教"改革中"课程改革"的成果。

本书将幼儿心理学知识和教育学知识融为一体，既有对基本理论知识的讲解，又有对幼儿教育实践活动的指导。全书将幼儿教育中的基本教育课程知识和未来工作岗位所需的教育技能进行了融通，把幼儿师范生参加教育技能大赛的要求和考取教师资格证的内容也融入其中，形成了一本集理论与实践、知识与技能于一体的综合性著作。本书打破了学科课程之间的界限壁垒，对师范生尽快提高工作技能、成为合格教师能起到积极作用。

本书的创新性主要体现在以下三个方面：

（1）整合了理论与实践。本书将幼儿心理学知识和教育学知识相结合，既有基本理论知识的内容，又有对幼儿教育中实践活动的指导。这种整合使学生在学习理论知识的同时，能够更好地理解和应用这些知识。

（2）打破了学科界限。本书将幼儿教育中的基本教育课程知识和未来工作岗位中所需的教育技能进行了融通，打破了学科课程之间的界限壁垒，使学生能够全面地掌握学前教育领域的知识和技能。

（3）具有较强的针对性。本书将幼儿师范生参加教育技能大赛的要求和考取教师资格证的内容融入课程，使师范生在学习过程中能够更好地为未来的考试和工作做准备。

本书由西昌民族幼儿师范高等专科学校阎勇、余鸿担任主编，肖婷、廖书婷、胡建纯、袁志桃、罗欣、齐欣担任副主编。具体编写分工如下：模块一由廖书婷编写，模块二由阎勇编写，模块三由胡建纯编写，模块四由肖婷编写，模块五由余鸿编写，模块六由阎勇、罗欣共同编写，模块七由袁志桃、齐欣共同编写。

在编写过程中，本书得到了宜宾学院教授侯中太、西南大学教授袁顶国的指导，由西昌民族幼儿师范高等专科学校的副研究员范星梅、具有中学教学经验的高级讲师金霖和具有幼儿园教学经验的赵依雨老师进行了审读。他们的专业建议和指导使本书的质量得到了极大的提升。在此，我们向所有参与本书编写的人员表示衷心的感谢！

由于编者的水平有限，书中难免存在不足之处，敬请广大读者批评指正。

阎勇

2023 年 12 月

目 录

模块一
学前儿童发展

内容摘要：该模块内容是幼儿教师有效开展活动的前提。该模块主要对幼儿发展的含义，影响幼儿心理发展的因素，幼儿发展理论，幼儿身心发展的基本规律和特点，幼儿认知发展、情绪情感发展、个性发展、社会性发展的特点，幼儿发展的个体差异及常见的问题等内容进行了初步介绍。

学习目标：理解幼儿心理发展的含义、幼儿心理发展的影响因素和幼儿发展的部分理论，掌握幼儿身心发展的基本规律和特点、幼儿认知发展和个性发展的特点，初步具有解决幼儿常见心理和行为问题的能力，意识到模块内容对幼儿教师的重要价值，进而产生学习的兴趣。

关键词：幼儿心理发展　影响因素　发展理论　规律特点　认知发展　个性发展
常见问题

第一节　学前儿童发展概述

案例导入

1970 年，3 岁的女孩基尼在加利福尼亚州被发现，基尼的母亲失明并受女孩父亲的虐待。基尼从婴儿时期开始就没有人和她说过话。她被隔离在一个狭小的房间里，几乎听不到任何声音，每天只有哥哥匆匆忙忙地、默默地给她喂食。当基尼被发现时，她严重营养不良，无法伸直胳膊和腿，无法咀嚼，安静得吓人，她的智商只相当于一个 1 岁的正常幼儿。从那以后，经过多年的精心教育，基尼虽然学会了一些简单的语言，但没有学会人类语言的语法规则。

请想想：造成基尼不能正常成长的原因是什么？

一、学前儿童发展的含义

学前儿童发展是指学龄前儿童在生理和心理方面有规律的量变和质变的过程。其中，生理的发展是指学龄前儿童身体的正常生长和发育，包括形态的生长和功能的成熟；心理的发展是指学龄前儿童认知、情感、意志和人格的发展。

二、影响学前儿童发展的因素

影响学前儿童身心发展的因素包括生物因素、社会因素和幼儿的主观能动性三个方面。

（一）生物因素

遗传因素与生理成熟是影响幼儿心理发展的生物因素。

1. 遗传因素

遗传因素是指先天的解剖学和生理学特征，如身体的结构、形态、感觉器官和神经系统特征，也称遗传素质。遗传素质是儿童发展的物质前提。

2. 生理成熟

生理成熟也称生理发展，是指身体生长发育的程度或水平。它主要对幼儿心理发展的顺序和个体差异产生影响。

（二）社会因素

环境和教育是影响幼儿心理发展的主要社会因素，为幼儿的心理发展提供了决定性条件。环境是指幼儿接触的人和周围事物的总和。教育是一种特殊的环境，影响幼儿发展的教育是指学前教育，其对幼儿的发展具有独特的作用。社会环境使遗传所提供的心理发展的可能性变为现实；社会生活条件和教育从根本上制约着幼儿心理发展的水平和方向。

（三）幼儿的主观能动性

幼儿的主观能动性是指幼儿选择、吸收和融化外界影响的积极反应能力，包括他们对外界的创造性反应。没有幼儿的主观能动性，没有遗传素质、环境、教育等赋予的所有发展条件，就不可能完成他们的发展过程。

总之，遗传因素和生理成熟是幼儿身心发育的物质前提，环境与教育是幼儿心理发展的决定性条件，幼儿的主观能动性是其心理发展的内因，外在因素与环境、教育相互作用，促进其身心发育的遗传潜能转化为现实，对幼儿身心发展起到一定的引导和调节作用。

第二节 儿童发展理论

一、成熟势力说

成熟势力说又叫作成熟理论，代表人物是美国心理学家格塞尔，他认为，支配幼儿心理发展的是成熟和学习。成熟是发展的重要条件，决定了身体发育的方向和方式，因此成熟是幼儿心理发展的主要动力。学习与外部环境有关，并不是发展的主要原因，因为变化的原因是成熟的顺序或有机体固有的机制，而学习只为发展提供了合适的时间。格塞尔的这种观点主要源于他著名的"双生子爬梯试验"。

在成熟理论看来，个体的心理发展是有方向的，比如动作的发展遵循从上到下、从中心到边缘的发展规律。发展取决于成熟，而成熟的顺序取决于基因决定的时间线。因此，年龄成为心理发展的主要参考。格塞尔等人倡导自然教育，主张教育要符合孩子的自然作息，父母和从事幼儿教育的人要了解幼儿成长的规律，按照幼儿发展的规律抚养。

格赛尔成熟势力说的缺陷在于过分夸大了生理成熟的作用，而忽视了幼儿心理发展的其他条件。

二、行为主义学派

行为主义学派成立于20世纪初，是西方心理学的主要学派之一。行为主义学派的代表人物有华生、斯金纳、班杜拉。行为主义学派的基本观点是学习是环境刺激与学习者行为反应之间联结的过程。行为主义学派注重外部条件对学习的影响，也关注学习者对环境的行为反应。

（一）华生的经典行为主义

美国心理学家华生是行为主义学派的创始人。华生认为，心理学的本质是行为，行为是可以被预测和控制的，已知的刺激可以预测反应，已知的反应可以推断刺激，这就是"刺激（S）—反应（R）"理论。华生否认遗传的作用，从"刺激—反应"公式出发，认为环境和教育是行为发展的唯一条件。因此，他认为学习的本质是刺激和反应之间的联结。

早期行为主义心理学的建立改变了当时过分重视意识研究的倾向，开始强调和重视环境与教育的作用。但华生否认幼儿在发展中的能动性和主动性，否认幼儿心理发展的阶段性和年龄特征。

华生强调了教育、学习在人类心理发展中的重要作用，对幼儿的学习、教育提出了许多有益的建议。但他片面强调环境对心理发展的影响，认为人的行为完全由环境决定，否认遗传的作用，这是不可取的。

（二）斯金纳的操作行为主义

美国心理学家斯金纳在华生的行为主义的基础上，用操作性条件反射来解释行为的习得。斯金纳认为，人的行为大多是操作性的，行为的习得与及时强化有关，因此，幼儿的行为可以通过强化来塑造。例如，如果想让孩子养成饭前洗手的习惯，可以在孩子偶尔洗手的时候给予表扬或奖励（正强化）；当孩子拒绝洗手时，批评或告知他不能用脏手吃饭（负强化），那么后来他洗手的概率会增加，然后会养成洗手的习惯。

成人应对幼儿的积极行为及时正强化、对不良行为及时负强化，这些观点对教育产生了非常大的影响。

（三）班杜拉的社会学习理论

以华生和斯金纳为代表的旧行为主义受到批判的一个重要原因是他们忽视了行为的社会因素。美国心理学家班杜拉的社会学习理论在一定程度上弥补了一些不足。

班杜拉主要研究人们如何在社会环境中学习以形成和发展他们的个性，他提出学习是个人为了满足社会需求而获取社会知识、体验和发展个性的活动。班杜拉的社会学习理论以观察学习为基础，其主要观点体现在以下三点。

1. 观察学习

观察学习是指人们通过观察他人的行为及其结果来获得新行为的过程。在观察学习中，观察学习的对象被称为榜样或示范者。观察学习有三种类型：直接观察、抽象观察、创造性观察。

2. 观察学习的过程

观察学习包括以下四个具体过程：

（1）注意过程。注意过程是观察者注意并知觉榜样情景的过程。

（2）保持过程。保持过程是观察者以表象和言语形式将榜样行为进行表征、编码、存储的过程。

（3）再现过程。再现过程是观察者将头脑中有关榜样情景的表象和符号概念转化为外显行为的过程。

（4）强化和动机过程。强化和动机过程是观察者因表现观察到的行为而受激励的过程。

3. 强化的种类

（1）直接强化。直接强化是指观察者通过表现出观察行为而受到强化。比如幼儿园的孩子做了一件好事，老师会给他一朵小红花，激发孩子做好事的动力。

（2）替代性强化。替代强化是指学习者通过观察他人行为的有益后果来强化。例如，当年幼的孩子看到他们的同龄人因礼貌而受到表扬时，他们会增加表现相同行为的倾向；当他看到同伴因打架而受到惩罚时，他抑制住了打架的冲动。

（3）自我强化。自我强化是指观察者根据他设定的标准来评估自己的行为。在发展过程中，孩子通过观察和学习获得自我评价标准和自我评价能力，认为自己或榜样的行为符合标准时给予正面评价，不达标时给予消极评价，从而规范自我行为。正是在这种自我调节的影响下，孩子们改变了自己的行为，形成了自己的想法和个性。

三、精神分析理论

精神分析学派是现代西方心理学的主要学派之一，以弗洛伊德和埃里克森为代表。精神分析始于治疗人们的心理障碍。出于治疗目的，弗洛伊德专注于探索人类动机和行为的根源，从而弥补传统心理学的不足，改变心理学的研究方向。

（一）弗洛伊德的精神分析理论

1. 人格结构理论

弗洛伊德认为，在人格发展上存在三个主要的、连续的阶段，这些阶段主要反映在本我、自我与超我的发展过程中。

（1）本我。"本我"处于潜意识层面，并根据快乐原则行事。婴儿在初始阶段以压倒性的力量追求欲望的满足。例如，饥饿的婴儿不会等待，饿了不得不马上喂奶。

（2）自我。在生活中，并非所有婴儿的愿望都能立即得到实现。例如，当婴儿因饥饿而哭泣时，母亲正在做其他事情，因此婴儿愿望的满足总是被延迟或拒绝。成人的要求和婴儿的愿望之间存在冲突。身份的冲动与现实之间的不断冲突，导致了人格的第二层次——"自我"的发展。"自我"是人格的理性层面，是幼儿在与环境的关系中逐渐形成的心理组织。"自我"处于意识层面，遵循现实的原则。一方面，"自我"使"本我"适应现实的条件，从而调节、控制或延迟"本我"欲望的满足；另一方面，它还要协调"本我"与"超我"之间的关系。

（3）超我。"超我"是人格的最高部分。"超我"从幼儿时期开始发展，主要来自于同性父母的认同，孩子努力像别人一样接受他人的价值观和信仰，将成年人的要求转化为自己的行为，形成规则并自觉遵守。如果一个人的行为符合自己的理想，个人会感到骄傲，否则个人会感到焦虑。因此，"超我"是意识层面的道德部分，遵循道德原则。

2. 人格发展理论

弗洛伊德根据不同阶段幼儿的集中活动能力，把心理和行为发展划分为由低到高的五个阶段，依次是口唇期、肛门期、性器期、潜伏期和生殖期。下面主要介绍涉及学前幼儿的前三个时期。

（1）口唇期（0~1岁）。口唇期的活动主要是口腔的活动。幼儿的基本需求从吮吸、吞咽和咀嚼等口唇活动中得到满足，因此口唇是这段时间快乐最集中的区域。如果这个时期的基本需求得到满足，幼儿以后就会表现出乐观、信任和自信的特点。如果在此期间口唇活动受到过度限制，就会出现"滞留现象"，孩子长大后会保留自己的"口唇人格"，趋于悲观、依赖、孤僻、嫉妒、苛求的特点，甚至憎恨他人。

（2）肛门期（1～3岁）。肛门期幼儿的性兴趣集中在肛门区域，排泄过程中产生的轻松和快感使幼儿体验到操纵和控制的作用。如果处理不当，幼儿会形成"肛门个性"，或凌乱、浪费、无组织、放肆，或过于尖刻固执、过于整洁、过于关注小节等。

（3）性器期（3～6岁）。在性器期，幼儿开始关注身体的性别差异，开始对生殖器产生兴趣，主要表现在"俄狄浦斯情结"，即男孩对母亲有性兴趣（又称"恋母情结"），而女生则过度痴迷于父亲（又称"恋父情结"）。幼儿产生的"恋母情节"或"恋父情结"，一方面以父母的异性为爱的对象，另一方面又产生对同性父母的嫉妒和仇恨。"本我"和"自我"之间的冲突出现了，结果往往是幼儿模仿同性父母，并将他们内化为自己人格的一部分。这一时期冲突的顺利化解，对于今后幼儿人格的健康发展极为重要。

（二）埃里克森的人格发展理论

埃里克森是美国精神分析医生，也是现代美国最著名的精神分析理论家之一。他认为，人格的发展包括机体成熟、自我成长和社会关系这三个不可分割的过程，经历着所有的内在和外在的冲突。埃里克森提出了人格发展的八个阶段理论。他对人格发展阶段的基本看法：心理发展是一个连续的渐进过程，可分为八个社会心理阶段；每个发展阶段都有新的重大冲突（社会心理危机），冲突是该阶段的标志；每个阶段的发展顺序不变，所指示的冲突是先天预定的，是生物成熟的表现；如果每个阶段的冲突处理得当，幼儿就能适当应对下一阶段发展中会遇到的危机和问题，否则会出现危机或情绪障碍和病态；每个人到达每个阶段的方式可能不同。

埃里克森提出的人格发展八个阶段如下。

1. 信任感对不信任感（零至一岁或一岁半）

这个阶段的发展任务是培养婴儿对周围世界，特别是对社会环境的基本态度，建立信任感。如果父母或照顾者在这个阶段给予婴儿适当、稳定和不间断的关注、照顾、养育和抚摸，婴儿就会对父母产生信任感，并将世界视为一个安全可靠的地方。这种基本的信任感是幼儿发展健康人格品质和在以后，特别是青少年时期发展起来的同一性的基础。

2. 自主感对羞耻感、怀疑感（一或一岁半至三四岁）

这个阶段的发展任务是培养自主感。幼儿在这个阶段开始尝试独立处理事情，如果父母允许幼儿做自己能做的事，鼓励幼儿独立探索的欲望，孩子就会逐渐认识到自己的能力，养成积极主动、自主的个性。反之，父母过度的宠爱和保护或过度的批评和责备，都可能使孩子怀疑自己控制自己和环境的能力，从而产生羞耻感。

学前教育专业岗课赛证综合课程

3. 主动感对内疚感（三四岁至五六岁）

这个阶段的发展任务是培养主动性。由于身体活动和语言的发展，幼儿在这个阶段将他们的活动范围扩展到家庭之外。幼儿喜欢尝试和探索新环境，承担并学习新任务。这时，如果家长或老师耐心倾听、认真回答幼儿遇到的问题，对于幼儿的建议给予适当的鼓励或善意对待，不仅可以培养幼儿的主动性，还可以培养他们辨别是非的道德意识。相反，如果父母对幼儿的问题不耐烦或嘲笑他们的活动，幼儿会对他们的活动感到内疚。有时，当幼儿的主动性与他人的主动性发生冲突时，也会触发其内疚感。

4. 其他阶段

其他五个阶段分别为：勤奋感对自卑感（五六岁至十一二岁）、自我同一性对角色混乱（十一二岁至十七八岁）、亲密感对孤独感（成年早期）、繁殖感对停滞感（成年中期）、自我整合对绝望感（成年晚期）。

四、认知发展理论

（一）皮亚杰的认知发展观

瑞士的心理学家皮亚杰是当代国际著名的幼儿心理学家，他对幼儿思维和智力的研究闻名于世。

1. 心理源于动作

皮亚杰认为，心理既不源于先天的成熟，又不源于后天的经验，而是源于动作，动作是认识的源泉，是主客体相互作用的中介。

2. 认知发展的本质

皮亚杰认为，幼儿不会对环境刺激做出机械反应，而是被动地通过强化来获取知识；幼儿是环境的积极探索者，幼儿的心理发展是先天环境与后天环境相互作用的结果。皮亚杰认为，适应是儿童心理发展的真正原因：他们通过同化、顺应和平衡的过程，实现了对周围环境的适应，从而获得经验、不断形成新的认知结构，使智力得到发展。

皮业杰用四个基本概念阐述他的适应理论和建构学说，即图式、同化、顺应和平衡。

（1）图式。图式即认知结构，图式对客体信息进行整理、归类、改造和创造，以使主体有效地适应环境。认知结构的建构是通过同化和顺应两种方式进行的。

（2）同化。同化是主体将来自环境的信息整合到现有认知结构中的过程。同化过程是主体过滤和转化外部刺激的过程。通过同化，主体加强和丰富了原有的认知结构。同化为图式提供了量变。

（3）顺应。顺应是当主体的图式不能适应客体的要求时，就要改变原有图式，或创造新的图式，以适应环境需要的过程。顺应使图式得到质变。

（4）平衡。平衡是主体发展的心理动力，也是主体的主要发展趋势。皮亚杰认为，幼儿天生就是环境的探索者，通过对物体的操纵积极建构新知识，通过同化和顺应的相互作用达到满足环境要求的动态平衡状态。皮亚杰认为，主体与环境之间的平衡是适应的本质。

3. 影响幼儿心理发展的因素

在幼儿发展方面，皮亚杰认为，幼儿发展既不是先天结构的展开，又不是完全依赖环境的影响。在他看来，幼儿发展受到以下四个因素的综合影响：成熟、经验、社会环境和平衡化。

（1）成熟。成熟主要是指机体的成长，特别是神经系统和内分泌系统的成熟。

（2）经验。经验主要是指通过与外部物理环境接触获得的知识。自然经验可以分为两类：一类是物理经验，如物体本身的大小、重量、软硬度、颜色等；另一类是数理逻辑经验，它是在反复的主客体相互作用的基础上建立的主体协调一系列动作之间关系的经验。

（3）社会环境。社会环境是指社会互动和社会传递，主要包括语言、教育和社会生活等。

（4）平衡化。平衡化是成熟度、经验和社会环境这三个因素的调节因素，是认知发展的内在动力，是影响认知发展的最重要、决定性的因素。思维的本质是适应，幼儿心理的发展是通过幼儿心理或行为图式在环境影响下通过同化和顺应达到平衡的过程，使幼儿心理不断由低到高发展。

（二）幼儿认知发展阶段

1. 感知运动阶段（0～2岁）

感知运动阶段是幼儿智力发展的萌芽阶段。在这个阶段，幼儿只能依靠感知和运动来适应外部环境。幼儿在9～12个月时获得客体永久性。也就是说，幼儿能够找到不在他们面前的物体，并确信不在他们面前的物体仍然存在。感知运动阶段的最大成就是，幼儿从一个完全不能分清主体和客体，无法意识到自己，完全以自己的身体和运动为中心，没有客体的世界，发展到将自己视为由许多永恒客体组成的世界中的客体。

2. 前运算阶段（2～7岁）

前运算阶段是从知觉运动阶段到概念智能阶段（运算阶段）的过渡阶段。在这个阶段，表象或内化的感知或行为在幼儿的心理中起着重要作用，词的功能开始显现，使幼儿能够用表象和语言作为中介来描述外部世界，扩大了幼儿的生活和心理活动范围。此阶段可分为两个子阶段。

（1）前概念阶段或象征性阶段（2～4岁）。这个阶段的主要特征是幼儿思维开始使用符号来进行表达，出现表征功能。幼儿可以用一个事物代表另一件事物。例如，在这个阶段出现了许多自发的神话、拟人化和"泛灵论"的思想。

在前概念阶段，幼儿思维中的对象减少个别性，具有一定的概括性。然而，幼儿心目中的阶段是同一个个体的几个复制品。

这个阶段的幼儿不能掌握部分与整体的关系，只有部分与部分的直接等同，因而他们常常运用的是"转导推理"。

前概念思维是"中心化"的思维，或称"自我中心思维"。这阶段的幼儿在一个时间只能考虑到事物的一种特征，不能同时考虑到两种特征。

（2）直觉思维阶段（4~7岁）。直觉思维阶段是从前概念思维过渡的中间阶段。直觉思维的特点是能反映事物的一些客观逻辑，同时受到图像直接感知的影响，所以又叫"半逻辑"思维。直觉思维已经向去中心化迈进了一步，幼儿开始能够同时兼顾事物的两个维度，但去中心化仍然不够。

前概念思维反映的是个别与个别的联系。直觉思维则开始反映事物整体的复杂结构。但是，直觉思维仍然是具体的，仍然依靠表象。

在直觉思维阶段，幼儿思维逐渐接近现实，神话思维成分减弱。幼儿逐渐放弃以自我为中心的"前概念"，开始追求客观理解。他们经常追求事物的因果关系，但仍然认为无生命的物体是活的。

3. 具体运算阶段（7~11岁）

7岁以后，幼儿思维进入具体运算阶段。为了解具体运算思维阶段的特点，我们通过和前面的前运算阶段的比较来阐明。

具体运算阶段和前运算阶段思维的主要区别体现在以下五点。

（1）具体运算思维依靠概念进行，前运算思维依靠表象进行。

（2）具体运算思维有可逆性，前运算思维没有可逆性。

（3）具体运算思维具有守恒概念，前运算思维没有守恒概念。

（4）前运算思维是以自我为中心的，具体运算思维逐渐非中心化。

（5）前运算思维是不灵活的，具有固定性、刻板性，具体运算思维具有灵活性。

4. 形式运算阶段（11岁以后）

这一时期，幼儿根据假设对各种命题进行逻辑推理的能力不断发展，思维具有可逆性、补偿性和灵活性。

五、文化历史发展理论

维果斯基是苏联著名的心理学家，在发展心理学领域与皮亚杰的地位相同。20世纪70年代以后，其理论受到关注，成为当代最具影响力的发展和教育心理学理论之一。

（一）两种心理机能

维果斯基从种系和个体发展的角度分析了心理发展的实质，提出了文化历史发展理论。

维果斯基区分了两种心理功能：一种是动物进化结果的低级心理机能；另一种是

历史发展结果的高级心理机能，即以符号系统为中介的心理机能。高级心理机能的本质是以心理工具为中介的，受到社会和历史发展规律的约束。维果斯基提到的工具有两个层次：物质生产工具和精神生产工具——语言符号系统。

维果斯基认为人的思维与智力是在活动中发展起来的，是各种活动、社会性相互作用不断内化的结果。

（二）心理发展观

1. 低级心理机能向高级心理机能发展的表现

心理发展是个体心理从出生到成年，在环境和教育的影响下，在心理机能较低的基础上，逐步向较高心理机能转变的过程。它有四种表现：

（1）随机机能的不断发展。

（2）抽象概括机能的改进。

（3）各种心理机能之间的关系不断变化和重组，形成间接的、以符号为中介的心理结构。

（4）心理活动的个性化。

2. 幼儿心理发展的原因

（1）心理功能的发展源于社会文化史的发展，服从社会规律。

（2）从个体发展的角度看，幼儿在与成人互动的过程中，通过掌握语言符号系统这一高级心理机能的工具，在低级心理机能的基础上形成各种新的心理机能。

（3）高级心理机能是外部活动不断内化的结果。

3. 最近发展区

维果斯基认为，幼儿的发展有两个层次：一是幼儿的现有水平，即由一定完整的发展体系形成的幼儿心理机能的发展水平；二是即将达到的发展水平。这两个层次之间的差距就是最近发展区，即幼儿在成人指导下可以达到的解决问题的水平与单独解决问题可以达到的水平之间的差距。最近发展区的大小是幼儿心理发展潜力的主要指标。因此，维果斯基提出"教学要先于发展"，即教学要聚焦于学生的最近发展区，把潜在的发展水平转化为现实发展水平，从而创造新的最近发展区。

支架式教学是在维果斯基最近发展区理论基础上发展起来的教学模式。支架式教学是指教师指导教学的过程，使学生能够获取、建构和内化所学知识和技能，从而进行更高层次的认知活动。总之，支架式教学是通过老师的帮助（支架），管理学习的任务逐渐从老师那里转移到学生自己身上，最后去掉"支架"的教学模式。

（三）内化学说

维果斯基强调教学的作用，认为通过教学，幼儿可以掌握全人类的经验，并将其内化在自己的经验和体验中。维果斯基内化学说理论的基础是他的工具理论。具体而言，语言符号系统在幼儿认知发展的内化中起着至关重要的作用。

第三节 幼儿身心发展规律和特点

案例导入

一位老师教中班幼儿背诵童谣"一滴水，不起眼……"时，孩子们每次都指着自己的肚子。你知道是为什么吗？

一、婴幼儿身心发展的年龄阶段特征

（一）婴儿期

婴幼儿越小，其身心发展速度越快。因此，婴儿期是婴幼儿身心发展最快的一个时期，这个时期又可以细分为三个阶段。

1. 0～1个月（新生儿）

新生儿离开母体，开始接触外界环境，身体发育不够健全，各种功能不完善，但新生儿已经有了应对外界刺激的本能，即无条件反射。新生儿的无条件反射主要包括吸吮反射、觅食反射、吞咽反射、眨眼反射（受强光刺激时眨眼）、抓握反射、巴宾斯基反射（轻轻抓挠新生儿脚底，拇指向上翘起，其余四根手指呈扇形）、游泳反射（将新生儿俯卧在水中，他会用他的四肢做出协调良好的游泳式动作）、迈步反射（双手放在新生儿的腋窝上，让他的脚接触地面，他会做出类似步行的动作）。随着婴儿的成长，其中一些无条件反射会相继消失。

新生儿的无条件反射无法应对复杂的外部环境，因此，条件反射在出生后不久就建立了。比如妈妈多次抱起宝宝进行母乳喂养，这样被抱起来喂奶的姿势（条件）与想要吃奶的无条件反射相结合，使宝宝形成喂奶姿势的条件反射。条件反射的出现是孩子心理发展的标志。

2. 1～6个月（乳儿期、婴儿早期）

这一时期婴儿的生长发育特别迅速，体重和身长都比出生时增加1～1.5倍；大脑迅速发育，条件反射不断形成，主要表现在以下四个方面。

（1）视觉和听觉迅速发展。满月过后，婴儿的眼睛更加灵活。例如，他的目光可以跟随物体移动，2～3个月后，婴儿对声音的反应比以前更积极。当他听到讲话或铃声时，他会转动身体和头部，用眼睛寻找声音的来源。

（2）手眼协调开始发生。在4～5个月时，婴儿手的运动和眼睛的运动是协调一致的，即他们能抓住他们所看到的，这是手眼协调的主要标志。

（3）主动交往。这是最初的社会性交往的需要。婴儿早期的孩子往往主动发起和别人的交往。哭是婴儿最初社会性交往需要的体现。

（4）开始认生。婴儿在 5 ~ 6 个月时开始认生，这是儿童认知发展和社会发展过程中的一个重要变化，清楚地表明了感知辨别能力和记忆能力的发展。其表现为幼儿情感和人际交往发展的重大变化，表现出对人的依恋态度。

3. 6 ~ 12 个月（婴儿晚期）

这个阶段的明显变化是动作灵活，表现在身体活动范围比以前大，双手可以模仿各种动作，言语的萌芽逐渐出现，亲子关系和依恋关系更加牢固。

（1）身体动作迅速发展。抬头、翻身（在半岁前学会）、坐、爬、站、走等动作开始形成。

（2）手的动作开始形成。从半岁到 1 岁，幼儿的手的动作日益灵活，其中最重要的是，五指分工动作发展起来了。

（3）言语开始萌芽。这时发出的音节较清楚，能重复、连续。

（4）依恋关系发展。分离焦虑，即亲人离去后长时间哭闹，情绪不安，这是依恋关系受到障碍的表现。

（二）幼儿期

1. 1 ~ 3 岁（托儿期）

这个时期是幼儿真正形成人类心理特征的时期，表现在幼儿在这一时期学会走路、开始说话、出现思考、具有初步独立性，是人类特有的心理活动。

（1）言语的形成。随着与成人互动的发展，在短短两三年内，幼儿不仅可以听懂成人对他说的话，还能用口语更清晰地表达自己的想法，同时根据成人的口头指示调整自己的行为。言语的形成和发展也促进了心理活动的有意识和普遍的发展。

（2）思维的萌芽。思维是一种高级认知活动，是智力的核心。在这一点上，幼儿有了他们的第一个概括和推理。例如，可以将不同性别和年龄的人分类并主动称为"爷爷""奶奶"或"哥哥"和"姐姐"。与此同时，想象开始出现。在 2 岁左右，幼儿已经能够拿着物体进行富有想象力的活动，并且出现了游戏的萌芽。

（3）自我意识的萌芽。自我意识是个人对自己所做的事情的看法和态度。2 岁左右，幼儿知道"我"和别人的区别，在语言上逐渐区分"你"和"我"，在行动上"自己来"。掌握代词"我"是自我意识萌芽的最重要标志。

2. 3 ~ 4 岁（小班时期）

对于大多数幼儿来说，3 岁是生活上的一个转折点。从 3 岁开始，幼儿开始离开父母进入幼儿园，过着集体生活，生活范围逐渐扩大，发生许多心理变化，表现如下。

（1）行为具有强烈的情绪性。小班幼儿在幼儿园的行为往往是情绪主导的，而不是理智的支配，年龄越小越突出。他们快乐时听话，不快乐时什么都不听。

（2）爱模仿。3 ~ 4 岁孩子的模仿现象增多，教师往往是孩子模仿的对象。因此，在教育工作中，教师要时刻注意自己的言行，为幼儿树立良好的榜样。

（3）思维仍带有直觉行动性。思维仍然依靠行动进行，这是早期幼儿的典型特征，幼儿园小班的幼儿仍然保留这一特征。他们不能做复杂的分析和综合，他们只能从表面理解事物。因此，幼儿教师应该更加重视小班幼儿的正面教育，反其道而行之往往适得其反。最好说"看老师"而不是"注意听"，因为幼儿不容易接受这种笼统的抽象要求。

3. 4～5岁（中班时期）

4～5岁属于幼儿中期，幼儿在这一时期主要表现为以下心理特点。

（1）爱玩、会玩，活泼好动。中班的幼儿比小班的幼儿更活跃、更灵活，想法也更多。4岁左右是游戏蓬勃发展的时期。中班幼儿不仅好玩而且会玩，他们能够组织自己的游戏并定义自己的主题。他们将自己分工并安排角色。中班幼儿游戏的情节也比较丰富，内容多样。

（2）思维具体形象。中班幼儿的思维可以说是典型的幼儿思维，他们较少依靠行动来思维，但他们的思维过程也必须依靠实物形象。中班幼儿经常根据他们具体的生活经历来理解成人语言。因此，在语言教学中，幼儿教师应尽量使用形象的解释来帮助孩子理解新单词。

（3）开始接受任务。中班幼儿开始能够承担严肃的任务。4～5岁儿童有意注意、有意记忆、有意想象的过程比3岁幼儿有较大的发展，自制力发展迅速。在坚持性行为的实验中，4～5岁的幼儿发展得最迅速。

（4）人际关系发展。从4～5岁开始，幼儿的人际关系发生了重大变化，同伴关系开始打破亲子关系和师生关系的优势地位，逐渐向同龄人关系过渡。

4. 5～6岁（大班时期）

5～6岁属于幼儿晚期，这一时期幼儿主要表现为以下心理特点。

（1）好学、好问、好奇。好学、好问、好奇是求知欲的表现，甚至一些调皮的行为也反映了幼儿的好奇心。家长和老师要保护幼儿的求知欲，不要因为孩子的问题麻烦就拒绝回答。对于破坏玩具的类似行为，不要简单地训斥，而应积极引导，保持耐心、通情达理，同时引入一些简单的原理，满足幼儿的求知欲。

（2）抽象概括能力开始发展。大班幼儿的思维仍然以具体的形象思维为主，但有抽象概括能力的萌芽。家长和老师应该对他们进行一些简单的知识教育，引导他们发现事物之间的各种内在联系，促进他们的智力发展。

（3）个性初具雏形。在这一时期，幼儿开始对人、对自己、对事的态度和行为逐渐相对稳定，有的热情大方，有的胆小害羞，有的活泼，有的安静。成年人应该充分关注幼儿的个性特征。幼儿园教师在教育所有幼儿的同时，也要因材施教，使他们健康全面地发展。

（4）开始掌握认知方法。5～6岁的幼儿能够有意识地控制和调节自己的心理活动，并体现了一定的方法。例如，在认知活动方面，有观察、注意、记忆过程或思维和想象过程的方法。

二、学前幼儿身心发展的基本趋势

随着年龄的增长，婴幼儿的身体在不断发育，他们的记忆力在不断提高，思维的发展也在不断提高。婴幼儿向更高级的方向变化，无论是身体、运动，还是心理过程和性格都发生了变化，具体变化体现在以下四个方面。

1. 从简单到复杂

婴幼儿最初的心理活动只是非常简单的反射活动，以后越来越复杂化。这种从简单到复杂的发展趋势又表现在以下两个方面。

（1）从不齐全到齐全。婴幼儿的各种心理过程在出生的时候并不齐全，而是在发展过程中逐步发展齐全的。

（2）从笼统到分化。婴幼儿最初的心理活动是简单的，后来逐渐复杂和多样化。

2. 从具体到抽象

婴幼儿的心理活动最初非常具体，后来变得更加概括化。从认知过程来看，婴儿最初只有感觉过程，后来出现比感觉更广义的知觉和表象，进而发展成思维。思维过程本身的发展趋势也是如此，从非常具体到略微抽象，最后形成人类典型的抽象逻辑思维。从情绪发展过程来看，婴儿情绪活动的最初原因也是很具体的事物，后来是越来越抽象的事物。

3. 从被动到主动

幼儿的心理活动最初是被动的，后来心理活动的主动性逐渐发展起来。这种趋势主要表现在以下两个方面。

（1）从无意向有意发展。新生儿的原始反射是一种本能活动，是对外部刺激的直接反应，完全无意识。随着年龄的增长，幼儿逐渐能够意识到并有明确目的的心理活动，然后发展到不仅能意识到活动的目的，还能意识到他们心理活动的情况和过程。

（2）从主要受生理制约发展到自己主动调节。随着生理学的成熟，生理因素对心理活动的约束和限制作用逐渐减弱，心理活动的主动性逐渐增强。

4. 从零乱到成体系

幼儿的心理活动最初是支离破碎和混乱的，心理活动之间没有有机联系，很容易改变。随着年龄的增长，幼儿的心理活动逐渐变得系统化，有稳定的情绪，每个人的独特个性都显现出来。

三、幼儿的身体发育与动作发展

身体发育是指组织器官的结构和功能由简单到复杂、由低到高的分化和演变过程。幼儿的身体发育是按照预期的顺序进行的。

（一）幼儿身体发育的特点

1. 幼儿身高、体重、体围的特点

身高：幼儿身高的增长主要是下肢长骨的生长，所以身高中点随着年龄的增长而下移。新生儿身高中点在脐上方，1岁时身高中点向脐部移动，在6岁时移动到下腹部。

体重：幼儿体重随着年龄的增长而增长，但应与身高协调。体检时，我们常用幼儿的身高和体重指标来判断其体型及生长发育情况。

体围：体围是指绕身体某个部位周围线的长度。它通常由头围、胸围、腰围、臀围等指标组成。幼儿体围的顺序是从上到下、从中心到末梢，即头围先增长，其次是胸围、腰围、臀围。

2. 幼儿呼吸系统的特点

鼻咽部：幼儿的鼻和鼻腔相对短小，鼻黏膜柔弱，易受感染；咽鼓管短、粗、斜度小，患咽炎后易导致耳咽管阻塞，从而引发中耳炎。

喉腔：喉腔狭窄，黏膜柔嫩，血管丰富，容易造成呼吸困难；声门短而窄，声带短而薄，所以声调较成人高而尖。

气管和支气管：比成人更狭窄，软骨柔软；管腔内黏膜柔嫩且富有血管；粘液腺分泌少量干燥的粘液，粘膜上的纤毛运动较差，容易受到伤害和感染。幼儿胸腔狭窄，呼吸肌发育不全，肺活量小，易发生肺炎。另外，幼儿呼吸量比成人少，但新陈代谢强，耗氧量大，呼吸频率快，但节律不强，常深浅交替，甚至可能发生呼吸暂停，这是正常的生理现象。

3. 幼儿消化系统的特点

牙齿：幼儿的牙齿主要是乳牙，小、少、咀嚼性差。幼儿总共有20颗乳牙，大约2岁半就出齐。乳牙根部浅，钙化程度不够，容易发生龋齿。在6岁左右，恒牙开始萌出，乳牙逐渐被恒牙取代，这一过程就是换牙。

舌：幼儿的舌头宽、短、不灵活，所以发音不太准确，辅助吞咽能力差，但味觉比较敏感。

食管：幼儿的食管比成人明显短而且狭窄，很容易损伤。

胃：幼儿胃的蠕动能力较弱，消化能力弱，胃的容量随着年龄增长而不断增大。

肠：幼儿主要依赖小肠消化食物，肠管容易吸收营养物质，但肠蠕动能力比成人弱。

肝胆：幼儿肝脏的体积比例相对比成人的大；肝糖原贮存量少，容易感到饥饿；胆囊分泌胆汁较少，对脂肪的消化能力差。

4. 幼儿循环系统的特点

心脏：幼儿心脏的体积比例相对比成人大；心肌收缩能力差，心率比成人的快。

血管：幼儿血管粗大，弹性小，毛细血管血流量大；血管比成人的短，血液循环时间短；血压低于成人。

血液：幼儿血液量与体重的比例比成人的大，血液量增加快。

淋巴系统：幼儿淋巴系统发育较快，淋巴结的防御机能也较显著。

5. 幼儿泌尿系统的特点

肾：幼儿的肾脏功能差，排泄及再吸收的能力较差。

膀胱：幼儿的膀胱容量较小，3～7岁的幼儿每昼夜排尿约7～10次。

尿道：幼儿的尿道较短，且生长速度较慢；尿道黏膜柔嫩，容易受伤。

6. 幼儿内分泌系统的特点

脑垂体：幼儿脑垂体生长最快，在4岁时最活跃。脑垂体在白天分泌生长激素较少，晚上分泌更多。所以，民间"小孩长高在夜间"的说法有一定的道理。

甲状腺：甲状腺在出生时形成，后来逐渐生长。由于碘是合成甲状腺激素的重要原料，大多数与甲状腺激素相关的疾病都与碘摄入有关。由于胸腺在儿童早期发育迅速，胸腺分泌的胸腺素可以激活淋巴干细胞，在机体免疫力中发挥重要作用。

7. 幼儿视觉器官的特点

眼球：幼儿眼球尚未发育完全，眼球小，前后径短，容易产生生理性远视，看不见附近的物体。一般来说，幼儿直到5岁才能发展到正常的视力水平。

晶状体：幼儿晶状体的弹性好，调节范围广，即便离很近看东西也不觉得眼睛累。

玻璃体：幼儿的玻璃体透明度大，视觉比较敏锐。

8. 幼儿听觉器官的特点

耳郭：幼儿耳郭的皮下组织很少，血液循环差，易生冻疮。

外耳道：幼儿的外耳道短、窄，若眼泪、脏水等流入外耳道，外耳道皮肤就容易长疖。

耳咽管：幼儿的耳咽管比较短，鼻咽部的细菌容易经耳咽管进入中耳，引起急性化脓性中耳炎。

9. 幼儿皮肤的特点

幼儿皮肤表皮薄，保护功能差，容易损伤和感染；不易适应外界温度的变化，冷时易凉或冻伤，热时易中暑；幼儿皮肤渗透力强，农药、酒精可通过皮肤吸收进入体内引起中毒。

10. 幼儿神经系统的特点

脑：幼儿的大脑发育迅速，脑细胞数量的增长使大脑重量迅速增加。从出生到1岁左右，是人类脑细胞生长最快的时期，脑重基本接近成年人要到7岁左右，脑的发育为智力的发展提供了生理基础。

脊髓：脊髓在胎儿期已开始发育，出生时的形态与结构已较完善。

周围神经系统：幼儿周围神经系统发育不完善，表现为动作不精准，对外界刺激反应迟钝，易泛化，表现为易怒、疲倦、注意力不集中、不稳定等。

（二）幼儿身体发育的规律

幼儿生长发育规律就是大多数正常幼儿在生长发育过程中所表现出来的一般规律。

1. 幼儿身体发育是连续性和阶段性的统一

幼儿从幼稚到成熟的发展是一个持续的过程，而不是一个跳跃的过程。为了便于研究和保健，这个连续的过程可以分为几个阶段，每个阶段都有一定的特点，前一个阶段的发展会对下一阶段产生直接影响。

2. 幼儿身体发育的速度是波浪式的

幼儿身体发育的速度是匀速的，波浪式发展的。在人类的成长和发展过程中，有两个成长和发展的高峰。这两个高峰被称为生长发育的突增期。0～1岁是身高体重增长的第一个高峰期，也是出生后身高体重增长最快的年份，但2岁以后生长速度急剧下降，保持相对稳定较慢的速度，直到第二个高峰的出现。

3. 幼儿各系统的发育是不均衡的但又是协调统一的

从出生到发育成熟，人体各系统的发育是不均衡的：

（1）人体的整体发育包括身体外形及内脏各系统的发育，两者的发育趋势一致，在0～6岁出现一个明显的突增阶段。

（2）在胎儿期和出生后，神经系统（尤其是大脑）发育一直是领先的。

（3）淋巴系统的发育在出生后特别迅速，10岁以后淋巴系统的发育速度逐渐减缓。

（4）生殖系统在童年时期几乎没有什么发展。

综上所述，人体各系统的发育时间和速度虽然不同，但机体是一个统一的整体，每个系统的发展是相互关联的、相互影响和制约的，这恰恰是整个机体协调发展的需要。

4. 幼儿生长发育是有个体差异的

虽然每个幼儿在发育过程中都有上述发育规律，但由于先天遗传，以及先天和后天环境条件的差异，个体发育不可能一致，难免会出现高矮、胖瘦、强弱、智力的差异。先天决定孩子发展的可能性，后天决定发展的现实。

每个幼儿都有自己的发展速度和特点，有胖与瘦、高与矮、强与弱、智与愚之分；没有两个人的发展是完全相同的。教育工作者的任务是最大限度地发挥他们的遗传潜力，以便通过教育充分开发幼儿的潜力。

（三）幼儿的动作发展

幼儿动作的发展是在大脑和神经中枢、神经和肌肉的控制下进行的，因此幼儿运动的发展与幼儿身体、大脑和神经系统的发育密切相关。

1. 幼儿动作发展的规律

（1）自上而下。头尾发展规律是指幼儿运动发育的顺序是自上而下的。幼儿最早发展的运动是头部运动，其次是躯干运动，最后是脚部运动。幼儿首先学会抬头和转头，然后学会翻身和坐、学会用手臂，最后学习腿脚的运动，直立行走、跑步和跳跃。

（2）由近及远。幼儿的动作发展从身体中间开始，越靠近躯干，发育越早，远离身体中心的肢体运动发育较晚。例如，当幼儿想拿着远处的物体时，他们通常会先抬起肩膀，然后再伸出手指。

（3）由粗到细。生理的发展从大肌肉延伸到小肌肉，所以幼儿先学习大肌肉运动，再逐渐学习小肌肉的精细动作。例如，婴儿拿取东西先从完全握住开始，然后是用几个手指，再是用两个手指，最后是用一个指尖。

（4）由整体到局部。幼儿的初始动作是全身性的和笼统的。随后幼儿的动作逐渐分化，向局部化、精准化、专业化方向发展。

（5）先正后反。幼儿动作的发展首先是正向动作。然后是反向动作。比如幼儿会先伸手去拿物体，再随意放下；首先会向前走，然后会向后走。

2. 幼儿动作发展的特点

幼儿动作的发展不是孤立的，肌肉、视力和神经系统的发育也会影响幼儿认知、情感和个性的发展，因此，幼儿动作的发展在一定程度上标志着其心理发育水平，一些反射和粗运动的紊乱是智力低下的最早症状。

（1）头部动作。头部动作是幼儿最早发育的动作。头部运动的发展顺序大致如下：出生时仰卧时头部会左右转动，趴着时会抬起头片刻；在3个月大时，头部直立且稳定。

（2）躯体动作。躯体动作的发展主要表现为翻身和坐姿的发展。6个月后，坐着时身体前倾，会用手支撑身体；在7个月大时，可以从仰卧位变为俯卧位，在没有成人扶靠或其他支持的情况下能独自坐一会儿。

（3）手臂和手动作。抓握动作的发展是手部动作发展的重要标志。抓握动作发展的特点是眼睛看物体和手抓物体的动作相协调、五指运动的分化。因此，在6个月时，抓握动作开始发展；8个月大时，拇指和其他四个手指可以分开以抓住物体；10个月大时，他可以协调自己的手眼动作，把一样东西放到另一样东西上；2岁半时，手和手指的动作相当协调，手指动作自如，会用手拿筷子、拿笔。

（4）腿和脚动作。幼儿行走动作的发展经历三个阶段：爬行、站立和行走。在7个月时，他可以尝试爬行，主要依靠膝盖和大腿的运动；8个月大时，他可以扶着东西站立；10个月大时，他可以用手和膝盖爬行；12个月大时，他可以扶着走路；2岁时，他可以自由行走，可以稳定地奔跑，可以踢皮球，可以自己上下楼梯；3岁时，他可以用一只脚跳过较低的障碍物；5岁时，他可以在手臂协调的情况下快速奔跑。

第四节 幼儿的认知发展

案例导入

豆豆的妈妈经常批评豆豆："你是上幼儿园的孩子了，总是穿错鞋，你怎么这么傻？左脚和右脚明显不同，倒着穿肯定很不舒服，用眼睛稍微观察一下就可以知道哪只应该穿在左脚上，哪只应该穿在右脚上，为什么一次都穿不对呢？"无辜的豆豆拿着自己的鞋子左右看了看，不明白是怎么回事。你知道豆豆为什么会穿错鞋码？豆豆真的傻吗？

一、幼儿注意的发展

（一）注意概述

1. 注意的概念

注意是指心理活动对一定对象的指向和集中。它有两个基本特征：

（1）指向性。注意的指向性是指心理活动指向某个对象，而离开其他对象。

（2）集中性。注意力的集中性是指当心理活动指向某物时，人就会全神贯注于这一事物，把所有的精神都集中在这一事物上，以保证活动进行和活动任务的完成。

2. 注意的分类

注意决定了人们在看问题时考虑的因素，是人类思维的基础。根据注意是否有目的和意志努力的程度，注意可以分为无意注意、有意注意和有意后注意。

（1）无意注意。无意注意，也称为不随意注意，是没有预定目的、没有意志努力、不由自主地对某事物产生的注意。无意注意是注意的初级形式，在人类中如此，在动物中也如此。无意注意，虽然是自然发生的，但并非无缘无故地发生。引起无意注意的条件主要包括以下两点：

第一，客观条件，即刺激物本身的特征，包括刺激的新颖性、强度（声音大小）、运动变化（蝴蝶飞向教室）、刺激与背景的差异（白纸上的黑点）等。

第二，主观条件，即人本身的状态，包括人对事物的需求和兴趣、积极的情绪态度、个人的情绪状态和精神状态、个人的心理状态、主观的期望等。

（2）有意注意。有意注意也称随意注意，是有预先目的，必要时需要意志努力的注意。引起有意注意的条件包括以下三点：

第一，明确活动的目的和任务。

第二，排除无关刺激的干扰，需要意志努力。

第三，培养对事物的间接兴趣。间接兴趣是指对活动目的或活动的最后结果的兴趣。

（3）有意后注意。有意后注意，也称为随意后注意，是具有有意识目的但不需要意志努力的注意。有意后注意基于有意注意，并在有意注意之后发生。这是一种更高级的注意形式。培养有意后注意的条件包括：

第一，培养有意后注意的关键在于发展对活动的直接兴趣。

第二，熟练和系统化。如边弹边唱、边听边记等。

（二）幼儿注意发展的主要特征

幼儿注意发展的特征是无意注意占优势地位，有意注意逐渐发展。

1. 幼儿的无意注意占优势

容易引起幼儿无意注意的诱因有两大类。

（1）刺激比较强烈，对比鲜明、新颖和变化多动的事物。在整个幼儿期，强烈、对比鲜明和新颖的刺激在吸引幼儿的注意方面起着重要作用。例如，绿色灌木丛中的红色，电视和电影中新颖而动态的画面，以及突然出现的镜头都可以吸引幼儿的注意。幼儿的注意主要是无意注意，那些新颖多变、刺激性强的因素是幼儿无心关注的触发因素，这些因素的利用非常有利于幼儿的教育和幼儿教育活动的组织。教师组织教育活动应考虑以下四点：①教师选择和制作的玩具、教具必须是颜色鲜明、对比性强、形象生动、新颖多变的。②教师说话要清楚，要符合幼儿特点，同时说话要抑扬顿挫。③恰当安排、布置教育环境，既要避免繁杂干扰，又要能适当引起幼儿的注意。④教育内容、方法要新颖。

（2）与幼儿兴趣、需要和生活经验有关系的事物。幼儿的兴趣需求和丰富的生活经验，让幼儿更多地对事物产生无意注意。只要是幼儿感兴趣和爱好的东西，就很容易引起幼儿的无意注意。

2. 幼儿的有意注意逐渐发展

幼儿的有意注意是在活动中发展起来的。在活动中，幼儿通过参与和体验活动的乐趣，努力将注意力集中在活动上，并在老师的提醒下完成活动。因此，幼儿园各种游戏和活动的开展对孩子有意识注意的发展有积极的影响。幼儿有意注意产生的条件如下。

（1）幼儿对活动目的、活动任务的理解程度。让幼儿了解活动的目的，知道什么是任务，有助于提高幼儿的有意识注意。需要注意的是，为幼儿提供的活动必须有明确的目的、简单的任务、幼儿能够理解和记忆的内容。

（2）幼儿对活动的兴趣与良好的活动方式。如果幼儿对他们玩的游戏或活动感兴趣，他们会有意识地并积极参与活动。比如很多幼儿喜欢听孙悟空的故事，所以当老师说要讲孙悟空的故事时，他们会自觉地停下手中的活动，静静地等待，有的孩子甚至会阻止其他孩子吵闹，渴望听到老师马上要讲的故事。

教师在组织幼儿的活动时，最好把幼儿的智力活动与幼儿的实践活动结合起来，这样有助于保持幼儿的有意识的注意力。比如孩子在看绘本的时候，可以让孩子指着绘本，可以帮助孩子注意绘本的内容。相反，如果让孩子简单地坐下来听老师讲课，孩子们就不容易保持对这项活动的注意力。

（3）言语指导和言语提示。成人对幼儿的注意的组织通常是通过言语指示来实现的。言语指示可以提醒幼儿他们必须完成的动作以及要注意的情况。例如，老师说："要建造一座高楼，最大的积木应该放在哪里？小的应该放在哪里？"这样，幼儿就会注意大块积木，并会为大块积木找到合适的位置。此外，幼儿的自我语言指导也有助于有意注意的发展。

（4）幼儿的性格与意志特点。在现实生活中，凡是有坚强毅力和坚持力的人，都有很好的注意力，做事专注。反之，怕困难、坚持力差的人，往往注意力不易保持。因此，教师应注意幼儿的这种个体差异，有针对性地培养幼儿在活动中的注意力。

（三）幼儿注意的规律

1. 注意的选择性

注意具有选择信息的功能，即注意的选择性。在众多的信息刺激中，注意的选择性表现为偏向于更多地关注一种类型的刺激而较少地关注另一种类型的刺激。

幼儿最初表现出的注意选择性是原始的和与生俱来的。随着幼儿的成长，注意的后天选择性就会出现。

3～6岁幼儿的注意发展非常快，注意的选择性随着幼儿年龄的增长而发展。6岁左右的幼儿与3岁左右的幼儿相比，注意的选择性有了显著的发展。幼儿注意选择性的发展有以下规律，我们在组织幼儿活动时应予以考虑。

（1）幼儿注意的选择性在很大程度上是由幼儿的兴趣和情绪引起的。幼儿对某件事的注意，或者选择某件事作为注意的对象，往往是因为他们对那件事感兴趣。每个幼儿在相同的情况或活动中注意的对象各有不同。

（2）幼儿注意的选择性与幼儿的理解水平和经验有密切关系。幼儿只能注意到事物特征比较明显的方面。当一张图片出现在幼儿面前时，幼儿会选择那些自己知道和熟悉的东西来注意，如果老师要求的注意比较复杂和难以理解，那么他们仍然无法选择注意。因此，教师在组织活动时，要求幼儿注意的对象应该在幼儿的认知能力范围内，以便幼儿理解。

（3）幼儿注意的选择性受强化方式的影响。一些研究表明，强化可以改变幼儿对注意对象的选择。例如，一组幼儿正在盖房子，另一组正在搭火车。如果老师表扬了搭火车的幼儿，他会发现另一组的很多孩子也开始搭火车了。同时，批评也可以改变幼儿注意的选择性。因此，幼儿园教师在评价幼儿时要慎重，不能武断。否则会影响幼儿活动对象的选择。

2. 注意的稳定性

注意的稳定性是指注意力在相同活动范围内保持的时间长度。持续时间越长，注意力就越稳定。

（1）幼儿注意的稳定性的特点。幼儿注意的稳定性的特点有：第一，幼儿注意的稳定性比较差。幼儿注意的稳定性比较差，随着幼儿年龄的增长，注意力的稳定性逐渐提高。幼儿注意的稳定性在不同年龄段差异很大。实验证明，在良好的教育环境中，3 岁的孩子可以集中注意 3 ~ 5 分钟，4 岁的孩子可以持续注意 10 分钟左右，5 ~ 6 岁的孩子可以保持注意 20 分钟左右。第二，幼儿注意的稳定性存在明显的年龄差异。幼儿注意的稳定性存在年龄差异，年龄不同，注意的稳定性也不相同。

（2）培养幼儿注意的稳定性。第一，注意的对象新颖、生动，形象鲜明。如果让幼儿注意的对象是一些非常生动形象的事物，幼儿的注意就相对稳定一些。第二，活动的游戏化。在幼儿活动中，如果让幼儿像小学生一样听老师讲故事、读儿歌，要求孩子坐直，孩子的注意就会不稳定。但是，如果活动以游戏的形式进行，那么幼儿的注意会更加稳定，注意的持久性也会大大提高。第三，注意与幼儿操作活动的结合。在活动中，如果只让幼儿坐着用眼睛看和耳朵听，要求幼儿坐直，那么幼儿的注意不容易集中，也不容易稳定。如果让幼儿自己参与操作，直接接触实物，把活动与实际操作结合起来，那么幼儿的注意力就容易集中起来，而且比较稳定，幼儿的注意力的持久性就会大大提高。第四，幼儿的身体状况。当幼儿身体健康、精神饱满、活动丰富时，他们的注意力很容易稳定下来。当幼儿生病、疲劳、情绪差、活动单调、活动时间长时，幼儿的注意力不稳定，难以维持。

3. 注意的分配

在同一时间内，同时将注意力分配给两个或多个不同的对象和活动称为注意的分配。例如，幼儿同时唱歌和跳舞；学生边听老师讲课边做笔记，这些都是注意的分配。

注意的分配有如下两个条件。

（1）有熟练的技能技巧。在同时进行的众多活动中，只有一项活动是不熟悉的，需要专注于该活动，而其余动作必须达到一定的熟练程度，稍加注意即可完成。比如成年人吃饭时，可以自由地谈笑风生，不影响吃饭，而且会因为谈话带来愉快的气氛增加食欲；幼儿吃饭时，如果注意听别人说话，就会停止进食；如果幼儿自己说话，他会放下手中的盘子和筷子，甚至站起来做手势。其中，谈话的熟练程度直接影响他们的饮食活动。因此，幼儿园要求幼儿专心吃饭，不允许随便说话。

（2）有赖于同时进行的几种活动之间的关系。如果活动之间没有内在联系，则更难同时开展多项活动。当它们之间形成一定的反应体系并且组织更加合理时，注意分配就容易完成，如边唱歌边跳舞。

培养幼儿注意分配的能力，提高幼儿活动效果，可以从以下三方面努力。

首先，要通过各种活动，培养幼儿的有意注意以及自我控制能力。

其次，加强动作或活动练习，使幼儿更熟练地进行活动，至少对其中一项活动熟练，做起来不需要太多的注意力或精力。例如，在教幼儿跳舞时，应先教他们脚的动作，然后在舞步教学中教他们手的动作。

最后，要使同时进行的两种或几种活动在幼儿的头脑中形成密切的联系。如果老师帮助幼儿理解歌词和表演动作之间的意义联系，那么幼儿不仅能理解歌词的含义，还能理解自己动作所表达的含义，因此，幼儿唱歌跳舞的动作更加熟练，表演得更协调、更自由、更有情感。

4. 注意的广度（范围）

注意的广度也叫作注意的范围，是指一个人可以同时清晰感知和把握的物体数量，如"一眼十行""眼观六路，耳听八方"，指的就是注意的范围。

幼儿注意的范围比较小，但随着年龄的增长，注意的范围在逐渐扩大。影响注意广度的因素主要有以下两个方面。

（1）注意对象的特点。幼儿注意的广度取决于关注对象的特征。研究发现，在活动任务相同、注意的对象排列有规律的情况下，注意的范围更大；当排列不规则时，注意的范围较小。物体颜色相同时注意范围较大，颜色多时注意范围较小；相同尺寸物体的注意范围较大，不同大小物体的注意范围较小；信息块中紧密连接的物体的注意范围较大，而信息分散和不相关的物体的注意范围较小。

（2）活动的任务和个人的知识经验。注意的广度还取决于活动任务的数量以及注意主体的知识和经验。一般来说，如果活动中的任务较多，那么人们的注意范围就会受到一些限制。例如，如果教师让学生翻译文本，而学生发现拼写错误，那么学生对文本的注意度较小。此外，一个人的知识和经验也会影响注意的广度。注意者的知识越丰富，经验越丰富，注意的广度就越大。在幼儿园工作多年的人比没有在幼儿园工作过的人更注重幼儿园的环境和工作，原因是他们在这方面的经验不同，知识和经验在建立关注对象之间的联系并形成一个整体方面起着重要作用。

（四）幼儿注意分散的原因及防止措施

1. 幼儿注意分散的原因

注意的分散是一种与注意稳定性相反的状态，是指幼儿的注意离开应该指向的对象，被一些与活动无关的刺激所吸引的现象，俗称分心。例如，当幼儿听故事时，他们被教室外鸟儿的啁啾声吸引，无法专注于故事。

幼儿无意注意占优势，自控能力差，注意力容易分散，是幼儿注意的突出特点。一般来说，幼儿注意力分散的原因有以下五个方面。

（1）无关刺激过多。幼儿的注意主要是无意注意。他们很容易被新奇的、可变的或强烈的刺激吸引，他们的注意稳定性低，很容易受到无关刺激的影响。比如活动室的布置太复杂，环境太嘈杂，甚至老师的衣服太奇特，可能会影响幼儿的注意，使他们无法集中注意力在自己应该注意的物体上。实验表明，当允许幼儿选择自己的游戏时，通常提供四五个不同的游戏是合适的。

（2）疲劳。幼儿的神经系统尚未完全发育，当他们处于紧张状态或长期从事单调的活动时，就会发生疲劳。因此，幼儿的教学活动要注意动静的结合，时间不宜过长，内容和方法要力求生动多变，能引起幼儿的兴趣，防止疲劳和注意力分散。疲劳的另一个重要原因是缺乏严格的生活制度。有的家长不注意幼儿的作息制度，让幼儿晚上长时间看电视，或者让幼儿睡得晚，导致幼儿睡眠不足。很多幼儿星期天回家，父母给他们安排的活动太多，比如去公园、逛店、探亲访友等，破坏了原有的生活体系，幼儿得不到足够的休息，过于兴奋，对学习和活动极为不利。

（3）目的要求不明确。有时老师对幼儿的要求不具体，或者幼儿无法理解活动的目的，这也是幼儿注意分散的原因。有些幼儿经常左顾右盼，因为他们不确定自己应该做什么。

（4）注意不善于转移。幼儿的注意力转移素质尚未得到充分发展，因此不善于按要求主动调动注意力。例如，幼儿在听完有趣的故事后，可能会长时间受到一些生动内容的影响，很难迅速将注意力转移到新的活动上，因此在从事新的活动时，幼儿往往会"记住"以前的活动并分心。

（5）无意注意和有意注意没有并用。教师在组织活动时只利用幼儿的一种注意形式，这也容易造成幼儿注意分散。例如，只用新颖的刺激来吸引幼儿的无意注意，当新的刺激失去吸引力时，幼儿就不再注意了。如果只是有意识地调动注意力，让幼儿长时间主动集中注意，也容易造成幼儿疲劳，使其更容易分心。

2. 幼儿注意分散的预防措施

教师要针对幼儿注意分散的原因，采取适当措施防止幼儿注意分散。

（1）防止无关刺激的干扰。当幼儿玩游戏时，教师一次不应呈现太多刺激。教师应在课前收起玩具、绘本等。教师在课堂上使用的教具不宜过早呈现，使用后应立即收起，对幼儿不宜展示过多的教具。教师自己的衣服要整洁大方，不宜过度装饰，以免分散幼儿的注意力。

（2）制定合理的作息制度。家长应制定合理的生活和休息制度，使幼儿有足够的睡眠和休息。不要让幼儿在深夜看电视，也不要让幼儿在周日外出太久。要让幼儿的生活规律化，保证他们有足够的精力从事学习等活动，防止注意分散。

（3）培养良好的注意习惯。成人应培养幼儿集中注意学习、活动的良好习惯，使他们在学习或参加其他活动时不要随便行动或漫不经心。

（4）灵活地交互运用无意注意和有意注意。教师可以使用新颖、多样和强烈的刺激来吸引幼儿的无意注意。但是，孩子的无意注意是无法长时间持续的，学习等活动也不能仅靠无意注意来完成，因此也需要培养幼儿的有意注意。教师可以向幼儿解释学习技巧和做其他活动的意义和重要性，并解释必须集中注意的原因，让幼儿逐渐主动集中注意力。教师应交替使用这两种形式的注意，以便幼儿可以长时间集中注意力。

（5）提高教学质量。提高教师的教学质量是防止幼儿注意力分散的重要保证。教师应从多方面改进教学内容和教学方法。使用的教具应色彩鲜艳，吸引幼儿的注意力；

使用的挂图或图片应突出中心；使用的词语应生动易懂，幼儿可以理解。此外，教师应积极激发幼儿的兴趣，激发幼儿的好奇心和良好的情绪态度，以促进幼儿的持续专注，防止幼儿注意的分散。

二、幼儿感知觉的发展

（一）感知觉的概念

感觉是人脑对直接作用于感官的客观事物的个体属性的反映，知觉是人脑对直接作用于感觉器官的整个事物的反映。

（二）幼儿感知觉发展的主要特征

1. 视觉

（1）视敏度：它是指在固定距离内精细区分物体细节的能力，即检测某一物体体积和形状的最小差异的能力，俗称视觉。

（2）颜色视觉：指区别颜色细致差异的能力，亦称辨色力。幼儿初期已能初步辨认红、黄、蓝等色。

2. 听觉

（1）听觉感受性：包括听觉的绝对感受性和差别感受性。绝对感受性是指分辨最小声音的能力，差别感受性则指分辨不同声音最小差别的能力。

（2）言语听觉：幼儿辨别语音是在言语交际过程中发展和完善起来的。

3. 触觉

（1）视触觉的协调：主要表现在手眼探索活动的协调方面。

（2）动觉：幼儿动觉的感受性随年龄增长而提高。具体表现为幼儿初期对物体的大小、轻重和形状等属性的感知错误率高、精准性差。

4. 空间知觉

（1）形状知觉：即人们对物体形状的感知能力。幼儿对物体形状由易到难的感知顺序是：圆形→正方形→半圆形→长方形→三角形→八边形→五边形→梯形→菱形。

（2）方位知觉：即对物体的空间关系和自己身体在空间中的位置的感知。一般来说，3岁的孩子可以正确区分上下方位，4岁的孩子可以正确区分前后方位，5岁的孩子可以开始以自我为中心区分左右，7岁以后可以以他人为中心区分左右，以及区分两个物体之间的左右方向。因此，教师在向孩子示范动作时，应该用"镜面示范"。

（3）距离知觉：即区分近处和远处物体的感知。幼儿往往不理解感知距离的视觉信号，如近处物大、远处物小、近处物清晰、远处物体模糊等。深度知觉是一种距离知觉。美国心理学家沃克和吉布森设计的视觉悬崖是观察婴儿深度感知的实验装置，研究表明，6个月大的婴儿已经有了深度感知。

（4）大小知觉：即对物体大小的感知能力。

5. 时间知觉

时间知觉是客观现象的连续性、顺序和速度的反映，其准确性与年龄呈正相关，其发展水平与幼儿的生活经历呈正相关。幼儿对时间单位的感知和理解，有从中间到两边、由近到远的发展趋势。例如，中、大班的幼儿可以清楚地区分昨天、今天、明天等生活中经常使用的时间概念，但很难理解和区分前天、后天及以后的时间概念。

6. 观察力

观察是一种有目的的、有计划的、相对持久的知觉过程，是一种高级的感知形态。幼儿期是观察能力的初始形成阶段，3岁以后，观察力的发展更为明显。观察的发展主要表现在以下五个方面。

（1）目的性加强。随着年龄的增长，幼儿观察的目的逐渐增加。幼儿往往不能自觉观察，观察往往以事物突出的外在特征和个人兴趣和情绪为主。特别是在幼儿园课堂上，幼儿在观察过程中往往会忘记观察任务。大、中班的幼儿在观察中更有目的性，他们能够按照成人规定的观察任务进行观察。任务越具体，幼儿观察的目的越明确，观察效果越好。例如，你让幼儿识别两张图片之间的差异，如果清楚地告诉他们有多少个不同，那么观察的效果就会明显提高。

（2）持续性延长。观察时间短与幼儿观察缺乏目的性有关。幼儿观察他们喜欢的东西时间更长。在学龄前，观察的持续时间随着年龄的增长而显著增加。

（3）细致性增加。幼儿观察一般比较笼统，看得不仔细是幼儿观察的特点。比如幼儿在观察时，只看事物表面和明显较大的部分，而不看事物更隐蔽、更细致的特征；只看事物的轮廓，不看内在的关系。例如，6岁左右的孩子在识别"n"和"m"、"工"和"土"、"日"和"月"等相似符号时经常出现混淆。但随着年龄的增长，幼儿观察的细致程度可以提高。

（4）概括性提高。观察的概括性指能够观察事物之间的联系。据研究，幼儿对画面的观察会逐渐概括化，可分为四个阶段：①在认识"个别对象"的阶段，幼儿只能对画面中的每一个事物产生孤立的、碎片化的感知，不能有机地连接事。②在理解"空间关系"的阶段，幼儿只能直接感知事物之间的外部和空间位置联系，而看不到其中的内在联系。③在认识"因果"阶段，幼儿能观察到无法直接感知的事物之间的因果关系。④在了解"对象整体"阶段，幼儿能观察到画面中事物的整体内容，把握画面主题。

幼儿对图画的观察主要处于"个别对象"和"空间关系"这两个阶段。

（5）观察方法形成。幼儿的观察从依赖外部动作发展到以视觉为主的内在活动。在幼儿时期，观察往往需要在看的时候用手指点，即视觉感知是由手的运动引导的。随着年龄的增长，幼儿有时会点头而不是用手指点，有时还会通过大声地自言自语来帮助观察。在幼儿期末期时，幼儿可以摆脱外部的引导和控制，借助内部语言来调节自己的感知。幼儿观察逐渐从无序地观察发展到有顺序地观察。幼儿的观察是跳跃的，东看看西看看，不按顺序。经过教育，幼儿可以学会从左到右、从上到下或从外到内依次观察。

三、幼儿记忆的发展

（一）记忆的概念

记忆是人类大脑对过去经历的反映，是一个复杂的心理过程。记忆发生在感知之后，是人脑对过去经验的反映，是人脑积累知识和经验的心理活动，是时间心理过程的延续。

记忆包括识记、保持、再认和再现（回忆）三个基本环节。

识记是记忆的第一个环节，是指人们识别和记忆事物，从而积累知识和经验的过程。它是选择性的，只有那些可以吸引注意力的刺激才会在感知的基础上被识别。识记既是记忆的开始，又是保持和回忆的先决条件。保持是以某种方式在头脑中存储编码信息的过程。

信息的提取和输出分为再认和再现。再认是被记住的东西重新出现时能被识别和确认的能力；再现，即回忆，是当记忆中的东西不在你面前时回忆起它的能力。

（二）记忆发展的趋势

1. 记忆保持的时间延长

记忆的保持时间，也称为记忆的潜伏期，是指从识记到能够再次识别或回忆之间的时间。首先出现在幼儿身上的记忆属于短期记忆。长时记忆出现并发展得稍晚一些。3岁前幼儿的记忆一般不是永久性的。这种现象被称为"幼年健忘"。

2. 记忆提取方式的发展

从记忆检索的方式上，记忆可以分为再认和再现（回忆）。幼儿最初出现的记忆全都是再认性质的记忆。回忆出现在2岁左右。在整个学前时期，回忆落后于再认。回忆和再认之间的差距随着年龄的增长而缩小。

3. 记忆容量的增加

（1）记忆广度。记忆广度是指单位时间内可以记忆的材料量。此数量是有限制的。普通人的记忆广度是7+2个信息单位。所谓信息单位，是指彼此没有明确关系的独立信息，这种信息称为组块。

（2）记忆范围。记忆范围的扩大是指记忆材料种类的增多、内容的丰富。婴儿期，由于幼儿接触的事物数量和内容都很有限，记忆的范围极小。随着幼儿动作的发展，幼儿和外界交往范围的扩大，活动的多样化，幼儿的记忆范围也越来越扩大。

（3）工作记忆。工作记忆是指在短时记忆中，把新输入的信息和记忆中原有的知识经验联系起来的记忆。新旧知识相联系，可使储存的新信息的内容或成分增加。幼儿形成工作记忆以后，可以在30秒左右的短时间内获得更多的信息。

总之，幼儿记忆容量的增加，主要不在于记忆广度的扩大，而在于把知识材料联系和组织起来的能力有所发展。正是这种能力，使幼儿能够识记并保持更大的范围、更多的知识和经验。

4. 记忆内容的变化

从记忆内容看，记忆可以分为运动记忆、情绪记忆、形象记忆和语词记忆。

（1）运动记忆。运动记忆是指识记内容为人的运动或动作的记忆。幼儿最早出现的是运动记忆。

（2）情绪记忆。情绪记忆是对体验过的情绪情感的记忆。幼儿喜爱什么、依恋什么，厌恶什么都是情绪记忆的表现。幼儿的情绪记忆出现得也比较早。

（3）形象记忆。形象记忆是以感知过的事物的具体形象为内容的记忆。1岁前的形象记忆和运动记忆、情绪记忆紧密联系。在幼儿的记忆中，形象记忆占主要地位。幼儿的形象记忆是依靠表象进行的，其中起主要作用的是视觉表象。

（4）语词记忆。语词记忆是以语言材料为内容的记忆。这种记忆是随着幼儿掌握语言的过程逐渐发展起来的。语词记忆的发展要求大脑皮质活动技能的发展，特别是要以语言中枢的发展作为生理基础。因此，幼儿的语词记忆发展得最晚。

（三）幼儿记忆发展的特点

1. 无意记忆占优势，有意记忆逐渐发展

根据记忆的目的性和自觉性，记忆可分为无意记忆和有意记忆。无意记忆指事先没有明确目的，也不需要意志努力的记忆；有意记忆是有明确目的的、需要一定意志努力的记忆。幼儿记忆的基本特点是无意记忆占优势，有意记忆逐渐发展。

（1）无意记忆占优势。无意记忆的效果优于有意记忆；无意记忆的效果随着年龄的增长而提高；无意记忆是积极认知活动的副产物。

（2）有意记忆逐渐发展。有意记忆的发展，是幼儿记忆发展中最重要的质的飞跃，2~3岁幼儿出现有意记忆的萌芽，但是有意记忆在学前末期才真正发展起来。幼儿有意记忆的发展的特点有：幼儿的有意记忆是在成人的教育下逐渐产生的；有意记忆的效果依赖于对记忆任务的意识和活动动机；幼儿有意回忆的发展先于有意记忆。

2. 记忆的理解和组织程度逐渐提高

根据对识记材料是否理解，记忆可分为机械记忆和意义记忆。机械记忆指对所记材料的意义和逻辑关系不理解，采用简单、机械重复的方法进行记忆。意义记忆是指根据对所记材料的内容、意义及其逻辑关系的理解进行的记忆，也称为理解记忆或逻辑记忆。

（1）机械记忆用得多，意义记忆效果好。第一，幼儿较多运用机械记忆。幼儿对于自己并不了解的内容反复背诵，比较容易就能记住。既然意义记忆的效果好，为什么幼儿不用意义记忆而是大量使用机械记忆呢？可能出于两个原因：一是幼儿大脑皮质的

反应性较强，感知一些不理解的事物也能够留下痕迹；二是幼儿对事物的理解能力较差，对许多记忆材料不理解，不会进行加工，只能死记硬背，进行机械记忆。第二，意义记忆的效果优于机械记忆。尽管幼儿更多地使用机械记忆，但是其意义记忆的效果要明显优越于机械记忆。幼儿记自己理解的材料，比记不理解的材料效果要好得多。

（2）幼儿的机械记忆和意义记忆都在不断发展。在整个幼儿期，无论是机械记忆还是意义记忆，其效果都随着年龄的增长而有所提高。与此同时，年龄较小的幼儿意义记忆的效果比机械记忆要好得多，而随着年龄增长，两种记忆效果的差距逐渐缩小，意义记忆的优越性似乎降低了。这种现象并不表明机械记忆的发展越来越迅速，而是由于年龄增长，意义记忆和机械记忆效果的差异减少，机械记忆中加入了越来越多的理解成分，机械记忆中的理解成分使机械记忆的效果有所提高。可见，两种记忆效果差距缩小的原因是两种记忆相互渗透，特别是意义记忆越来越多地渗透到机械记忆中，使得两种记忆的区别越来越小。

3. 形象记忆占优势，语词记忆逐渐发展

（1）幼儿形象记忆的效果优于语词记忆。形象记忆是指根据具体的形象来识记各种材料的记忆。在幼儿语言发生之前，其记忆内容只有事物的形象，即只有形象记忆。整个幼儿期，形象记忆占主要地位。幼儿形象记忆的效果好于语词记忆的效果。

（2）形象记忆和语词记忆都随着年龄的增长而发展。幼儿期形象记忆和语词记忆都在发展。研究表明，3～4岁幼儿无论是形象记忆还是语词记忆，其水平都相对较低。其后，两种记忆的效果都随年龄的增长而提高。

（3）形象记忆和语词记忆的差别逐渐缩小。各种研究显示，形象记忆和语词记忆的差距日益缩小。两种记忆效果之所以逐渐缩小，是因为随着年龄的增长，形象和语词都不是单独在幼儿头脑中起作用的，而是有越来越密切的联系。一方面，幼儿对熟悉的物体能够叫出其名称，那么物体的形象和相应的词就紧密联系在一起。另一方面，幼儿熟悉的词，也必然建立在具体形象的基础上，词和物体的形象是不可分割的。

形象记忆和语词记忆的区别只是相对的。在形象记忆中，物体或图形起主要作用，语词在其中也起着标志和组织记忆形象的作用。在语词记忆中，主要记忆内容是语言材料，但是记忆过程要求以语词所代表的事物的形象做支柱。随着幼儿语言的发展，形象和语词的相互联系越来越密切，两种记忆的差别也相对缩小。

4. 幼儿记忆的意识性和记忆策略逐渐发展

（1）记忆意识性的发展。随着年龄的增长，幼儿记忆意识性开始逐渐萌芽、发展。有意识记的出现意味着记忆意识性的萌芽，而元记忆的发展则意味着记忆意识性发展到了一个新的阶段。

元记忆的发展是指幼儿对自己记忆过程的认识或意识的发展，它包括三个方面：第一，明确记忆任务，包括认识到记忆的必要性和了解需要记忆的内容。第二，估计完成任务过程中的困难，努力去完成任务，并选择记忆方法。第三，能够检查自己的

记忆过程，评价自己的记忆水平。

（2）记忆策略的形成。记忆策略是幼儿采用的接收信息、提取信息的方式，它直接影响记忆的效果。幼儿常见的记忆策略有：第一，复述策略。复述策略是指在工作记忆中为了保持信息而对信息进行多次重复的过程。它是信息由短时记忆进入长时记忆的关键。第二，精细加工策略。精细加工策略是指通过把所学的新信息和已有的知识联系起来，寻求字面背后的深层次意义，或者以此来增加新信息的意义，从而帮助学习者将信息储存到长时记忆中去的学习策略。也就是说，我们运用已有的图式和已有的知识使信息合理化，以达到长期保持的目的。第三，编码与组织策略。编码与组织策略是指发现部分之间的层次关系或其他关系，使之形成某种结构以达到有效保持的一种记忆策略。

（四）幼儿记忆能力的培养

1. 为幼儿提供形象、鲜明、生动、富有浓厚情绪色彩的记忆材料

幼儿的记忆以无意记忆为主。凡是直观形象、有趣味，能引起幼儿强烈情绪体验的事和物都能使他们自然而然地记住。特别是与其快乐情绪相联系的事情，如某次过生日时，妈妈买的那个布娃娃，某次上台为小朋友表演的情景等，常使他们终生难忘。所以，为孩子提供一些色彩鲜明、形象具体并富有感染力的记忆材料，可以引起幼儿高度的注意力，确保幼儿获得深刻的印象，从而达到提高记忆效果、发展记忆能力的目的。

2. 向幼儿提出具体明确的记忆任务

幼儿阶段，有意记忆逐渐发展。为了培养幼儿有意记忆的能力，在日常生活和各种有组织的活动中，成人要经常有意识地向幼儿提出具体明确的记忆任务，促进幼儿有意记忆的发展。如在给幼儿讲故事的时候，应提醒其注意听什么，听完之后要回答哪些问题；带幼儿外出的时候，让幼儿注意观察周围的一切，回来后要说都看到了什么，做了什么事情等。值得注意的是，在向幼儿提出明确恰当的记忆要求时，我们对幼儿完成记忆任务的情况要给予及时的肯定和赞扬，提高幼儿记忆的积极性与主动性。

3. 丰富幼儿生活经验，帮助幼儿理解记忆材料

幼儿的机械记忆多于意义记忆，但意义记忆的效果要比机械记忆的效果好。所以，培养并发展幼儿的有意记忆能力是非常重要的，为此我们就需要用各种方法尽量丰富幼儿的生活经验，帮助幼儿理解所要识记的材料。在生活与教学中，我们要多带孩子到外面去，让他们更广泛地接触自然与社会，开阔他们的眼界，丰富他们的生活经验。此外，我们还应该对其提出一些问题，如"鸟为什么能飞""鸭子为什么能在水中游"等，引导他们通过积极的思考，在理解其意义的基础上记忆。

4. 教给幼儿运用记忆策略

记忆策略是幼儿采用的接收信息、提取信息的方式。幼儿常用的记忆策略有反复

背诵或自我复述，使记忆材料系统化和间接地有利于识记。记忆策略的获得与运用将有效地提高幼儿的记忆水平与效果，并且有效的记忆还可以大大增强幼儿对记忆的自信心与成就感，从而进一步促进其记忆水平与效果的提高。因此，日常生活中，成人应该教给幼儿记忆策略并有意识地引导幼儿使用记忆策略来完成记忆任务。例如，幼儿记忆的特点是记得快，忘得快，不易持久。所以，在引导幼儿识记时，一定的重复和复习是非常必要的，这是巩固幼儿记忆、提高幼儿记忆能力的最佳方法。

四、幼儿想象的发展

（一）想象的概念

想象是一种特殊的思维形式，是人在头脑里对已储存的表象进行加工改造形成新形象的过程。它能突破时间和空间的束缚。想象能调节机体，还能预见未来。形象性和新颖性是其两大基本特征。想象过程中形成的新形象可以是未曾感知过的，也可以是现实中不存在甚至不可能有的形象，但都是对客观现实的反映。

（二）想象的种类

根据想象产生的条件、有无目的性和自觉性，想象可以分为有意想象和无意想象。有意想象又叫作随意想象，是按一定目的、自觉进行的想象。它是一种富有主动性、有一定程度自觉性和计划性的想象。无意想象又叫作不随意想象，它是一种没有预定目的、不由自主地产生的想象。梦和幻觉均属于特殊情况下产生的无意想象。

根据想象的创新程度和形成过程不同，想象可以分为再造想象和创造想象。再造想象是根据语词的描述或图形的示意，在头脑中形成与之相符合或相仿的新形象的过程。任何再造想象的形成都需要具有充分的记忆表象和言语思维的组织。创造想象是不依据现成的描述而独立地创造新形象的过程，它具有独创性和新颖性的特点。发明家的新发明、艺术家的新作品，都是创造想象的产物。

（三）想象的作用

1. 想象是幼儿创造思维发展的核心

人的创造力主要表现在一个人的创造思维方面。想象是创造思维的一个主要方面。对于幼儿来说，创造思维的核心就是想象。丰富的想象是幼儿创造思维的表现。如幼儿画"月亮上荡秋千"就充满了想象。因此，成人应充分发展幼儿的想象，以更好地促进幼儿心理的发展。

2. 想象在实践活动中的作用

想象在幼儿学习活动中帮助幼儿掌握抽象的概念、理解较为复杂的知识、创造性地完成学习任务。缺乏想象的幼儿无法获得良好的学习效果。幼儿的主要活动是游戏，想象在其中发挥重要作用，如角色游戏、结构游戏等。通过各种方法发展幼儿的想象力，可以促进幼儿游戏水平的提高。

（四）幼儿想象发展的特点

幼儿期是想象最为活跃的时期，想象几乎贯穿幼儿的各种活动。幼儿想象发展的一般趋势是从简单的自由联想向创造想象发展，具体表现为三个方面：第一，以无意想象为主，有意想象开始发展；第二，以简单的再造想象为主，创造想象开始发展；第三，从想象的夸大性到现实的逻辑性发展。

1. 以无意想象为主，有意想象开始发展

（1）以无意想象为主。第一，无意想象无预定目的，由外界刺激直接引起。幼儿的想象没有目的性和计划性，例如，3岁的幼儿看见玩具小汽车或者小凳子，就开着"车"当司机，嘴里还"嘀嘀""下车了"说个不停。幼儿画画也是如此，看见糖果就画糖果，看见大树就画大树。第二，幼儿想象的主题不稳定，内容零散。在幼儿期，由于生理和心理发展的不成熟，幼儿在很多方面都表现出不稳定的现象。例如，在游戏中，幼儿正在当"老师"，忽然看见别的小朋友在给娃娃打针，他也跑去当"医生"，加入打针的行列。第三，幼儿的想象从想象过程中得到满足。由于幼儿的想象主要是无意想象，幼儿更多是从想象的过程中得到满足。例如，小朋友讲故事时，看起来有声有色，既抑扬顿挫，又有表情，还有动作，听故事的小朋友也被吸引得相当投入，听得津津有味，但成人一听，却不知道他们在讲什么，完全没有来龙去脉和情节。

（2）有意想象开始发展。有意想象是在教育的影响下逐渐发展起来的，并且逐渐占主导地位。有意想象在幼儿早期开始萌芽，到幼儿晚期有了比较明显的表现，幼儿在大班幼儿的活动中出现了更多有目的、有主题的想象，但这种有意想象的水平还很低，并且受条件的左右。

2. 以再造想象为主，创造想象开始发展

（1）以再造想象为主。幼儿期主要以再造想象为主。2～3岁是想象发展的最初阶段，这时期幼儿想象的过程进行缓慢，依赖于成人的语言提示和感知动作的辅助。想象在3～4岁时迅速发展，这时以再造想象为线索，幼儿的绘画、音乐、游戏等活动中都出现了再造想象的成分。幼儿的再造想象常常根据外界情境的变化而变化，但须以实际行动为基础。幼儿的想象具有复制性和模仿性，幼儿会重现一些生活中的经验或故事中的情节。

（2）创造想象开始发展。创造想象是在再造想象的基础上逐渐发展起来。5岁以后的幼儿的想象内容丰富，新颖性增加，独立性发展到较高水平，且力求符合客观现实，能更多地运用创造想象进行一些创造性的游戏和活动。创造想象有很多特点，例如，最初的创造想象是无意的自由联想，严格说来，这种最初级的创造还只是创造想象的萌芽或雏形；幼儿创造想象的形象与原型只是稍有不同，是一种典型的不完全模仿；想象情节逐渐丰富，从原型发散出来的数量和种类增加。

3. 从想象的夸大性到现实的逻辑性发展

在幼儿初期，幼儿常将想象的内容与现实混淆，主要表现在三个方面：其一，把渴望得到的东西说成已经得到的；其二，把希望发生的事当作已经发生的事来描述；其三，在参加游戏或欣赏文艺作品时，往往身临其境，与角色产生同样的情绪反应。但随着年龄的增长，幼儿的想象会向现实的逻辑性发展。

在幼儿阶段，他们的想象能力还不是很发达，想象的水平也取决于表象的数量和质量以及分析综合能力的发展程度，其想象的有意性、协调性、丰富性和创造性都不如成人。

（五）幼儿想象力的培养

1. 丰富幼儿的感性知识

要丰富幼儿的感性知识，使其头脑里充满各种事物的形象，这是幼儿想象力发展的基础。在幼儿初期，想象没有预定的目的，只是在某种刺激物的影响下自然而然地想象出某种事物的形象或特点。所以，幼儿生活内容越丰富，其在头脑中储存的各类事物的形象就越多，就越有助于想象力的发展。

因此，成人要有计划地带幼儿进行参观、旅游等活动，启发他们认识自然事物。幼儿见多识广之后，就容易把各种事物的某些特点联系起来进行想象，而想象力就在这一过程中得到较全面的发展，为创造想象奠定基础。

2. 保护幼儿的好奇心

幼儿有强烈的好奇心，这是发展想象力的起点。当幼儿发问时，成人一定要耐心、完整地进行解释，然后还要反问："你为什么要这么问？你是怎么想的？"进而培养幼儿想象的主动性和探索精神，特别是要提出幼儿感兴趣的问题，让他们去想象。

3. 鼓励幼儿大胆想象

幼儿充满了幻想，想象丰富而大胆。幼儿常把小棒当作调羹喂娃娃，常把小盒子当作小摊车，常梦想自己在月亮上荡秋千，在树上画满雪糕……无论幼儿的想象有多么离奇，成人一定要保护幼儿想象的欲望，鼓励幼儿大胆想象。

4. 利用各种艺术形式激发幼儿的想象

利用各种艺术形式是激发幼儿想象的主要途径。充满想象力的童话和神话故事最能引起幼儿的遐想，所以，要有目的地选择能够激活幼儿想象的文学作品。同时，还可以采用编排故事、看图讲述等形式来激发、提高幼儿的想象力。

音乐和美术活动也是发展幼儿想象力的有效途径，可让幼儿听一些能让其展开丰富想象的音乐，让幼儿根据音乐编动作，通过语言表现对音乐的理解；可让幼儿画意愿画、主题画、填充画、涂物画，鼓励幼儿自己想、自己画，大胆想象，大胆去试。

5. 在游戏活动中激发幼儿的想象

游戏是幼儿的基本活动，玩具和游戏材料是引起幼儿想象的物质基础。

成人要多为幼儿提供各种不同的游戏材料和玩具，促使幼儿去做相应的游戏，产生相应的想象。如幼儿能将一副几何图形组成自己喜爱的各种形状与物体。成人还要为幼儿提供半成品的材料，使其在制作过程中加工、制造、想象。在游戏中，成人还要鼓励幼儿积极主动地去想象。

五、幼儿思维的发展

（一）思维概述

思维是人脑对客观现实间接概括的反映，是人类认识的高级阶段。思维有间接性和概括性两个基本特点。思维的间接性是指思维对感官所不能直接感知的事物，借助某些媒介与头脑加工来进行反映。思维的概括性是指思维所反映的是一类事物所具有的共性，反映的是事物之间普遍的必然的联系。

（二）幼儿思维的发生与发展趋势

1. 幼儿思维的发生

幼儿思维发生的时间是在 2 岁左右。最初出现的现象是对词语的概括，这是幼儿思维发生的标志。幼儿概括能力的发生发展可分为三个阶段：直观的概括、动作的概括和词语的概括。

2. 幼儿思维的发展趋势及特点

幼儿思维的发展趋势分别是直观动作思维、具体形象思维和抽象逻辑思维。

（1）直观动作思维——借助动作进行思维。直观动作思维指依靠对事物的感知和人的动作来进行的思维。直观动作思维是最低水平的思维。这种思维的概括水平低，在 2 ~ 3 岁幼儿身上表现得最为突出。在皮亚杰看来，这一阶段的幼儿思维发展的最大成就之一就是获得了"客体永久性"的概念，即幼儿明白了消失在眼前的物体仍继续存在。

直觉行动性是幼儿思维的基本特征，也是直觉行动思维的重要特征，即直观性与行动性，出现了初步的间接性和概括性。由于缺乏词的中介，幼儿对外部世界的反映只是简单运动性和直觉性质的，而不是概念的，因此只能是一种"行动的思维""手的思维"。

（2）具体形象思维——借助形象或表象进行思维。具体形象思维指依靠表象和事物在头脑中的具体形象进行的思维，是幼儿思维的典型方式，是在直观行动性的基础上形成和发展起来的。2.5 ~ 3 岁是幼儿从直觉行动思维向具体形象思维转化的关键年龄。

幼儿的具体形象思维的特点有：

①具体性。幼儿的思维内容是具体的。在他们思考问题时，总是借助具体事物或具体事物的表象，不易掌握抽象的概念。比如，"家具"这个词比"桌子""椅子"抽象，幼儿较难掌握。

②形象性。其表现在幼儿依靠事物在头脑中的形象来思维。比如"白胡子老爷爷""小白兔"等。

③表面性。幼儿思维只是根据具体接触到的表面现象来进行，往往只是反映事物的表面联系，而不能反映事物的本质联系。比如一位老师用反话对一个小朋友说："你吃不吃饭？不吃饭就脱衣服去睡觉吧！"孩子果真放下饭碗到床上脱衣服去了。因此教师应尽量避免用"反话"教育幼儿。

④固定性。幼儿思维的具体性使其缺乏灵活性。比如在美工活动中，小朋友都在等着教师发剪刀，可是发到中途剪刀发完了，教师又去拿。另一位老师给他们拿手工区的剪刀，他们说什么都不肯要。这时他们的老师回来说："没有剪刀了，你们就用手工区的吧！"可是这几位小朋友仍然不愿意用手工区的剪刀。可见，在日常生活中，幼儿常常"认死理"。

⑤拟人性。幼儿往往把动物或一些物体当人来对待。他们把自己的行动经验和思想感情赋予到小动物或玩具上，和它们说话，把它们当作好朋友。比如"星星在眨眼睛"等。

⑥经验性。幼儿的思维常常根据自己的生活经验来进行。比如幼儿把小鸡的身子埋在土里浇水，认为这样小鸡很快就能长大了。

具体形象思维是幼儿期思维发展最主要的特征。这种特征在幼儿各种思维活动中都有表现。但是在不同的年龄，其表现程度是有所不同的。

针对幼儿思维的特点，教师应多采用直接、形象的方法，尽量避免空洞、抽象的说教；采用具体形象的方法，让幼儿动手实践、用眼观察；坚持正面引导，切忌讲反话或嘲笑讽刺幼儿。

（3）抽象逻辑思维——借助语词、概念进行思维。抽象逻辑思维是指反映事物本质属性和规律性练习的思维，其通过概括、判断和推理进行，是高级思维方式。在学前教育阶段，幼儿只是处在抽象逻辑思维的萌芽阶段。

抽象逻辑思维的表现有：幼儿开始获得可逆性思维；幼儿的思维开始能够去自我中心化；幼儿开始能够同时将注意力集中于某一物体的几个属性，并开始认识到这些属性之间的关系；幼儿开始使用逻辑原则；幼儿开始获得"守恒"观念，开始理解事物的相对性。

3. 幼儿思维的发生发展对幼儿心理发展的意义

（1）思维是幼儿生活活动的基础。
（2）思维的发展标志着幼儿认知水平的提高。
（3）思维的产生和发展促进了幼儿的情绪、意志和社会性行为的发展。
（4）思维的发生标志着幼儿的意识和自我意识的出现。

（三）幼儿思维基本过程的发展

思维活动表现为对作用于人脑的客观事物进行分析、比较、分类、抽象、概括、系统化、具体化等过程，其中分析与综合是思维的基本过程，它贯穿于整个思维过程之中，其他过程都是由分析与综合派生出来的具体活动。

1. 幼儿分析与综合能力的发展

思维是通过分析、综合而在头脑中获得对客观事物更全面、更本质的反映的过程。在不同的认识阶段，分析和综合有不同的水平。

2. 幼儿比较能力的发展

比较是在思想上把各种事物对比，并确定它们的异同。比较是分类的前提，通过比较才能进行分类概括。幼儿对物体进行比较的特点和发展趋势是逐渐学会找出事物的相应部分：首先学会找物体的不同处，然后学会找物体的相同处，最后学会找物体的相似处。

3. 幼儿分类能力的发展

分类活动表现了幼儿的概括水平。分类能力的发展是逻辑思维发展的一个重要标志。不同年龄幼儿分类能力有所不同。随着年龄增长，其表现出的特点如下：

（1）4岁以下幼儿基本上不能分类。

（2）5~6岁是幼儿由不会分类向开始发展初步分类能力的过渡时期。该年龄不能分类的情况已减少，幼儿主要依据物体的感知特点和情境联系来分类。因此，5岁幼儿的分类活动主要是依据物体直接的可感知的特性或者在幼儿的切身经验中经常发生的联系来分类。

（3）6岁以后，幼儿开始逐渐摆脱具体感知和情境性的束缚，能够依据物体的功用及其内在的联系进行分类，说明他们的概括水平发展到了一个新的阶段。

（四）幼儿思维形式的发展

1. 概念的发展

概念是思维的基本形式，是人脑对客观事物的本质属性的反映。幼儿对概念的掌握并不是简单地、原封不动地接受，而是要把成人传授的现成概念纳入自己的经验体系中，按照自己的方式加以改造。幼儿掌握概念的方式主要是通过实例获得概念和通过语言理解获得概念。

幼儿对概念的掌握受其概括能力发展水平的制约。一般认为，幼儿概括能力的发展可分为三种水平：动作水平概括、形象水平概括和本质抽象水平概括。它们分别与三种思维方式相对应。幼儿的概括能力主要属于形象水平，后期开始向本质抽象水平发展，这就决定了他们掌握概念的基本特点为：以掌握具体事物概念为主向掌握抽象概念发展；掌握概念的名称容易，掌握概念内涵困难。

幼儿的概括有三个特点，即概括的内容比较贫乏；概括的特征多是外部的、非本质的；概括的内涵不精确、外延不恰当。也就是说，幼儿有时会说一些词，但不代表他能理解其中的真正含义。

（1）幼儿掌握实物概念的特点：以低层次概念为主；以具体特征为主。

（2）幼儿掌握数概念的特点：包括三个成分，即数的实际意义、数的顺序和数的组成。幼儿数概念的形成经历了4个阶段：一是口头数数，二是给物说数，三是按数取物，四是掌握数的概念。

（3）幼儿掌握空间概念的特点：幼儿空间、时间知觉发展较早，而掌握空间、时间概念较晚，幼儿掌握空间概念和时间概念与其掌握的相应的词相联系。

（4）幼儿掌握时间概念的特点：对时间顺序的概念明显受时间循环周期长短的影响，对一日时间的延伸与当日时序的认知；对时序的认知带有固定性；以自身生活经验作为时间关系的参照物；时间概念的形成和时间词语的说出相互促进，但不同步；对时序的认知经四个连续发展的阶段。

（5）幼儿掌握科学概念的特点：一是经过专门教学才能掌握，二是依靠亲身经历来领会概念的内涵，三是丰富日常概念可为掌握科学概念打基础。

2. 判断、推理能力的发展

（1）幼儿判断能力的发展趋势。从判断形式看，幼儿的判断从以直接判断为主开始向间接判断发展。从判断的内容来看，幼儿的判断首先反映事物的表面联系。在幼儿期开始向反映事物本质联系发展，也就是从直接判断向间接判断发展。从判断根据看，幼儿从以对待生活的态度为依据，开始向以客观逻辑为依据发展。从判断论据看，幼儿起先没有意识到判断的根据，以后逐渐开始意识到自己的判断根据。

幼儿如果生活在一个"讲道理"的环境里，他就能够较早、较好地意识到判断的依据，经常为自己的判断找依据。在日常生活中创造民主的气氛，让幼儿敢于争辩，对他们的思维发展是有利的，成人不要因为孩子"爱顶嘴"而生气。

（2）幼儿推理能力的发展。幼儿推理能力的发展分为三个阶段。

①最初的转导推理。即从一些特殊事例到另一特殊事例的推理。2岁幼儿已经出现转导推理。比如一个孩子问妈妈："您知道世界上最骄傲的动物是什么吗？我告诉您吧，是金鱼！它总是摇头晃脑的。"幼儿的转导推理之所以常常不符合客观逻辑，是因为他们既缺乏知识经验，又不会进行分类、概括。

②幼儿的演绎推理。演绎推理的简单而典型的形式是三段论。

③幼儿的类比推理。类比推理也是一种逻辑推理，它在某种程度上属于归纳推理。它是对事物或数量之间关系的发现和应用。比如，下雨走在被车碾压过的泥泞路上，晓雪说："爸爸，地上一道一道的是什么呀？"爸爸说："是车轮压过的泥地儿，叫车道沟。"晓雪说："爸爸脑门上也有车道沟（指皱纹）。"晓雪的这个说法就体现了幼儿思维的类比推理特点。

3. 理解能力的发展

理解是个体运用已有的知识经验去认识事物的联系、关系乃至其本质和规律的思维活动。幼儿对事物的理解有以下发展趋势。

（1）从对个别事物的理解发展到理解事物之间的关系。

（2）从主要依靠具体形象的理解发展到依靠语言说明来理解。

（3）从对事物做简单、表面的理解发展到理解事物较复杂、深刻的含义。

（4）从理解与情感相密切的联系发展到比较客观的理解。

（5）从不理解事物的相对关系发展到逐渐能理解事物的相对关系。

（五）幼儿思维能力的培养

1. 创设直接感知和手动操作的机会，根据幼儿思维的直观行动性进行培养

（1）提供可以直接感知的活动材料。

（2）创造活动与操作的条件和机会。

（3）引导幼儿由表象代替动作，逐步向具体形象过渡。

2. 不断丰富幼儿的感性知识，根据幼儿思维的具体形象性进行培养

（1）丰富幼儿的感性经验。

（2）选择适应的活动材料和教学方法。

（3）尊重和理解幼儿的思维特点。

（4）教学活动中突出具体性、形象性。

（5）创设问题情境，促进幼儿思维的发展。

（6）发展幼儿的抽象逻辑思维。

（7）培养幼儿的创造性思维。

六、幼儿言语的发展

（一）语言与言语的概念及关系

1. 语言与言语的概念

语言是以词为基本单位、以语法为构造规则的符号系统。语言既是人们表达思想、感情和进行交际的重要工具，也是人们进行思维活动的工具。

言语是一个人运用语言工具进行思考和社会交往的行为过程。通过言语活动，个体可以理解对方的思想和表达自己的思想和感情。

2. 语言与言语的关系

（1）语言与言语的区别。第一，语言是社会现象，言语是人的心理现象。语言属于社会现象，它随着人类社会的产生而产生，随着人类社会的发展而发展。言语属于心理现象，是人们运用语言材料（词）和语言规则（语法）交流思想、感情的心理过程。第二，语言是交际活动的工具，言语是交际活动的过程。语言是人们进行交际的工具，言语是人们利用语言工具进行交流思想与感情的过程。掌握几种语言的人可以利用不同的语言进行言语活动。

（2）语言与言语的联系。第一，言语离不开语言。言语以语言为载体，个人只有掌握语言词汇和遵循语法规则，才能正确地表达自己的思想和情感。第二，语言离不开言语。任何一种语言都必须通过人们的言语活动才能发挥它的交际功能，成为"活着的语言"。语言的发展、完善、更新、淘汰，都离不开人们实际的言语活动，如果某种语言不再被人们用于交际，那么它就会逐渐从社会中消失。

（二）幼儿言语的种类

1. 外部言语

（1）对话言语。3 岁以前的幼儿与成人的交际主要通过对话的形式展开。

（2）独白言语。幼儿期独白言语的发展还是很初步的，最初由于词汇不够丰富，幼儿的表达显得不够流畅。

（3）初步的书面言语。包括认字、写字、阅读、写作，其中认字和阅读属于接受性的，写字和写作属于表达性的。

2. 过渡言语

在外部言语向内部言语的发展中，有一种介乎外部言语和内部言语之间的言语形式，这就是过渡言语，即出声的自言自语。皮亚杰称之为"自我中心语"。

3. 内部言语

内部言语是幼儿对自己的言语，不执行交际功能。其突出自觉的分析综合和自我调节功能，与思维具有不可分割的联系。

（三）幼儿言语的形成

从 1 岁起，幼儿进入了正式学习语言的阶段。在短短的两三年时间内，幼儿便初步掌握了本民族的基本语言。所以学前期是幼儿言语真正形成的时期。幼儿言语发展的基本规律是：先听懂，后会说。学前期，幼儿口语发展可分为两大阶段：

1. 不完整句阶段（1 ~ 2 岁）

（1）单词句阶段（1 ~ 1.5 岁）。这一阶段幼儿说出的词有以下特点：单音重叠，一词多义，以词代句。

（2）双词句（电报句）阶段（1.5 ~ 2 岁）。

2. 完整句阶段（2 岁以后）

2 岁以后，幼儿开始学习运用合乎语法规则的完整句来更为准确地表达思想。在此期间，幼儿言语的发展主要表现在两个方面：

（1）能说出完整的简单句，并出现复合句。

（2）词汇量迅速增加。

（四）幼儿言语发展的特点

1. 幼儿口语的发展

幼儿口语的发展主要表现为掌握语音、词汇、语法以及语言表达力的发展。

（1）语音的发展。第一，掌握本民族的全部语音。3～4岁的幼儿相当容易学会世界各民族的发音，因此，教师必须重视幼儿的发音练习，尤其是4岁左右的幼儿，更应该实施正确的语音教育。第二，语音意识的发生。一方面要有精确的语音辨别能力，另一方面要控制和调节自身发音器官的活动。幼儿语音意识的形成主要表现在他们能够评价别人发音的特点和能有意识并自觉地调节自己的发音。

（2）词汇的发展。第一，词汇量增加，内容变化大。幼儿期是人一生中词汇量增加最快的时期。第二，幼儿先掌握的是实词，然后是虚词。在实词中，幼儿掌握的顺序是名词—动词—形容词。对其他实词如副词、代词、数词掌握较晚。在各类词中，幼儿使用频率最高的是代词，其次是动词和名词。第三，词义逐渐丰富和深化。第四，幼儿对词义的理解具有四个突出特点：一是笼统；二是非常具体；三是对词义的理解或失之过宽，或失之过窄；四是出现"造词现象"，就是自己制造新词。

（3）初步掌握语法。第一，从简单句到复合句、从不完整到完整，其间经历了单词句、双词句、电报句等典型阶段。第二，从陈述句到多种形式的句子，从无修饰句到修饰句。此时，幼儿已经能够熟练说出合乎语法的句子，但只是从言语习惯上掌握了它，并未把语法当作认知对象。

（4）口语表达能力进一步发展。幼儿表达的重心转变：从对话言语到独白言语，从情境性言语到连贯性言语。幼儿初期，幼儿的言语表达具有情境性特点，往往想到什么说什么，缺乏条理性、连贯性，听话人要边听边猜才能明白。随着年龄的增长，情境性言语的比重逐渐下降，连贯性言语的比重逐渐上升。3～4岁是口吃的常见期，矫正口吃的重要原则性方法是解除紧张。

（5）出现内部言语的过渡形式——出声的自言自语。这种自言自语有两种形式，一种是"游戏言语"，即在游戏、绘画活动中出现的言语。其特点是一边做动作，一边说话，用言语补充和丰富自己的行动。另一种是"问题言语"，即在活动中遇到困难或问题时产生的言语，用以表示困惑、怀疑、惊奇等。4～5岁幼儿的"问题言语"最为丰富。

2. 幼儿书面言语掌握的可能性

书面言语产生的基础是口头言语。严格地说，幼儿期已经为书面言语的学习做了准备。具体表现在：掌握口语词汇、掌握语音、掌握基本语法和口语表达能力、幼儿图形知觉的发展、幼儿的书写准备等。

（五）在实践中提高幼儿的言语能力

（1）有目的、有计划的语言教育活动是发展幼儿言语能力的重要途径。

（2）激发幼儿言语交往的需要，为幼儿创造言语交往的条件和机会：亲子之间交往、同伴之间交往和教师与幼儿之间的言语交往。

（3）教师做好榜样，讲究教法，贯穿一日活动中。

（4）丰富幼儿的知识和经验，培养"前阅读"兴趣。

（5）创设轻松愉快的环境，使幼儿敢于表达意见。

（6）注重个别教育。

第五节　幼儿的情绪情感发展

案例导入

> 苗苗上幼儿园已经 1 个月了，这几天苗苗上幼儿园之前总是哭，并且哭得很厉害，感觉好像特别害怕幼儿园。如果你是苗苗的老师，你如何让苗苗愉快地来幼儿园？

一、情绪情感概述

1. 含义

情绪情感是人对客观事物是否符合自己的需要而产生的态度体验及相应的行为反映。

我们通常把那些与生理需要（如安全、饮食、睡眠等）相联系的内心体验称为情绪；把那些与社会需要（如交往、文娱、教育、道德、劳动等）相联系的内心体验称为情感。

2. 情绪与情感的关系

联系：情感在情绪的基础上形成，并对情绪产生巨大的影响。

区别：

（1）情绪是需要和有机体的生物相联系的体验形式。情感则与人的高级的社会性需要相联系，是在社会文化生活中产生的内心体验。

（2）情绪发生较早。情感体验则是人类特有的，是个体发展到一定年龄才有的。

（3）情感比情绪更稳定、持久。情绪则随环境的变化而变化。

二、情绪情感的功能

1. 适应功能

情绪和情感是有机体适应生存和发展的一种重要方式,是人类早期赖以生存的手段。

2. 动机功能

情绪和情感是伴随人的需要是否满足而产生的体验，它对人的行为具有推动或抑制作用。情绪的动机作用表现得更加明显，直接指导、调控幼儿的行为，驱动、促使幼儿去做出这样或那样的行为，或不去做某种行为。

3. 组织功能

情绪是心理活动中的监控者。它对其他心理活动（如兴奋）具有组织作用。积极情绪起协调、组织的作用；消极情绪起破坏、瓦解的作用。

4. 信号功能

传递自身需要及状态（如愉快、愤怒等）的功能通过表情来实现。幼儿拥有丰富的表情，成人可以通过观察幼儿的表情推断幼儿此时的情绪情感状态。

5. 感染功能

情感的感染作用是指在一定条件下，一个人的情感可以影响别人，使之产生同样的情感，即以情动情。因此，幼儿园积极、愉快的生活环境对幼儿的健康成长是非常重要的。

6. 保健功能

指情绪情感对一个人的身心健康有增进或损害的效能。情绪与人的身心健康相互制约、相互影响。

三、幼儿情绪情感发展的一般趋势

1. 情绪情感的社会化

（1）情绪中社会性交往的成分不断增加。

（2）引起情绪反应的社会性动因不断增加。

（3）表情的社会化。幼儿表情社会化的发展主要包括两个方面：理解面部表情的能力和运用社会化表情手段的能力。

2. 情绪情感的丰富和深刻化

（1）丰富。一是情绪过程越来越分化，二是情绪所指向的事物不断增加。

（2）深刻化。指与感知觉、记忆、想象、思维、自我意识相联系的情绪情感。

3. 情绪情感的自我调节化

（1）冲动性逐渐减少。

（2）稳定性逐渐提高。

（3）情绪情感从外显到内隐。

四、幼儿几种基本情绪的发展

1. 哭

婴幼儿出生后，最明显的情绪表现就是哭。哭代表不愉快的情绪。哭最初是生理性的，以后逐渐带有社会性。

2. 笑

笑是愉快情绪的表现，幼儿的笑比哭发生得晚。主要有以下三种类型。

（1）自发性的笑（0～5周）。

（2）反射性的诱发笑（第三周开始）。

（3）社会性的诱发笑（第五周开始）。

3. 恐惧

恐惧的分化经历了以下四个阶段。

（1）本能的恐惧。恐惧是婴儿出生时就有的情绪反应，是本能的反应。最初的恐惧是由听觉、触觉、机体觉引起的。

（2）与知觉和经验相联系的恐惧。婴儿从4个月左右开始出现与知觉发展相联系的恐惧。

（3）怕生。怕生与依恋情绪同时产生，一般在婴儿6个月左右时出现。

（4）预测性的恐惧。随着想象的发展，2岁左右的幼儿出现了预测性恐惧，比如怕黑。

五、幼儿情绪的特点

1. 情绪的易冲动性

幼儿常常处于激动状态，而且来势强烈，不能自制，往往全身心都受不可遏制的威力所支配。年龄越小，这种冲动越明显。比如幼儿想要一个玩具，若不能如愿，就会大哭大闹，短时间内情绪不能平静。5～6岁幼儿情绪的冲动性逐渐降低，调节控制情绪的能力逐渐加强。

2. 情绪的不稳定性

幼儿的情绪非常不稳定，容易变化，表现为两种对立的情绪在短时间内互相转换。比如小班幼儿经常出现"破涕为笑"的现象。幼儿情绪的不稳定性既与他们容易受情境的影响有关，又与情绪容易受感染、暗示有关。比如小班幼儿经常会出现一个哭，其他幼儿也跟着哭的场面。随着年龄的增长，幼儿情感的稳定性会逐渐增强，但仍容易受家长和教师的感染，所以家长和教师在幼儿面前应控制好自己的不良情绪。

3. 情绪的外露性

婴儿的情绪完全表露在外，丝毫不加控制和掩饰。常常想哭就哭，想笑就笑。到了2岁左右，幼儿在日常生活中逐渐了解了一些行为规范，知道自己的某些行为应加以克制，但由于这一时期幼儿的自我控制能力差，还不能完全控制自己的情绪表现。比如幼儿摔倒后引起本能的哭泣，但他刚一哭马上对自己说："我不哭，我不哭。"中、大班的幼儿调节自己情绪的能力已有一定的发展，在正确的教育下，随着幼儿对是非观念的掌握，其对情绪的调节能力会很快发展起来。

六、幼儿高级情感的发展

幼儿的社会性高级情感主要体现在道德感、理智感和美感三个方面。

1. 道德感

道德感是由自己或别人的举止行为是否符合社会道德标准而引起的情感。3岁前，幼儿只有某些道德感的萌芽，如孩子在2岁左右，开始评价自己"乖不乖"。进入幼儿园以后，特别是在集体生活环境中，孩子逐渐掌握了各种行为规范，道德感也逐步发展起来。小班孩子的道德感主要是指向个别行为的，如知道打人、咬人是不好的；中班孩子不但关心自己的行为是否符合道德标准，而且开始关心别人的行为，并由此产生相应的情感。如中班幼儿的告状行为就是幼儿对别人行为方面的评价，它是基于一定的道德标准而产生的。幼儿在对他人的不道德行为表示出愤怒或谴责的同时，还对弱者表现出同情，并表现出相应的安慰行为。到了大班，幼儿的道德感进一步发展和复杂化。他们对好与坏、好人与坏人有鲜明的不同感情。如看小人书时，往往把大灰狼和坏人的眼睛挖掉，这个年龄段的幼儿的集体情感也开始发展起来。

2. 理智感

理智感是由是否满足认识需要而产生的体验。幼儿期是幼儿理智感开始发展的时期。如小班幼儿在成人的指导下，用积木搭出一个房子时，会高兴地拍起手来。大班的幼儿会长时间迷恋于某些创造性活动，如用积木搭出宇宙飞船、航空母舰，用泥沙堆成公路、山坡等。6岁孩子理智感的发展还表现在喜欢进行各种智力游戏，如下棋、猜谜等。这些活动不仅使幼儿产生由活动带来的满足、愉快、自豪等积极情感，还会成为促进幼儿进一步去完成新的、更为复杂的认识活动的强化物。

幼儿的理智感有一种特殊的表现形式，即好奇好问。在这方面，其他任何年龄阶段的幼儿都不会表现得如此明显。幼儿初期的孩子往往问"这是什么"，逐渐发展到问"为什么""怎么样"等。如果问题得到解决，幼儿就会感到极大满足，否则就会不高兴。

幼儿理智感的另一种表现形式是与动作相联系的"破坏"行为。崭新的玩具刚买回家，转眼的工夫就被孩子拆得四分五裂。日常生活中，有许多在成人看起来是十分平常的现象，在幼儿看来却十分新奇，所以他们要问、要猜，这完全是幼儿理智感发展的表现。作为家长和教师要珍惜幼儿的这种探究热情，满足他们的好奇心。

3. 美感

美感是人对事物审美的体验。幼儿对色彩鲜艳的艺术作品或物品容易产生喜爱之情。在教育的影响下，在幼儿中期，幼儿能从音乐、绘画作品中，从自己从事的美术、舞蹈、朗诵活动中得到美的享受。在幼儿晚期，幼儿开始不满足于颜色鲜艳，还要求颜色搭配协调。幼儿园幼儿往往根据外表来评价老师，幼儿喜欢长相美丽、穿戴漂亮的老师。

七、幼儿情绪培养策略

（一）幼儿积极情绪的培养

1. 营造良好的情绪环境

婴幼儿情绪发展主要依靠周围情绪气氛的熏陶。因此，在幼儿园教育中应注意保持和谐的气氛，并且与幼儿建立良好的师生关系。家园双方均要建立合理的生活制度、创设丰富的生活内容，让孩子处于愉快的情绪之中。教师还应给予幼儿较多的关注和关爱，努力理解和尊重幼儿，创设一个和谐、宽松、平等的环境氛围，促进幼儿情绪的发展。

2. 和谐的家庭生活、良好的情绪示范

和谐的家庭生活与成人愉悦的情绪示范让幼儿开心快乐，但需要注意的是，成人不良的情绪同样会让幼儿体验到紧张和焦虑。因此，成人特别是幼儿教师应善于控制好自己的情绪，避免喜怒无常，不过分溺爱也不吝惜爱。要主动关心幼儿，善于发现其优点，当幼儿犯错误或闹情绪时，控制好自己的情绪，理智冷静地对待幼儿。

3. 采取积极的教养态度

（1）正面肯定和鼓励。正面积极的鼓励和肯定，将极大地增强幼儿的自信心和能力感，他们愿意做得更好，如果家长和教师常用批评或否定的观点看待幼儿，以致幼儿的情绪消极，那么幼儿容易产生习得性无助。

（2）耐心倾听幼儿说话。耐心倾听幼儿说话，对培养其良好的情绪十分重要。幼儿最初总是愿意将自己的见闻向亲人和教师诉说，教师和家长要允许孩子向你诉说他的感受，不要对他妄加评论，也不要急于帮助他解决问题，要学会耐心倾听。如果让幼儿抑制自己的情感，将导致他们无法正确认识和表达自己的情绪情感，这样不利于幼儿的心理健康。

（3）正确运用暗示和强化。幼儿的情绪在很大程度上受成人的暗示和强化，比如有的家长在外人面前总是夸自己的孩子，"他摔倒了从来不哭"，这个孩子就很容易在这种暗示下控制自己的情绪。

4. 充分利用各种活动培养幼儿的情感

情感是在具体的活动中产生的，因此，教师要善于利用各种活动来培养幼儿的情感。在游戏活动中创设情境，可以让幼儿通过角色引起情感共鸣，可以不受压抑地自由表达自己的愿望，使自己的情绪情感和态度自然地流露出来，由被动变为主动，从而感到愉快、自信、心情舒畅。教师选择适合幼儿年龄特征的优秀文学艺术作品，对培养幼儿高级情感有独到作用。

（二）幼儿消极情绪的防止途径和方法

1. 正确对待孩子的情绪行为，允许孩子适当宣泄

家长和教师一定要充分理解和正确对待孩子发泄情绪的行为，不要让其幼小的心

灵总受压抑。适当的宣泄是使紧张得到释放的有效途径。家长和教师对此要给予谅解，但要注意适度性，避免幼儿过分宣泄或持续时间过长。

2. 不要给孩子造成过重的压力

很多家长和教师给幼儿安排了过多的学习任务，这样不但没有加强幼儿的发展，而且可能造成幼儿紧张、焦虑等消极情绪，不利于幼儿情感的发展。

3. 及时发现幼儿不良情绪并加以引导

（1）成人要善于发现与辨别幼儿的情绪。

（2）从幼儿的情绪表现来分析幼儿的内心情感世界。

（3）注意幼儿的个别差异，对不同的幼儿采取不同的方法。

（4）注意幼儿积极情感的引导，让积极情感成为幼儿情感的主旋律，减少其消极情感的产生。

4. 帮助幼儿控制情绪

幼儿不会很好地控制自己的情绪，成人可以利用各种方法帮助他们控制情绪。

（1）转移法。当幼儿为了某件事情而闹情绪时，成人有意识地将其注意力转移到其他方面。

（2）冷却法。幼儿情绪十分激动时，成人切忌激动，不然会使幼儿情绪更加激动。可以采取暂时置之不理的办法，幼儿自己就会慢慢地停止哭喊。待幼儿冷静下来后，让他仔细回想，反思一下自己刚才的情绪表现是否合适等。

（3）消退法。对幼儿的消极情绪可以采用条件反射消退法，指对原先可接受的某种行为的撤销。

5. 教会幼儿调节自己的情绪表现

在生活中，家长和教师有必要教给幼儿如何有意识地调节情绪及其表现方式的方法。

（1）反思法。即让孩子想一想自己的情绪表现是否合适。

（2）自我说服法。教孩子生气时对自己说"我不生气"。

（3）想象法。当幼儿遇到困难或挫折时，教他想象自己是"大姐姐""大哥哥"或是某个英雄人物等。

第六节　幼儿的个性发展

案例导入

在一项行为实验中，教师把一个大盒子放在幼儿面前，对幼儿说："这里面有一个很好玩的玩具，一会儿我们一起玩。现在我要出去一下，你等我回来，我回来之前，你不能打开盒子看，好吗？"幼儿回答："好的。"老师把幼儿单独留在房间里。

下面是两名幼儿在接下来的两分钟里的不同表现：

幼儿一：眼睛一会儿看墙，一会儿看地上，尽量不让自己看盒子，小手也一直放在腿上。教师再次进来，问："你有没有打开盒子？"幼儿说："没有。"

幼儿二：忍了一会儿，禁不住打开盒子偷偷看了一眼。教师再次进来，问："你有没有打开盒子？"幼儿说："没有，这个玩具不好玩。"

你知道为什么两名幼儿对盒子会有不同的行为表现吗？幼儿的表现对老师提出了怎样的教育要求？

一、幼儿的个性

（一）个性的概念

在心理学中个性也被称为人格，是指一个人比较稳定的、具有一定倾向性的心理特点或品质的独特组合。这个独特模式包含了一个人区别于他人的稳定而统一的心理品质。人格标志着一个人的独特性。

（二）个性的心理结构

每个人遗传素质、所处环境的不同形成了人的个性心理差异。这种差异包含三个紧密相连的子系统：个性心理倾向性、个性心理特征和自我意识。

1. 个性心理倾向性

个性心理倾向性是指一个人所具有的意识倾向性和对客观事物的稳定态度。它主要包括需要、动机、理想、信念、世界观等心理成分。个性倾向性是人从事各项活动的基本动力，决定一个人的态度、行为的积极性与选择性。它对个性的变化和发展起推动与定向的作用，是整个个性结构的核心。

2. 个性心理特征

个性心理特征是一个人身上经常表现出来的本质的、稳定的心理特点，主要包括能力、气质和性格。个性心理特征的每种特性都和其他特性有着不可分割的有规律的联系。

3. 自我意识

自我意识是对自己存在的察觉，是人对自己身心状态及自己与客观世界的关系的意识。它是个性发展和成熟的重要标志。

（三）个性的基本特征

1. 独特性

个性的独特性是指人与人之间没有完全相同的个性，人的个性千差万别、千姿百态，人与人之间没有完全一样的个性特点，这是因为不同的遗传、家庭及教育环境，形成了各自独特的心理特点。但对于同一民族、同一年龄阶段的人来说，个性中往往存在一定的共性。

2. 稳定性

个性是一种稳定的特点，在个人行为中偶然出现的、一时的心理特征，不能称为个性。只有比较稳定的、在行为中经常表现出来的心理倾向和心理特征才能代表一个人的个性。当然，个性的稳定性并不意味着它在人的一生中是一成不变的，随着生理的成熟和环境的改变，个性也能产生变化。

3. 整体性

个性是一个统一的整体结构，是由密切联系的成分构成的多层次、多水平的统一体。个性具有内在一致性，常常标志着一个人的心理是否健康。个性结构在各方面彼此和谐一致时，幼儿的个性就是健康的。否则，其可能会难以适应生活和社会。因此，从个体的一个方面往往可以看出一个人的个性，这是个性整体性的具体表现。

（四）个性的形成

1. 个性形成的表现

2岁前，幼儿的各种心理成分还没有完全发展起来，即还没有很好掌握语言，思维没有形成等，在这一阶段，其心理活动是零碎的、片段的，还没有形成系统，因此个性不可能发生。2岁左右，个性逐步萌芽。

3～6岁幼儿的个性开始形成，主要表现为以下四个方面：
（1）心理活动整体性的形成。
（2）心理活动稳定性的增长。
（3）心理活动独特性的发展。
（4）心理活动能动性的发展。

2. 影响个性形成与发展的因素

心理学家认为，个性是在遗传与环境的交互作用下逐渐形成并发展的。

（1）生物遗传因素。研究发现，遗传是个性不可缺少的影响因素，遗传为个性发展提供了可能性。但是，遗传因素对个性的作用程度因个性特征的不同而异，其通常在智力、气质这些与生物因素相关的特征上，较为重要；而在价值观、信念、性格等与社会因素关系紧密的特征上，后天环境因素更重要。

（2）家庭环境因素。家庭环境对个性具有极大的塑造力，尤其是父母的教养方式直接决定了孩子个性特征的形成，不同教养方式对个性差异所构成的影响不同。

权威型教养方式。父母在对子女的教育中表现为过分支配，一切由父母掌控。这种环境下成长的孩子容易消极、被动、依赖、服从、懦弱，做事缺乏主动性，甚至会形成不诚实的个性特征。

放纵型教养方式。父母对子女过分溺爱，孩子随心所欲，以致教育达到失控状态。孩子多表现为任性、幼稚、自私、野蛮、无礼、独立性差、唯我独尊、蛮横胡闹等个性特征。

民主型教养方式。父母与子女在家庭中处于平等和谐的氛围中，父母尊重孩子，给孩子一定的自主权，并给予孩子积极正确的指导，使孩子形成一些积极的个性品质，如活泼、快乐、直爽、善于交往、容易合作、思想活跃等个性特征。

（3）早期童年经验。个性发展受到童年经验的影响，幸福的童年有利于幼儿向健康个性发展，不幸的童年也会引发幼儿不良个性的形成，但二者不存在绝对的对应关系，有些来自顺境的幼儿也可能会形成不良的个性特点，出自逆境的幼儿则可能具有坚忍的性格。但是，早期童年经验不能单独对个性起决定作用，它与其他因素共同决定个性。但早期童年经验是否对个性造成永久性影响因人而异。

（4）学校教育因素。学校对个性的形成和定型有深远的影响。自从迈进学校门槛，个体的主要社会角色就是学生。如果学校生活中的体验是紧张压抑和沮丧的，那么他就必然容易出现各种心理问题，不利于个性的形成与构建。反之，如果学校生活的体验是轻松乐观和积极的，那么他的心理状态就会倾向于积极良好，有利于个性的发展。

校风也影响个性的形成。良好的校风、班风促使学生养成勤奋好学、追求上进和自觉遵守纪律等个性特征，不良的校风会使其形成懒散、无组织、无纪律等特性。

教师的言行对学生的个性形成也会产生潜移默化的作用，对那些具有高尚品格、渊博知识、强烈事业心和责任感，富有同情心的教师，学生会言听计从；而对没有威信、缺乏责任心的教师，学生不愿接受其教育，甚至可能产生自暴自弃、不求上进等不良的影响。

（5）社会文化因素。社会文化塑造了社会成员的个性特征，使其成员的个性结构朝着相似的方向发展，而这种相似性在一定程度上能够维持社会的稳定。社会文化对个性的塑造反映在不同文化的民族有其固有的民族性格，不同自然环境下的民族也反映出人文地理对个性的影响。

二、幼儿气质的发展

（一）气质概述

1. 气质的概念

气质是不以人的活动目的和内容为转移的心理活动的典型的稳定的动力特征。气质是人的个性心理特征之一，无好坏之分，指在人的认识、情感、言语、行动中，心理活动发生时力量的强弱、变化的快慢和均衡程度等稳定的动力特征。

2. 气质的特征

（1）稳定性。它是由人的生理素质或身体特点反映出的人格特征，是人格形成的原材料之一。个体一出生，就具有生理机制决定的某种气质，例如，有人对198名幼儿从出生到小学的气质发展进行长达10年的追踪研究。结果发现在大多数幼儿身上，早年的气质特征在以后一直保持稳定不变。

（2）可塑性。气质虽然具有很大的稳定性，但并不是说气质是绝对不可变的。事实上，幼儿在后天的生活环境和教育的影响下，气质的类型或者其表现行为可以在一定程度上得到改变或被掩饰。当然，由于家庭和环境的影响，在个体生长发育过程中气质也会发生改变。例如，在集体主义的教育下，脾气急躁的人也可能变得较能克制自己。

（二）气质的类型

古希腊著名医生希波克拉底提出了"体液说"，罗马医生盖伦根据"体液说"将人的气质类型分为胆汁质、多血质、黏液质、抑郁质四种。在此基础上，巴甫洛夫依据神经过程的基本特性，即兴奋过程和抑制过程的强度、平衡性和灵活性，划分了四种气质类型：不可遏制型、活泼型、安静型和弱型。

现代的气质学说将气质分为以下四种典型类型：

（1）胆汁质。这种人情绪体验强烈，思维灵活，精力旺盛，表里如一，勇敢果断，朴实真诚，行动敏捷，但这种人行事常欠考虑，鲁莽冒失，易感情用事，刚愎自用。

（2）多血质。这种人情感丰富，思维敏捷，活泼好动，热情大方，善于交往，适应力强，他们的缺点是缺乏耐心和毅力，稳定性差，见异思迁，情绪不稳定。

（3）黏液质。这种人情绪平稳，安静稳重，沉默寡言，考虑问题细致而周到，自制力强，耐受力高，但这种人的行为主动性较差，缺乏生气，行动迟缓。

（4）抑郁质。这种人情绪体验深刻，情绪抑郁，多愁善感，思维敏锐，想象丰富，不善交际，自制力强，但他们的行为举止缓慢，软弱胆小，优柔寡断。

（三）幼儿气质发展的特点

1. 幼儿气质具有稳定性

研究发现，在大多数幼儿身上，早期的气质特征会一直保持稳定不变。一个活动水平高的幼儿，在出生2个月时，表现出爱动的特点，换尿布后常蠕动；到了5岁，其在进食时常离开桌子，总爱跑。而一个活动水平低的幼儿，2个月时睡眠或穿好衣服后都不爱动；到5岁时穿衣服也需要很长时间，在电动玩具上能安静地坐很久。

2. 生活环境可以改变幼儿的气质

幼儿气质发展中存在"掩蔽现象"。所谓"掩蔽现象"就是指一个人的气质类型没有改变，但是形成了一种新的行为模式，表现出不同于原来类型的气质外貌。很多现象表明，虽然幼儿的气质类型具有相对稳定的特点，但并不是一成不变的，其后天的生活环境与教育可以改变原来的气质类型。

3. 幼儿气质影响父母的教养方式

幼儿的气质类型对父母的教养方式有较大影响。父母亲对待不同类型的幼儿的行为方式是不同的。如果幼儿的适应性强、乐观开朗、注意持久，则父母的民主性表现突出。影响父母教养方式的消极气质因素包括较高的反应强度，如平时大哭大闹；高活动水平，如爱动、淘气、适应性差及注意力不集中等。

三、幼儿能力的发展

（一）能力概述

1. 能力的概念

能力是人顺利地完成某种活动所必须具备的个性心理特征。能力总是和人的某种活动相联系并表现在活动中，离开了具体活动既不能表现人的能力，也不能发展人的能力。只有从一个人所从事的某种活动中才能看出他是否具有某种能力。能力能够影响活动的效果，其大小只有在活动中才能比较。

2. 能力的分类

人的能力很多，可以按照不同的标准进行分类，一般可分为以下几种。

（1）一般能力和特殊能力。一般能力是指在许多基本活动中表现出来的能力，如观察、记忆思维、想象等，也是通常说的智力。它是人们完成任何活动所不可缺少的，是能力中最主要的部分。特殊能力是指人们从事特殊职业或专业需要的能力。例如，数学能力、音乐能力、操作能力等。

一般能力在某种特殊活动领域得到特别发展时，就可能成为特殊能力，一般能力和特殊能力相互关联。观察力属于一般能力，但在画家的身上，由于绘画能力的特殊发展，对事物一般的观察力也相应增强起来，人在完成某种活动时，常需要一般能力和特殊能力的共同参与。总之，一般能力的发展为特殊能力的发展提供了更好的内部条件，特殊能力的发展也会积极地促进一般能力的发展。

（2）再造能力和创造能力。再造能力是指在活动中顺利地掌握前人所积累的知识、技能，并按现成的模式进行活动的能力。这种能力有利于满足学习活动的要求。人们在学习活动中的认知、记忆操作与熟练能力多属于再造能力。创造能力是指在活动中创造出独特的、新颖的、有社会价值的产品的能力。它具有独特性、变通性、流畅性的特点。

再造能力和创造能力是互相联系的。再造能力是创造能力的基础，任何创造活动都不可能凭空产生。因此，为了发展创造能力，首先就应虚心地学习、模仿、再造。在实际活动中，这两种能力是相互渗透的。

（3）认知能力、操作能力和社交能力。认知能力是指接收、加工、储存和应用信息的能力，是人们成功地完成各项活动最重要的心理条件。知觉、记忆、注意、思维和想象的能力都被认为是认知能力。操作能力是指操纵、制作和运动的能力。劳动能力、艺术表现能力、体育运动能力、实验操作能力都被认为是操作能力。它在操作技能的基础上发展起来，又成为顺利地掌握操作技能的重要条件。社交能力是指人们在社会交往活动中所表现出来的能力。组织管理能力、言语感染能力等都被认为是社交能力。社交能力包含认知能力和操作能力。

（二）幼儿能力发展的特点

1. 多种能力的显现与发展

（1）操作能力最早表现并逐步发展。从1岁开始，幼儿操作物体的能力逐步发展起来了，开始进行各种游戏。同时，幼儿跑、走、跳等能力逐渐完善。幼儿的游戏在幼儿日常生活中占主要位置，从而使幼儿的操作能力在游戏中逐步发展。

（2）言语能力在婴儿期发展迅速，幼儿期是口语发展的关键时期。从1岁左右开始，短短两三年里，幼儿的言语经历了非常迅速的发展变化，幼儿的言语开始具有称谓、概括及调节作用。幼儿言语表达能力逐渐增强，特别是言语的连贯性、完整性和逻辑性的迅速发展，为幼儿的学习和交往创造了良好的条件。

（3）模仿能力迅速发展，其是幼儿学习的基础。幼儿的模仿能力是随着延迟模仿一起发展起来的，延迟模仿发生在18～24个月。模仿能力的发展对幼儿心理的发展具有重要的意义。

2. 主导能力萌芽，开始出现比较明显的类型差异

幼儿期的幼儿已经出现了主导能力的差异。主导能力又称为优势能力，在幼儿园的教育工作中应该特别注意分析不同幼儿的能力特点，发挥其主导能力，加强对弱势能力的培养。

四、幼儿性格的发展

（一）性格概述

1. 性格的概念

性格是指表现在人对现实的态度和相应的行为方式中的比较稳定的、具有核心意义的心理特征。性格表现了人们对现实和周围世界的态度，并表现在他的行为举止中。

2. 性格的特征

性格有以下四个特征：

（1）态度特征。态度特征是指个体在对现实生活的态度中表现出来的一般特征。

（2）理智特征。理智特征是指个体在认知活动中表现出来的心理特征。在感知方面，有的人能按照一定的目的主动地观察，属于主动观察型，有的人则明显地受环境刺激的影响，属于被动观察型；有的人倾向于观察对象的细节，属于分析型，有的人则倾向于观察对象的整体和轮廓，属于综合型；有的人倾向于快速感知，属于快速感知型，有的人倾向于精确地感知，属于精确感知型。在想象方面，有主动想象和被动想象之分、广泛想象与狭隘想象之分。

（3）情绪特征。情绪特征是指个体在情绪表现方面的心理特征。在情绪的强度方面，有的情绪强烈不易于控制，有的则情绪微弱，易于控制；在情绪的稳定性方面，有的人情绪波动性大，情绪变化大，有的人则情绪稳定，心平气和；在情绪的持久性方面，有的人情绪持续时间长，对工作学习的影响大，有的人则情绪持续时间短，对工作学习的影响小；在主导心境方面，有的人经常情绪饱满，处于愉快的情绪状态，有的人则经常郁郁寡欢。

（4）意志特征。意志特征是指个体在调节自己的心理活动时表现出的心理特征。自觉性、坚定性、果断性、自制力等是主要的意志特征。自觉性是指在行动之前有明确的目的，事先确定了行动的步骤、方法，并且在行动的过程中能克服困难，始终如一地执行。与之相反的是盲从或独断专行。坚定性是指能采取一定的方法克服困难，以实现自己的目标。与坚定性相反的是执拗性和动摇性，前者不会采取有效的方法，一味我行我素；后者则是轻易改变或放弃自己的计划。果断性是指善于在复杂的情境中辨别是非，迅速作出正确的决定。与果断性相反的是优柔寡断或武断、冒失。自制力是指善于控制自己的行为和情绪。与自制力相反的是任性。

3. 气质与性格的关系

性格与气质都是描述个人典型行为的概念。这两个概念既有区别又密切联系。性格与气质的区别主要表现在下列三个方面：

（1）从起源上看，气质是先天的，一般产生在个体发生的早期阶段；性格是后天的，是人在活动中与社会环境相互作用的产物，反映了人的社会性。

（2）从可塑性上看，气质的变化较慢，可塑性较小，不容易改变；性格的可塑性较大，环境对性格的塑造作用是明显的。

（3）气质所指的典型行为是它的动力特征，与行为内容无关，因而气质无好坏善恶之分，性格主要是指行为的内容，表现为个体与社会环境的关系，因而性格有好坏善恶之分。

性格与气质又是密切联系、相互制约的。先从气质对性格形成的影响上来看，首先，气质会影响个人性格的形成，它在个体的早期阶段就表现出来，婴儿的气质特征会影响家庭环境，影响父母或其他哺育者的不同行为反应。其次，气质可以按照自己的动力方式使性格特征具有独特的色彩。最后，气质还会影响性格特征形成或改造的速度。再从性格对气质的影响来看，性格也可以在一定程度上掩盖或改变气质，使它服从于生活实践的要求。

（二）幼儿性格的发展

在幼儿性格差异日益明显的同时，幼儿性格的年龄特征也越来越明显，具体表现在以下三个方面。

1. 活泼好动

活泼好动是幼儿的天性，无论是何种类型的幼儿都有此共性。即使那些非常内向、羞怯的幼儿，在家里或者与熟悉的小伙伴玩耍时，也会自然而然地表现出活泼好动的天性。幼儿不会因为频繁的活动而感到疲倦，活动对形成幼儿良好、愉快的情绪状态具有积极的意义。

2. 喜欢交往

幼儿进入幼儿期后，在行为方面最明显的特征之一就是喜欢和同龄或年龄相近的小朋友交往。研究表明，3岁以后，幼儿游戏的社会性成分逐渐增多，个体游戏减少，与同伴有联系的、合作的游戏增多。可见，与同龄人的交往是幼儿的一个明显的需要。

3. 模仿性强

模仿性强是幼儿的典型特点，小班幼儿表现尤为突出。幼儿模仿的对象可以是成人，也可以是其他幼儿。对成人模仿最多的是对教师或父母行为的模仿，这是由于这些人是幼儿心目中的"偶像"。他们希望通过对成人行为的模仿而尽快长大，进入成人的世界。幼儿之间的相互模仿更多，幼儿模仿的内容多是社会性行为，还有一部分是学习知识方面的模仿。幼儿的模仿方式包括即时模仿即马上照着做和延迟模仿即过一段时间后的模仿。

（三）影响幼儿性格形成的因素

遗传、环境、教育等因素都会对人们性格的形成和发展产生影响。人的性格是在与周围环境相互作用的过程中逐渐发展起来的。虽然遗传因素会对性格的形成发生影响，但在性格形成中起主要作用的不是遗传，而是社会实践。

1. 遗传的作用

人的神经系统在性格的形成中有一定的作用，但性格受遗传的作用较小，它主要是由成长的社会环境决定的。根据目前的研究结果，只在某些不正常的性格的形成上，才可以较为明显地看到遗传因素的作用。

2. 家庭环境的影响

在家庭中，父母的责任感和教养态度是影响幼儿性格形成的一个非常重要的因素。家庭气氛对子女性格形成的影响也不容忽视。出生顺序对性格形成也有一定的影响。

3. 学校教育的影响

学校教育在幼儿性格的形成中有着特殊的地位。这与幼儿入学时所处的年龄阶段有关。在学校里，幼儿通过对知识的学习和掌握，逐步形成世界观，从而影响到特定性格的形成。幼儿所处的学校班集体对性格形成有特殊的意义。同伴关系是影响幼儿社会化的一个重要因素。在与同伴的相互交往中，幼儿逐渐获得与人相处的经验，形成理解别人、关心别人的良好品质。

4. 社会实践的作用

人是活动的主体。人的性格不是简单地、被动地决定于环境。环境对人的性格的影响需要通过人在环境中的实践活动去实现。因此,对性格起决定作用的不是环境本身,而是人与环境的相互作用。人的性格就是通过他在社会实践活动的过程中与环境发生相互作用而逐渐形成、发展起来的。

五、幼儿自我意识的发展

(一)自我意识概述

自我意识是个体对自己以及自己与周围事物的关系的认识。它区别于其他心理现象,把认识的目光转向自己,自己既是认识者,又是被认识者。自我意识是个性的一个组成部分,它是个性和社会性发展的核心概念,是随着个体的身心发展,在与周围环境不断相互作用的过程中逐渐产生和发展起来的。它具有调控和完善自我的作用,是个性形成的重要条件,也是人区别于动物的一个主要标志。

自我意识包含三种心理成分:自我认识、自我体验、自我监控。在结构上,自我意识的三种心理成分密切联系、相互制约。自我认识是指个体对自己的心理特点、人格特征、能力及自身社会价值的自我了解与自我评价;自我体验是指个体对自己的情感体验,如自尊、自爱、自豪、自卑及自暴自弃等,其中自尊是最主要的一个方面;自我监控属于自己对自己的意志控制,如自我检查、自我监督、自我调节、自我追求等。

自我意识是个性系统中最重要的组成部分,制约着个性的发展。自我意识的发展水平直接影响个性的发展水平,自我意识发展水平越高,个性也就越成熟和稳定。自我意识的成熟标志着个性的成熟。自我意识对人的影响可以说是终生的,直接关系到一个人的生活幸福与否。因此。我们每个人都要不断地完善自我,使自我意识逐渐成熟。

(二)自我意识的发展

个体自我意识的发展经历了从生理自我到社会自我,再到心理自我的过程。

1. 生理自我

生理自我是自我意识最原始的形态。1岁前的幼儿没有自我意识,不能把自己作为一个主体同周围的客体区别开,甚至不知道手、脚是自己身体的一部分,常常可以看到七八个月的幼儿咬自己的手指脚趾,有时会把自己咬疼而哭叫起来。自我意识的发展是以幼儿动作的发展为前提的。1岁左右的幼儿开始把自己的动作和动作的对象区分开来,开始知道自己和物体的关系。

自我意识的真正出现是和幼儿言语的发展相联系的。在掌握了有关的词后,幼儿开始知道了自己身体的各部分,然后发展到会像其他人那样叫自己的名字。

幼儿在2~3岁的时候掌握代名词"我"是自我意识萌芽的最重要标志。这个年龄的幼儿经常说"我的",开始不让别人动自己的东西,往往以自我为中心。生理自我在3岁左右基本成熟。

2. 社会自我

幼儿在 3 岁以后，自我意识的发展进入社会自我阶段。他们从轻信成人的评价逐渐过渡到自我独立评价。自我评价的独立性、原则性、批判性正在迅速发展，对道德行为的判断能力达到了前所未有的水平。但幼儿的自我评价通常不涉及个人的内心世界和人格特征，自我的调节控制能力也较差，常出现言行不一的现象。社会自我到少年期基本成熟。

3. 心理自我

心理自我是在青春期开始发展和形成的。这时，青少年开始形成自觉地按照一定的行动目标和社会准则来评价自己的心理品质和能力。他们的自我评价越来越客观、公正和全面，具有社会道德性，并在此基础上形成自我理想，追求最有意义和最有价值的目标。青春期是自我意识发展的第二个飞跃期。

（三）幼儿自我意识发展的特点

幼儿期的自我意识水平随着年龄增长而提高，5 岁是自我意识发展的关键期。自我意识的发展主要表现在自我评价、自我体验及自我控制的发展三个方面。

幼儿初期，幼儿还不会真正自我评价，只能评价一些外部的行为表现等。他们的自我评价往往依赖于成人对他们的评价。到了幼儿晚期，幼儿开始出现独立的评价，有时会对成人的评价持批判态度；还能够评价内心状态和道德品质；评价会比较细致全面。总体来说，幼儿的自我评价能力还很差。

（四）幼儿自我意识发展的一般趋势

第一，自我认识从外部的、可观察的、具体的、有明确参照系统的自我特点到反映内部的、抽象的、参照系统模糊的自我特点。幼儿对自己的认识也是生理自我的认识。

第二，自我的结构从以简单到分化、多重的结构，并逐渐出现层次性，最后形成复杂的、整合的自我结构系统。

第三，自我评价从以他人评价为标准到独立的自我评价，同时他们不断脱离自我中心。自我评价的客观化程度不断提高，从开始以成人的评价作为自己的评价，到后来的自我评价。

第四，社会适应性逐渐提高，能根据社会交往情景出现复杂的自我。

第七节 幼儿的社会性发展

案例导入

晶晶 2 岁了，每次妈妈离开时她都会哭哭啼啼，妈妈很舍不得她，每次离开总是偷偷地走。结果晶晶越来越黏着妈妈，妈妈上厕所她都必须跟着，只要看不到妈

一、幼儿社会性发展的内容与意义

幼儿社会性发展（又称为幼儿社会化）是指幼儿从生物人到逐渐掌握社会的道德行为规范和社会行为技能，成长为社会人并逐步步入社会的过程。它是在个人与社会群体、幼儿集体和同龄人之间的互动和相互影响过程中实现的。幼儿园促进幼儿社会发展的主要方式是人际交往。

（一）幼儿社会性发展的内容

幼儿社会发展的主要内容包括亲子关系、同伴关系、性别角色、亲社会行为、攻击行为等。亲子关系和同伴关系不仅是幼儿社会发展（人际关系）的重要内容，也是影响幼儿社会性发展的重要因素。性别角色是社会中作为特定性别的人的适当行为的总和，是社会性的主要方面。亲社会行为和攻击行为属于幼儿道德发展的范畴。

（二）幼儿社会性发展的意义

1. 社会性发展是幼儿健全发展的重要组成部分

体格的发展、认知的发展和社会性的发展是幼儿全面发展的三大方面。由此可见，社会性发展是幼儿身心健全发展的重要组成部分。

2. 社会性发展是幼儿未来发展的重要基础

幼儿期是社会性发展的重要时期，幼儿的社会发展为其未来人格的发展奠定了重要基础。幼儿期社会发展的质量直接关系到幼儿未来人格发展的方向和水平。

二、幼儿亲子关系的发展

亲子关系是指父母与子女之间的关系，也可以包括代际亲属。亲子关系是一种血缘关系。亲子关系有狭义和广义之分，狭义亲子关系是指幼儿早年与父母的情感联系，即依恋；广义的亲子关系是指父母与子女互动的方式，即父母的养育态度和方式。

（一）亲子关系的类型及其对幼儿发展的影响

良好的亲子关系对幼儿的健康成长起着重要作用。首先，早期亲子之间的情感联系是幼儿将来与他人建立关系的基础，如果幼儿早年有良好的亲子关系，就更容易与他人建立良好的人际关系。其次，父母的养育态度和方式直接影响幼儿个性品质的形成，是幼儿人格发展最重要的影响因素。

亲子关系通常被分成三种类型：民主型、专制型和放任型。研究证明，民主型的亲子关系最有益于幼儿个性的良好发展。

1. 民主型

民主型的家庭中，父母与子女关系融洽，孩子的独立性、主动性、自我控制力、信心、探索性等方面有较好的发展。父母对孩子提出合理的要求，对孩子的行为做出适当的限制，设立恰当的目标，并坚持要求孩子服从和达到这些目标。同时，他们表现出对孩子成长的关注和爱，会耐心地倾听孩子的观点，并鼓励孩子参与家庭决策。在这种家庭中成长的孩子，社会能力和认知能力都比较出色。在掌握新事物和与别的小朋友交往过程中表现出很强的自信，具有较好的自控能力，并且心境比较乐观、积极。这种发展上的优势在青春期仍然可以观察到，即这类青少年具有较高的自信，社会成熟度较高，学习勤奋，学业成绩也较好。

2. 专制型

在专制型家庭中，父母对幼儿很严格，并设定了很高的行为标准。这些标准和要求甚至都不合理，幼儿没有丝毫讨价还价的权利。如果幼儿有轻微的抗拒，父母会采取体罚或其他惩罚措施。这类家庭的幼儿要么变得温顺、毫无生气、创造性被压抑、不活跃、情绪不安，甚至神经质，不喜欢与同龄人交往，犹豫、退缩、怀疑，要么变得以自我为中心，在父母面前和身后的言行不一致。从本质上讲，这种养育方式只考虑了成年人的需求，却忽视和抑制了幼儿自己的想法和独立性。

3. 放任型

在放任型的家庭中，父母对幼儿充满爱和期待，却忘记了让幼儿社会化的任务，也很少对幼儿提出要求或施加控制。在这种家庭中长大的幼儿非常不成熟，尤其是自制力差，往往会形成懒惰、无法照顾自己、胆小、自命不凡、意志薄弱、缺乏独立性等诸多不良品质。当他们被要求做一些违背自己意愿的事情时，他们几乎无法控制自己的冲动，并通过哭泣等方式寻求即时满足。他们也对父母表现出强烈的依赖性和无尽的需求，在面对任务时缺乏毅力和坚持。在男孩身上尤其如此。

（二）依恋的发展

依恋是婴儿寻求并企图保持与另一个人亲密的身体和情感联系的一种倾向。它是幼儿与父母相互作用过程中，在情感上逐渐形成的一种联结、纽带或持久的关系。

1. 依恋建立的前提

依恋的发生和建立，是幼儿心理成熟的过程。因此，依恋的建立需要幼儿识别记忆和客体持久性与"人物永久性"的发展。

（1）识别记忆。幼儿对周围事物的感知有一个分化的过程。当幼儿能够区分作为依恋对象的特定个体和其他人时，就有可能形成对特定个体的集中依恋。这种区分感知对象和感知背景的认知技能就是幼儿的识别记忆。

（2）客体永久性与"人物永久性"。在幼儿认知发展过程中，获得客体永恒性的概念是一项重大成就。正是这种认知能力，让婴儿时刻牢记母亲的形象，我们称为"人物永久性"。所以，当母亲离开婴儿时，婴儿会寻找。客体的永久认知能力是幼儿依恋形成的前提。

2. 依恋的形成阶段

（1）无差别的社会性反应阶段（0～3个月）。在此期间，婴儿对人的反应几乎是一样的，哪怕是对一个精致的面具也会表示微笑。他们喜欢所有的人，最喜欢注视人的脸，见到人的面孔或听到人的声音就会微笑，之后还会咿呀"说话"。因为此时的幼儿还未能实现对人际关系客体的分化，他们并不介意被陌生人抱起。

（2）有差别的社会性反应阶段（3～6个月）。在此期间，婴儿对母亲和其他熟悉人的反应与对陌生人的反应不同。婴儿在熟悉的人面前表现出更多的微笑、哭泣和咿咿呀呀，对陌生人的反应明显较少，但仍然有这些反应。这时，婴儿除了能够从人群中找到母亲之外，不会介意与父母分离。

（3）特殊情感连接阶段（6个月～2岁）。从六七个月开始，婴儿就会对依恋对象的存在表示深深的关注。当依恋对象离开时，他会哭着不让他离开；当依恋对象回来时，他会显得很开心。当陌生人出现时，婴儿会显得小心翼翼，害怕甚至哭泣，大喊大叫，表现出对生活的恐惧和困惑。因为此时的婴儿已经明白，大人会继续出现在视线之内，于是他们以母亲为安全保障，探索和冒险进入新的环境，然后返回寻求保护。

（4）目标调整的伙伴关系阶段（2岁以后）。此时，随着认知水平和语言能力的提高，幼儿的自我中心性有所下降，他们能够理解父母的需求，站在父母的角度看问题，并用"目标—矫正"的方式与他们建立双边"伙伴关系"。他们开始了解和理解母亲的情绪、需求和愿望，知道她爱自己，不会抛弃自己；他们已经明白父母离开的原因，知道他们什么时候回来，能忍受矛盾、纠结，能有意识地通过行动去达到特定的目标，这时分离焦虑也减少了。

3. 依恋的类型

虽然所有婴儿都有依恋行为，但由于幼儿与依恋对象之间的亲密程度和沟通质量，幼儿存在不同类型的依恋。美国心理学家安斯沃斯等人用"陌生情境法"进行实验，根据婴儿在不熟悉情境下的表现，将依恋分为以下三种类型。

（1）回避型。在回避型依恋中，母亲在陌生情况下的存在与否对对方的询问行为没有影响，他们对母亲的存在持冷漠态度。母亲走后，他们没有反抗，也很少紧张不安；母亲回来的时候，他们也对母亲不理会，没有对母亲的归来表示喜悦，哪怕有几个幼儿欢迎母亲的归来，那也只是短暂的，走近然后离开。因此，有人称这样的幼儿为"非依恋儿童"。

（2）安全型。安全型依恋的幼儿将母亲作为"安全基地"，以在不熟悉的情况下探索周围的环境。当妈妈在场时，他们主动询问；当母亲离开时，其分离焦虑就会发展，询问活动会明显减少。难过时容易被陌生人安慰，但母亲的安慰更有效。当母亲回来时，他们用积极的情绪表达依恋，积极寻求安慰，即使在悲伤的时候，他们也会通过与母亲的接触迅速平静下来，然后继续探索和玩耍。

（3）反抗型。在不熟悉的情况下，反抗型的幼儿很难主动探索周围的环境，探索活动很少，表现出明显的陌生焦虑。母亲离开时，幼儿很伤心，但团聚时很难被安慰。事实上，这些幼儿抗拒母亲的安慰和接触。他们的行为表现出愤怒的矛盾心理，对母亲缺乏信心，无法将她作为"安全基地"。当母亲回来时，他们拒绝询问，仍然表现出明显的焦虑。

可见，婴儿的依恋行为中存在着一种依恋安全模式和两种依恋不安全模式，前者属于良好、积极的依恋，后者属于不良、消极的依恋。

4. 影响依恋安全性的因素

（1）稳定的照顾者。稳定的照顾者对于婴儿的依恋形成是必要的。这个人通常是母亲。母亲在婴儿依恋的形成中起着重要作用。如果由于某种原因照顾者不稳定，它将对婴儿依恋的形成产生破坏性影响。

（2）照看的质量（包括照看的态度和环境）。婴儿与照顾者互动的方式决定了依恋形成的性质。母亲对婴儿的敏感性是影响幼儿依恋形成的关键因素。敏感的母亲平易近人，乐于接受和配合幼儿。照顾者的关怀、温暖和及时的养育有助于婴儿形成安全的依恋。如果母亲对婴儿的需求不敏感，养育行为不恰当，婴儿就会产生不安全的依恋。

（3）幼儿的特点。依恋关系是亲子双方共同构筑的。因此幼儿自身的特点也决定了建立这种关系的程度。

一些心理学家在研究中发现，幼儿的行为特征、活动水平、挫折耐受性和节奏存在明显的个体差异。有的幼儿容易照顾，与母亲关系好，容易接受安慰；有些幼儿很难照顾，非常活跃，拒绝母亲的亲近，不容易接受安慰。

（4）家庭因素。在幼儿的生活条件中，家庭是第一要素。失业、婚姻失败、经济困难和其他因素会影响父母对幼儿的照顾质量，从而破坏幼儿的依恋安全感。幼儿在养育环境中是否得到照顾，是否被精心抚养，将直接影响幼儿的依恋安全感。正常的家庭，尤其是婚姻幸福、大人之间温暖、少摩擦的家庭，会增强幼儿依恋的安全感。相反，成年人之间的愤怒互动和对幼儿的不当照顾会直接影响孩子的安全依恋。

5. 良好依恋的形成

（1）注意"母性敏感期"的母子接触。有研究表明，最佳依恋的发展需要在"母性敏感"使孩子与母亲接触。他们把正常在医院条件下的母子接触和在理想条件下的接触做比较。医院的标准做法是出生时让妈妈看下新生儿，10小时后，让新生儿再在妈妈身边稍留一会儿，然后每隔4小时喂一次奶。理想条件的做法是出生后3小时起便有定时的母子（女）接触，在开始的3天里，每天另有5小时的时间让妈妈搂抱新生儿。结果发现，理想条件下的新生儿与妈妈之间更密切，面对面注视的次数更多，而且后期依恋关系更好。

（2）尽量避免父母亲与孩子的长期分离。研究表明，幼儿长期与父母分离会造成幼儿的"分离焦虑"，影响幼儿的正常心理发育。特别是，6～8个月后的分离会产生严重影响，因为这个时期恰好是幼儿与他人建立情感联系的关键时期。因此，无论存在什么困难，父母都应该尽力承担起抚养和教育幼儿的责任。

（3）父母亲与孩子之间要保持经常的身体接触。父母要经常抱孩子，还要适当和孩子一块玩耍。同时，父母在和孩子接触时，要保持愉快的情绪，高高兴兴地和孩子玩。

（4）父母对孩子发出的信号要及时做出反应。父母对孩子发出的信号要及时地做出反应，要注意孩子的行为，并给予一定的关照。

6. 父母陪伴对幼儿健康成长的意义

（1）有利于幼儿认知的发展。自我意识的发展是幼儿认知发展的巨大进步，幼儿将通过自己的视角观察世界，把自己与他人分开思考。比如，有些幼儿不愿意分享玩具，不愿意和别人竞争零食，这是幼儿时期的正常行为。如果父母可以与幼儿良好的交流和沟通，那么父母可以引导幼儿以自我为中心的主观意识，让幼儿形成愿意与他人分享的良好品质。

（2）有利于发挥幼儿游戏的引导性。游戏是参与幼儿教育的最佳方式。幼儿的各种学习都是通过游戏活动进行的，父母可以通过和孩子一起玩耍来增加对幼儿的了解，加强对幼儿的引导。

（3）有利于良好亲子关系的建立。亲子关系是一个人一生中最早建立的、最重要的人际关系，是幼儿与他人形成良好人际关系的前提和基础。没有人可以取代父母在幼儿发展中的重要作用。尤其是在幼儿时期，父母的陪伴不仅让他们感到安全，也让他们学会处理与父母的关系。

（4）有利于幼儿良好行为习惯的养成。良好的行为习惯是幼儿一生的财富。相关研究表明，3～12岁是幼儿养成良好行为习惯的关键时期。而培养幼儿的良好行为习惯，父母的影响至关重要。

三、幼儿同伴关系的发展

同伴关系是指同龄或年龄相近的幼儿之间共同活动和合作的关系，具有平等互惠的特点。幼儿在与同伴互动的过程中可以形成两种关系，即同伴群体关系（同伴接受）和友谊关系。前者表示幼儿在同伴群体中相互喜欢或接受的程度，而后者则是指幼儿和朋友之间相互的、一对一的关系。幼儿之间尚未形成稳定、相互、正确的友谊关系，因此下面描述的同伴关系主要是指前者。

（一）同伴交往的意义

1. 有助于幼儿学习社交技能和策略

幼儿需要在与同伴的互动中触发和维持自己，而他们从同龄人那里得到的回应远比他们从父母那里得到的回应更加模糊和缺乏指导意义。因此，幼儿必须提高社交技能，使他们的信号和行为反应更具表现力,以便社交活动能够顺利进行。

同伴互动中的同伴反馈比亲子互动更真实、更自然、更及时。正是在与同伴的互动中,幼儿通过不断调整和修改自己的行为模式,掌握和巩固了更合适的沟通方式。

2. 是幼儿积极情感的重要后盾

幼儿与幼儿之间良好的沟通关系可以和良好的亲子关系一样,让幼儿有安全感和归属感,成为幼儿的情感依赖,对幼儿有重要的情感支持作用。

3. 促进幼儿认知能力的发展

不同的幼儿有不同的生活经历和认知基础,在共同的活动中也会有不同的表现。因此,同伴互动为幼儿分享知识和经验、相互模仿和学习提供了重要的机会。

4. 有助于幼儿自我概念和人格的发展

幼儿通过与同伴的比较来了解自己。同伴的行为和活动就像一面镜子,为幼儿提供自我评价的参考,让幼儿通过比较更好地了解自己,对自己的能力做出判断。良好的同伴关系可以促进幼儿性格的健康发展,甚至可以消除不利环境对幼儿发展产生的不利影响。

(二)同伴交往的发生发展

1. 同伴交往的发生

婴儿能够在很小的时候对同伴的存在和行为做出反应。大约2个月时,婴儿可以看看他的同伴;在3~4个月大时,婴儿能够触摸和看着对方;在6个月大的时候,他们能够互相微笑和喋喋不休。6个月前婴儿的这些反应并不具有真正的社会性质,因为此时的婴儿可能会将同伴视为物体或活生生的玩具(例如,抓挠对方的头发、鼻子),而不能主动追求或期待另一个婴儿相应的社会反应。此时的行为往往是单向的,缺乏互惠性。直到出生6个月后,婴儿真正的社交互动才开始出现。

2. 2岁前幼儿同伴交往发展的特点

有人对2岁以内幼儿的同伴交往进行研究,并将其分成三个发展阶段。

(1)物体中心阶段。这时幼儿之间虽有相互作用,但其把大部分注意都指向玩具或物体,而不是指向其他幼儿。

(2)简单相互作用阶段。幼儿对同伴的行为能做出反应,并常常试图支配其他幼儿的行为。

(3)互补的相互作用阶段。幼儿出现了一些更复杂的社会性互动行为,对他人行为的模仿更常见,出现了互动的或互补的角色关系。

3. 幼儿游戏中同伴交往发展的特点

幼儿之间的绝大多数社交互动都发生在游戏场合。幼儿在游戏中的互动从3岁左右开始,3岁之前,幼儿玩得比较独立,3岁以后,幼儿在玩具、语言交流和游戏中的合作逐渐增多。

幼儿3岁后同伴交往的发展特点主要表现在如下方面。

3岁左右，幼儿游戏中的交往主要是非社会性的，幼儿以独自游戏或平行游戏为主，彼此之间没有联系，各玩各的。

4岁左右，联系性游戏逐渐增多，并逐渐成为主要的游戏形式。

5岁以后，合作性游戏逐渐增多，同伴交往的主动性和协调性逐渐发展。

幼儿期同伴交往主要是与同性别的幼儿交往，而且这一特点随着年龄的增长越来越明显。

（三）幼儿同伴交往的类型

庞丽娟采用"同伴现场提名法"对幼儿的同伴社交类型进行研究。结果表明，幼儿的社交地位已经分化，主要有受欢迎型、被拒绝型、被忽视型、一般型和矛盾型。

1. 受欢迎型

受欢迎的幼儿喜欢与他人互动，在沟通中主动，经常表现出友好和积极的沟通行为，因此被绝大多数同伴接受和喜爱，在同伴人中享有较高的地位，具有很强的影响力。

2. 被拒绝型

被拒绝的幼儿和受欢迎的幼儿一样，喜欢交流，在交流中积极主动，但往往采取不友好的沟通方式，如强行加入其他幼儿的活动、抢玩具、喊叫、推操和殴打幼儿等，攻击性行为较多，行为不太友好，因此经常被大多数幼儿拒绝，在同伴中地位低下，同伴关系紧张。

3. 被忽略型

与前两种类型的幼儿不同，被忽视的幼儿不喜欢社交，他们经常单独或独自行动，他们在互动中表现出退缩或畏缩，他们很少对同伴表现出友好、合作的行为，也很少表现出不友好、攻击性的行为。所以，既没有多少同伴主动喜欢他们，又没有多少同伴主动拒绝他们，他们在同伴的心目中似乎不存在，被大多数同伴忽视和冷落。

4. 一般型

一般型幼儿在同伴互动中的行为既不是特别主动、友好，又不是特别不活跃或不友好；他们的同伴有的喜欢他们，有的不喜欢他们，他们既不是特别喜欢和接受同伴，又不是特别被忽视和拒绝，所以他们在同伴眼中的地位一般。

5. 矛盾型

矛盾型幼儿被某些同伴喜欢，同时被其他同伴不喜欢。

上述五种同伴交往类型在幼儿群体中的分布是各不相同的。其中，受欢迎型幼儿约占1.33%，被拒绝型幼儿约占14.31%，被忽视型幼儿约占19.41%，一般型幼儿约占

52.94%，矛盾型幼儿较少。

从发展的角度来看，在 4～6 岁范围内，受欢迎的幼儿数量随着年龄的增长而增加，而被拒绝的幼儿和被忽视幼儿的数量则减少。

在性别层面，上述四种类型的分布如下：在受欢迎的幼儿中，女孩明显多于男孩；在被拒绝的幼儿中，男孩明显多于女孩；在被忽视的幼儿中，女孩多于男孩，但男孩也有一定比例。

（四）同伴交往的影响因素

1. 早期亲子交往的经验

幼儿不但实际练习与父母的社交互动，而且当他们发现自己的行为可以引起父母的反应时，他们还可以获得"自我肯定"的初步概念。这个概念是幼儿获得自信和自尊的基础，也是他们与同伴互动积极健康发展的先决条件之一。而且，许多心理学研究指出，婴儿最初的同伴互动行为几乎全部来自早期与父母的互动。例如，婴儿直到第一次向成人微笑和发声后 2 个月才开始在同伴互动中表现出相同的行为。

2. 幼儿自身的特征

幼儿的身心特点一方面制约了同龄人的态度和接受度，另一方面也决定了他们在交流中的行为。首先，性别、外貌、年龄等生理因素会影响幼儿被同龄人选择和接受的程度。其次，幼儿的气质、情绪、能力、性格等特征会影响他们对同龄人的态度和沟通中的行为特征，从而影响同龄人对他们的反应和他们同龄人之间的关系类型。对幼儿同伴关系影响最大的是他们的主动性、沟通行为和沟通中的沟通技巧。

3. 活动材料和活动性质

活动材料尤其是玩具，是幼儿同伴互动中不可忽视的因素，尤其是从婴儿期到幼儿期，幼儿之间的互动大多发生在玩具周围。活动性质对同伴交流的影响主要体现在自由玩耍的背景下，不同社会类型的幼儿在交流行为上表现出巨大的差异，在某些任务的背景下，比如在表演游戏或群体活动中，即使是不被同伴欢迎的幼儿也能在一定程度上与同伴合作和配合，因为活动情境本身就已经规定了同伴之间的角色关系，对他们的行为有很多限制。

（五）帮助幼儿建立良好同伴关系的策略

1. 利用生活中的自然环境，帮助幼儿建立宽松和谐的同伴关系

在生活中，老师可以利用一些自然发生的场景，帮助幼儿找到游戏伙伴，鼓励幼儿结交新朋友，表扬那些主动和同龄人一起玩玩具的幼儿，促进幼儿之间平等友好关系的建立及在人际交往中培养积极的情绪。

2. 开展各种活动，增加交往机会

愉快的交往经验可以提高幼儿的自信心，而自信心的增强又会引发更强的交往主

动性，两者相互促进，形成良性循环。

3. 教给幼儿必要的社会交往技能

社会交往技巧是指在与人互动和参与社交活动时表现出的行为技能。教师可以通过角色扮演等有效的方法培养孩子良好的沟通技巧，如分享、合作、谦虚、帮助他人、安慰等，让幼儿在与人、事、物的互动中逐步提高沟通能力。当幼儿之间发生争执时，老师尽量不充当"仲裁者"，而是鼓励孩子找到争执的原因，讨论协调的方法，帮助幼儿掌握正确的沟通技巧。

4. 通过游戏活动培养幼儿交往的兴趣，增加交往行为方式

游戏是幼儿最愿意参与的活动，在游戏活动中培养幼儿的兴趣和沟通能力是另一个重要方式。在游戏中，幼儿以快乐和兴趣再现现实生活，很容易接受老师的启发和指导。结构游戏、角色游戏等创意游戏具有群体性，是幼儿社会生活的再现，幼儿通过自己或与同龄人共同的活动来反映自己最感兴趣的事物，从中学会共处、学会合作。

5. 积极争取家长配合，保持家园教育的一致性

交往能力的培养是一个长期持续的过程，家长和老师只有要求一致、共同培养，才能取得更好的效果。为了协调家庭教育，教师可以通过家长会、家庭联系栏目等方式做好家长工作，帮助家长了解培养孩子良好沟通习惯和能力的重要性，争取家长积极配合，共同培养孩子的良好交往行为。

四、幼儿性别角色的发展

性别角色是社会中男性和女性的社会认可地位，是社会对男性和女性行为和态度的期望的总称。性别角色的发展是以掌握幼儿性别观念为前提的，即只有幼儿知道男孩和女孩是不同的，其才能进一步掌握男孩和女孩不同的行为标准。

（一）幼儿性别概念的发展

根据科尔伯格的观点，幼儿性别概念的发展要经历三个阶段：性别分类、性别稳定性和性别一致性（恒常性）。性别分类是幼儿对自己和他人性别的正确识别。性别稳定性是幼儿对个体一生性别保持不变的认识。性别一致性是对人的性别不因其外表和活动改变而改变的认识。幼儿自从出生后就通过观察获得关于性别的知识。到 3 岁左右时，几乎所有的孩子都能正确地说出自己和他人的性别。但是这时的幼儿对性别的认识是根据一个人的头发、服饰等外在特征而判定的。一直到六七岁的时候，幼儿才能全面认识到性别是不随时间的流逝、不随情境或活动改变而改变的恒定特征。

（二）幼儿性别角色的获得与发展

幼儿性别角色的发展经历了四个阶段，对于幼儿而言，其主要经历了前三个阶段的发展。

1. 知道自己的性别，并初步掌握性别角色知识（2～3岁）

幼儿的性别概念包括两个方面：一是对自己性别的认识，二是对他人性别的认识。幼儿对他人的性别认知从2岁开始，但目前还无法准确分辨他们是女孩还是男孩。直到2.5岁左右，大多数孩子能准确地说出自己的性别。同时，这个年龄段的孩子已经对性别角色有了一定的初步了解，比如女孩玩洋娃娃，男孩玩汽车等。

2. 以自我为中心地认识性别角色（3～4岁）

在这个阶段，幼儿可以清楚地识别自己的性别，他们对性别角色的了解逐渐增加，例如男孩和女孩在服装、游戏、玩具等方面的差异。但是，这个时期的孩子可以接受各种与性别习惯不一致的行为偏差。

3. 刻板地认识性别角色（5～7岁）

在这个阶段，幼儿不但更加意识到男孩和女孩在行为方面的差异，而且开始认识到一些与性别有关的心理因素，比如男孩要大胆勇敢。幼儿对性别角色的认知也是刻板印象的，他们认为违反性别角色习惯是错误的，比如男孩玩洋娃娃会遭到同性别孩子的反对。

（三）幼儿性别行为的发展

1. 幼儿性别行为的产生（2岁左右）

2岁左右是幼儿性别行为的初始期，具体体现在三个方面：幼儿的活动兴趣、同伴选择和社会发展。例如，在14～22个月的幼儿中，男孩通常更喜欢卡车和汽车，而女孩更喜欢洋娃娃或毛绒玩具。幼儿对同性玩伴的偏爱也出现得很早。在托儿所，2岁的女孩表现出她们更喜欢和其他女孩一起玩，而不是和男孩一起玩。2岁的女孩更顺从父母或其他成年人的要求，而男孩对父母的要求反应更迅速。

2. 幼儿性别行为的发展（3～7岁）

进入幼儿期后，幼儿之间的性别角色差异日益稳定、明显，具体体现在以下三个方面。

（1）游戏活动兴趣方面的差异。在现实中不难发现，在幼儿游戏活动中，此时已经可以看到男女生兴趣的明显差异。男孩更喜欢带汽车的运动竞技游戏，而女孩更喜欢有家庭生活的角色扮演游戏。

（2）选择同伴及同伴相互作用方面的差异。进入3岁后，幼儿选择同性别同伴的倾向越来越明显。研究发现，3岁的男孩大多选择男孩而不是女孩作为伙伴。其他研究发现，男孩和女孩与同龄人的互动方式不同。男孩们互相打架更多，为玩具而打架，大声喊叫，大笑，而女孩几乎没有身体接触，更受规则约束。

（3）个性和社会性方面的差异。幼儿期在性格和社会性方面开始出现更明显的性别差异，而且这些差异还在不断发展。一项跨文化研究发现，在所有文化中，女孩早在 3 岁时就有兴趣比较比她们小的婴儿。研究还表明，4 岁女孩在独立性、自制力、关心他人三个方面优于同龄男孩，6 岁男孩在好奇心、情绪稳定性、观察力方面优于女孩，6 岁女孩在关心人和事方面优于男孩。

五、幼儿亲社会行为的发展

亲社会行为，也称为积极社会行为，是指个人通过做有益于自己的事情来帮助或打算帮助他人的行为和倾向。幼儿的亲社会行为主要包括同情、关心、分享、合作、谦卑、帮助、安慰、帮助、捐赠等。

亲社会行为的发展是幼儿道德发展的核心问题。

1. 3 岁前幼儿的亲社会行为

研究发现，亲社会行为在幼儿很小的时候就出现，并以不同的方式表现出来。例如，研究人员发现，出生 34 小时的婴儿在听到其他孩子哭泣时会哭泣，但当他们听到相同分贝的其他声音时，他们没有反应；13 个月大的婴儿开始对其他婴儿的悲伤表现出积极的反应，例如温柔的触摸；12 ~ 18 个月的婴儿在没有成人鼓励的情况下，也开始向成人或同龄人展示和分享玩具，一些婴儿表现出乐于助人的行为，比如摇摇晃晃地帮助做家务，如扫地、打扫桌子等；在 21 个月大时，幼儿开始表现出同情或移情，关心和安慰同龄人。一般认为，在 2 岁左右，幼儿已经发展出亲社会行为的萌芽。

2. 3 ~ 6 岁幼儿亲社会行为的发展

随着年龄的增长、生活范围的扩大、社会对象的增加，3 ~ 6 岁的幼儿表现出越来越多的亲社会行为，其发展特点主要体现在以下三个方面。

（1）亲社会行为的总量增加，形式丰富、多样。幼儿在社交互动中表现出越来越多的亲社会行为，指向对象也越来越多。同时，亲社会行为的表现形式也越来越丰富多样，除了简单的分享和帮助，幼儿还学会了合作、捐赠、安慰等形式，而且每一种分享形式都逐渐多元化和深化。

（2）亲社会行为的自发性有所增加。幼儿 3 岁前的亲社会行为大多是在父母的要求或同龄人的要求下产生的，大多数为寻求奖励。3 岁以后，在教育的要求和培养下，幼儿逐渐出现一些自发的、自愿的亲社会行为，如自发分享、合作、帮助他人，不求任何回报。

（3）识别他人需要帮助的线索的能力和移情能力逐渐增加。随着幼儿认知能力的提高，幼儿在社交生活和沟通中识别他人需要帮助的线索的能力越来越强，他们的共情能力也逐渐增强，能够开始思考和体验他人的情绪，感知他人的帮助需求。

3. 亲社会行为的影响因素

（1）移情。移情是体验他人情绪的能力。移情训练有助于发展和增强幼儿的亲社会行为。移情可以将幼儿从自我中心中解放出来，并使其产生利他主义的想法，这可能带来亲社会行为。移情可以在情感上与幼儿产生共鸣，让他们产生同情和羞耻感。幼儿从内心的欲望出发，发展减轻他人痛苦的动机，从而增加亲社会行为，减少攻击行为。移情是产生亲社会行为的基本内在因素。

（2）幼儿日常的生活环境。第一，家庭是幼儿形成亲社会行为的主要影响因素。家庭对孩子亲社会行为的影响主要表现在两个方面：首先是榜样的作用，父母自身的亲社会行为是孩子模仿和学习的对象；其次，教养方式是一个关键因素，目前的研究普遍认为民主型家庭更有利于培养孩子的亲社会行为。第二，同伴的相互作用。同伴关系在幼儿的亲社会行为中起着非常重要的作用。同龄人对幼儿的安慰、帮助、同情等对幼儿能力的形成起着决定性的作用。

（3）社会生活环境。第一，亲社会行为受社会文化的影响。每一种文化在赞同和鼓励亲社会行为方面显然是不同的。第二，亲社会行为受到电视媒介的影响。电视也会对幼儿的亲社会行为产生影响。普里德瑞奇和其他人进行了一项研究，以评估幼儿观看《罗杰斯先生的邻居》片段的效果，这是一部专注于理解他人情绪、表达同情和帮助的电视节目。普里德瑞奇等人让5岁和6岁的孩子每天看一次亲社会电视或中性的节目，持续四天。看过《罗杰斯先生的邻居》的幼儿，不仅懂得了节目中具体的亲社会内容，还将其应用到了其他情境中。与观看中性节目的幼儿相比，观看亲社会节目的幼儿学习了一些关于亲社会行为的一般规则。

六、幼儿攻击性行为的发展

攻击性行为是一种以伤害他人或其他事物为目的的行为。攻击性行为的最大特点是有目的性。幼儿的许多攻击性行为并没有明确的相互敌视，而是出于其他目的对他人造成伤害。研究人员将这两种本质上不同的行为称为工具性攻击和敌意性攻击。

工具性攻击是指幼儿为获得物体而做出的抢夺、推搡动作，这种类型的攻击本身是针对同一主要目标或获取物体的。敌意性攻击是针对人的，其目的是打伤他人，如嘲笑、讽刺、殴打等。

（一）幼儿攻击性行为发展的特点

1岁左右，幼儿开始出现工具性攻击行为，到2岁左右，幼儿之间表现出一些明显的冲突，如打、推、咬等。幼儿期的攻击性行为在频率、表现和性质上差异很大。就频率而言，攻击性行为的数量在4岁之前逐渐增加，在4岁时达到最高，然后逐渐减少。儿童早期的攻击行为具有以下特征：

（1）攻击性行为频繁，主要表现为了玩具或其他物品而争吵、打架，行为更多是破坏玩具、物品或直接争夺。

（2）幼儿更多依靠身体上的攻击，而不是言语的攻击。

（3）出现从工具性攻击向敌意性攻击转化的趋势。

（4）幼儿的攻击性行为存在明显的性别差异。

（二）幼儿攻击性行为的影响因素

1. 父母的惩罚

研究发现，攻击性强的男孩的父母会更多地惩罚他们，即使他们行为正确，也经常惩罚他们。惩罚对攻击性和非攻击性幼儿的影响不同。惩罚可以抑制非攻击性幼儿的攻击性；然而，惩罚不能抑制攻击性幼儿的攻击性，反而会加剧他们的攻击性行为。

2. 榜样

电视上的攻击性行为作为负面榜样会增加幼儿以后生活中的攻击性行为。过度的电视暴力也会影响幼儿的态度，成为其解决人际冲突的一种可以接受和有效的方式。对幼儿的实验研究也表明，模仿是幼儿出现攻击性行为的原因，见过攻击性行为的幼儿更容易具有攻击性。

3. 强化

当幼儿发生攻击性行为时，父母或老师不加以阻止，这相当于强化了幼儿的攻击性。此外，幼儿还可以从同龄人那里学习攻击性行为，比如幼儿成功地引用了控制同龄人的攻击性策略，这可以加强和增加他未来的攻击性。

4. 挫折

攻击性行为的直接原因主要是挫折。挫折是指人们在活动过程中遇到障碍或干扰，其目标无法实现，需求无法满足时的情况。例如，当一个幼儿犯错时，大人对他周围的人说："不要理他。"这会让幼儿感到尴尬，或者被别人戏弄或批评，从而导致攻击性行为。研究表明，一个沮丧的幼儿可能比一个满足的幼儿更具攻击性。对于幼儿来说，父母或老师的不公正对待是其沮丧的主要原因。

（三）抑制幼儿攻击性行为的策略

1. 尽量满足幼儿合理的心理需要

公平对待每一个幼儿，尽可能多地关注和尊重每一个幼儿，让每个幼儿都有成功和表达自己的机会；对幼儿的期望要合理，不要太高，因为过高的期望只会增加幼儿的挫败感和攻击性行为；有必要尽量减少对幼儿的不适当的限制和控制，以减少他们的挫败感，从而减轻他们的内心压力并减少他们的攻击行为。

2. 努力提供宣泄内心压力的多种形式和途径

对幼儿的攻击性行为要"疏通"而不是"堵"，不要用简单的阻断方法（如限制孩子的活动、无视孩子的防御等）让幼儿压制自己的攻击性，应努力为幼儿创造发泄内心紧张的机会，以减少攻击性行为的可能性。此外，可以多与幼儿交谈，耐心倾听他们的内心。

第八节　幼儿发展的个体差异及常见问题

一、幼儿发展的个体差异

（一）幼儿个体差异类型

1. 幼儿智力发展的差异性

由于智力是个体先天禀赋与后天环境相互作用的结果，因此个体智力的发展存在明显差异，其类型主要有：智力发展水平的差异、智力类型的差异、智力表现早晚的差异。

（1）智力发展水平差异。智力发展水平差异是指个体与同龄团体智商的稳定的平均数相比表现出来的差异。研究表明，人的智力水平呈正态分布，即智力水平属于中级的是大多数，智力水平极高和极低的是少数。

（2）智力类型差异。智力类型的差异是指根据个体在感知、记忆、外表、思维和言语等活动中的特点和品质而进行不同形式的智力表达。加德纳的多元智能理论反映了幼儿智力类型的差异。3岁儿童的智力支配中心存在明显差异，如有的擅长语言，有的擅长音乐。

（3）智力表现早晚的差异。人的智力表现存在早晚差异。有的人从小就表现出了超常的智力，被称为早慧的幼儿、小天才，而有的人却大器晚成。

2. 幼儿性格差异

性格是指个体在人生过程中形成的对现实的稳定态度和与之相适应的习惯性行为模式。性格的个体差异表现在两个方面：性格特征的差异和性格类型的差异。

（1）性格特征差异。关于性格的特征差异，心理学家一般从四个方面进行分析：第一，对现实态度的特征，包括对社会、集体和他人的态度；对工作、工作和学习的态度；对自己的态度等。第二，性格的理智特征，指人们在感知记忆、思维、想象等认知过程中表现出的习惯性行为。第三，性格的情感特征，指情绪活动时情绪的强度、稳定性、持久性和支配性的个体差异。第四，性格的意志特征，主要表现为个体对自身行为的控制和调节的人格特征，如意识、果断、自制和坚忍等。

（2）性格类型差异。性格的类型差异是指一个人身上所有性格特质的独特组合。根据不同的分类标准，性格类型可分为外向型和内向型、独立型和顺从型等。

幼儿期是幼儿人格初步形成的时期，这一时期幼儿的性格表现出明显的个体差异。性格的好坏作为激励因素会影响幼儿学习的速度和质量。因此，为了幼儿的全面发展，幼儿教育更要注重儿童良好品格的培养。

3. 幼儿性别差异

男女之间的性别差异主要源于社会习俗的差异，这取决于他们的社会地位、教育程度、种族和职业。两三岁的孩子开始知道自己是男孩还是女孩，并逐渐明白男孩和女孩的区别。通过模仿同性的人，幼儿的性别角色心理的萌芽逐渐显现。例如，成年人更有可能为女孩提供洋娃娃，为男孩提供玩具车。如果孩子的行为符合社会期望，成年人往往会鼓励它，而禁止其出现不符合男孩或女孩性别角色的行为。因此，男孩和女孩之间的性别差距在生活事件的积累中无形地得到培养。

性别差异不仅影响幼儿学习某项技能的速度，还影响他们的学习方式。例如，在婴儿期和幼儿期的身体发育方面，女孩比男孩发育得更快、更早成熟；学龄前女孩比男孩更擅长跳跃、做有节奏的动作和保持平衡；在某些领域，女孩的智力发展比男孩快；大多数女孩比男孩更早开始说话，她们比男孩更擅长造句。在数学方面，从童年到青春期，女孩的算术略好于男孩，但在那之后，男孩在数学推理方面表现出优势。

4. 幼儿学习类型差异

学习类型是个体对学习情境的一种特殊反应倾向或习惯性方式，具有独特性和稳定性，主要包括认知风格、学习策略、内外部控制点等。学习类型的差异通过个体认知、情感、行为习惯等来表达。其中，个体认知风格的差异主要表现为场依赖型、场独立型、冲动型和沉思型。场依赖型的幼儿对客观事物的判断容易受外界因素影响，具有较强的社会敏感性。场独立型的幼儿倾向于对事物做出独立的判断。冲动型幼儿很快发现问题，但会犯很多错误；沉思型幼儿在发现问题时是谨慎而全面的，很少犯错误。

（二）幼儿个体差异形成的原因

幼儿个体差异的形成原因，概括地说可以分为两大类，即客观因素和主观因素，其中客观因素包括遗传因素和环境因素。

1. 客观因素

遗传因素和环境因素是影响个体发育的两大客观因素。遗传因素是个体发展的基础和内在根据，环境因素是个体发展的外在因素；遗传因素可以使一个人的发展达到一定的上限，环境因素使个体在遗传因素的可变范围内达到实际发育的水平和高度。

由此可见，遗传和环境两大因素是个性的形成和发展的关键因素，两者的相互作用使个体的个性得到发展。没有环境，遗传的作用就无法体现；没有遗传作为人格发展的初始基础，环境再好也影响不了个体的发展。因此，在遗传和环境对个性形成和发展的相互作用的动态影响过程中，任何差异都会导致个性形成和发展的差异，最终导致个性差异的出现。

2. 主观因素

影响孩子人格形成的主观因素包括需要、爱好、能力、性格、自我意识和心理状态等所有心理活动。其中，需要是最活跃的因素。

（三）发展幼儿个体差异的策略

首先，教师要根据幼儿心理发展的特点和规律，利用多种形式的游戏活动，对幼儿进行科学合理的教育。

其次，教师要尊重幼儿的个体差异并正确对待幼儿的个体差异。尊重幼儿在发展水平、能力、经验、学习方式等方面的个体差异，因人而教，努力让每个孩子满意、成功。如对能力超常幼儿的教育要适当，不要操之过急，对能力低下的幼儿要考虑差异；对于不同气质类型的孩子，应根据其气质特点进行有针对性的教育。幼儿性格的发展还没有定型，具有很强的可塑性。教师要特别重视幼儿的品格教育，有针对性地培养幼儿的良好品格。

最后，教师要正确评价幼儿的发展水平，认识并注意幼儿的个体差异，避免用统一的标准来评价不同的幼儿。

二、幼儿身心发展中的常见问题

（一）幼儿身体发展中的常见问题

1. 发育迟缓

发育迟缓是指在生长发育过程中出现速度放慢或顺序异常等现象，其发病率在 6% ~ 8%。

（1）表现。体格发育落后、运动发育落后、智力发育落后、语言发育落后、心理发展落后。

（2）预防。针对性治疗、促进和改善脑细胞功能的药物治疗、心理治疗、行为治疗、教育培训、父母的支持和指导、改善环境。

2. 肥胖

当幼儿积累过多的体脂，体重超过身高平均标准体重的 20% 或超过年龄平均标准体重加上两个以上的标准差时，就会发生肥胖。

（1）影响因素。营养过剩、缺乏运动、遗传因素、心理素质、中枢调节因素。

（2）危害。肥胖易导致扁平足，肥胖的小儿容易感到疲乏无力，易患高血脂，还会带来种种心理问题。

（3）预防。避免婴儿哺乳量过多；避免幼儿陷入多食、少动的怪圈；营养应能满足生长发育之需；不宜使体重骤然减少；基本满足食欲。

3. 佝偻病

佝偻病是3岁以下儿童的常见病，由于缺乏维生素D，使体内的钙和磷不能被正常吸收和利用，使骨骼生长发育不良，严重者会导致骨骼畸形。

（1）表现。多汗、夜惊、烦躁、枕秃、各种骨骼的改变。

（2）预防。健康教育、宣传，适当日光浴，适量维生素D的补充。

4. 营养性贫血

营养性贫血是指由于体内造血所需营养物质相对或绝对减少，导致血红蛋白形成不足或红细胞生成不足，进而导致造血功能低下的疾病。

（1）表现。面色蜡黄，疲乏无力，注意力不集中，易激动，烦躁不安或萎靡不振，有呼吸暂停现象，智力发育和动作发育落后。

（2）影响因素。人体内的铁、叶酸、维生素D等物质的减少。

（3）预防。注意饮食搭配，辅食添加富含维生素B_{12}、维生素C的蔬菜、水果、粗粮、豆类、菌类、海带、紫菜等。

5. 弱视

弱视是指眼部无明显器质性病变，远视力经矫正低于0.9。

（1）表现。立体视觉模糊，不能准确地判断物体的方位和远近，引起斜视。

（2）预防。定期体检，及时矫正。

6. 龋齿

龋齿是指残留在牙齿上的食物在口腔内细菌的作用下产生酸，使牙釉质脱钙，形成龋洞。

（1）危害。牙齿的正常结构受到破坏，咀嚼功能无法正常发挥，影响牙周围组织。

（2）预防。注意口腔保健，从小培养幼儿良好的口腔卫生习惯；合理营养，促进牙齿咀嚼能力的发展；定期口腔检查，发现龋齿及时治疗。

7. 肺炎

（1）症状。轻者发热、咳嗽、气喘等；重者面色发灰、鼻翼扇动、呼吸困难。

（2）预防。同上呼吸道感染。对上呼吸道感染患儿，要防止因病情向下蔓延而导致的继发性肺炎。

（二）幼儿心理发展中的常见问题

1. 自闭症

自闭症，又称孤独症，是一种比较常见的、严重影响身心健康的疾病。

（1）表现。社会交往障碍，交流障碍，兴趣范围狭窄及刻板重复的行为方式。

（2）防治。专业医生诊治、药物治疗；心理行为干预，包括特殊教育、行为干预治疗、感觉统合训练、听觉统合训练；关心孩子的情感需要；刺激和发展幼儿智力和心理活动。

2. 口吃

（1）含义。口吃并非生理上的缺陷或发音器官的疾病，而是与心理状态有着密切关系的言语障碍。

（2）表现。口吃是一种语言障碍，表现为语言不流利，不断重复。主要有发音障碍、肌内紧张、伴随动作、常伴有其他心理异常等。

（3）防治。对幼儿早期出现的口吃现象不要过度紧张和关注，应正确对待幼儿说话时不流畅的现象；消除环境中可导致幼儿精神过度紧张、不安的各种因素；家长和教师要给幼儿树立榜样，用平静、柔和的语气和幼儿说话，放慢速度；教幼儿掌握流利说话的技巧；适当训练。

3. 多动症

多动症是幼儿多动综合征的简称，是以注意力障碍为最突出表现、多动症为主要特征的幼儿行为问题的一种。

（1）表现。活动过多、注意力不集中、冲动性行为、学习困难；其他：好打架、不顺从、恃强欺弱、好发脾气、纪律性差。

（2）防治。药物治疗、饮食治疗、心理治疗、行为治疗。

4. 焦虑症

焦虑症是幼儿常见的心理障碍，是指幼儿在小事下、无明显原因出现紧张、莫名恐惧、担心、烦躁等症状，常伴有头晕、头痛、胸闷、心悸、气短、口干出汗、尿急、乏力等植物神经系统功能异常的表现。

（1）原因。主要跟心理环境、遗传、生理状况等因素的影响有关。

（2）矫治方法。过度焦虑会影响幼儿的正常智力发育，直接影响其学习成绩，也影响其社会行为，可采用的矫正方法有：家长和教师正确对待孩子，注意循循善诱；培养孩子健康的人格、坚强的意志及开朗的性格；对于症状较轻的幼儿，主要是教育方法及心理支持出现了问题，先要弄清楚孩子发生焦虑反应的原因，取得他的信任与合作；对于症状较明显的幼儿，应采取心理和药物的综合性治疗措施。

内容摘要：该模块内容主要讲解了学前教育的概念、性质、意义、目标、任务，学前教育中的幼儿和教师，学前教育应遵循的原则，对幼儿园进行班级管理的基本知识，幼小衔接的基本内容以及我国学前教育的改革动态和发展趋势。此外，该模块还从动态角度对学前教育发展中中外学前教育名家及其教育思想作了简单介绍。这部分内容对幼儿教师掌握基本的幼教工作技巧具有普遍的指导意义。

学习目标：掌握学前教育的概念、目标、任务，树立正确的幼儿观和教师观，理解学前教育应遵循的原则的基本含义，了解学前教育的特点和中外幼教专家的主要幼教思想。

关键词：学前教育　目标任务　幼儿和教师角色　教育原则班级管理　幼教专家及教育思想

第一节　学前教育概述

案例导入

两个一般大的幼儿学走路，孩子的父母分别采用了不同的教养方式：一个孩子的父母放手让幼儿自己走，摔倒了，让他爬起来再走；另一个孩子的父母则小心地护着孩子，生怕他摔倒了。

思考：案例中，哪一个孩子先学会走路？为什么？

一、学前教育的概念

教育有广义和狭义之分，学前教育同样如此。广义的学前教育是指影响幼儿身心发展的一切活动的总和。如幼儿去看电影、旅行、参观访问等。狭义的学前教育则特指出专门的学前教育机构实施的教育，是指托幼机构对幼儿实施的有目的、有计划、有组织的活动（本模块中的学前教育主要指对幼儿园 3 ～ 6 岁的幼儿实施的教育），它具有计划性、系统性、目标性等特点。

二、学前教育的性质

（一）基础性

学前教育的基础性是指学前教育区别于其他教育活动的奠基性特征。学前教育是基础教育的基础，是国民教育体系的重要组成部分。它对于促进个体早期的全面健康发展、巩固和提高义务教育质量与效益，提升国民素质、缩小城乡差距、促进教育和社会公平具有重要价值。

（二）公益性

学前教育的公益性是指学前教育造福公众、让社会受益的特性。坚持教育的公益性是我国教育事业健康发展的基本要求。

三、学前教育的意义

（一）学前教育的个体意义

幼儿期的教育质量会影响幼儿未来的发展水平，它对幼儿个体发展的价值主要体现在以下四个方面：

（1）促进生长发育，提高身体素质。

（2）开发大脑潜力，促进智力发展。

（3）发展个性，促进人格的健康发展。

（4）培育美感，促进想象力、创造性的发展。

（二）学前教育的社会意义

学前教育不止对个体的发展有着重要的意义，还对社会的发展有着重要的影响，具体表现在以下三个方面。

1. 学前教育对教育事业发展的价值

学前教育有助于幼儿做好入小学的准备（包括社会适应性、学习适应性、身体素质以及良好的学习与行为习惯、态度和能力等方面的准备），有助于幼儿顺利地适应小学的学习和生活。

2. 学前教育对家庭发展的价值

每个家庭都希望自己的孩子能接受优质的学前教育，获得健康的成长与发展。学前教育机构中具有专业素养的老师不仅能在家园合作中为家长传播科学育儿的理念和方法，帮助家长提高教育的水平，还能为家长提供工作的便利。

3. 学前教育对社会发展的价值

学前教育是我国基础教育的基础部分，对振兴国家和民族具有奠基的作用。对国家来说，让每一个幼儿健康成长，可以提高社会新生一代的整体素质，为培养社会的有用人才打下基础。

四、学前教育的目标

（一）学前教育目标的内涵

学前教育目标是国家教育目的在幼儿教育阶段的具体化，是国家对学前教育提出的培养学前儿童的规格和要求，是学前教育最终结果和教育预期的反映。

我国学前教育的目标是："对幼儿实施德、智、体、美等方面全面发展的教育，促进其身心和谐发展。"

（二）制定学前教育目标的依据

1. 国家教育目的的要求

幼儿园教育目标是根据教育目的并结合幼儿园教育的性质和任务提出来的。我国幼儿园的教育目标是培养全面发展的幼儿，体现了我国教育目的的基本精神。

2. 幼儿身心发展的规律和需求

幼儿身心发展的规律和需求是制定学前教育目标的一个重要依据。不同年龄段的幼儿身心发展存在不同的规律，其需求也有差异，因此，不同学段的幼儿在具体的教育目标上也应有所区别。

3. 社会发展的要求

学前教育既服务于学前儿童发展，也服务于社会发展，因此学前教育目标的制定要同我国当前社会发展的需求紧密结合。"教育必须为变化做好准备，使人们知道如何接受这些变化并从中得到好处，从而培养一种能动的、非顺从的、非保守的精神状态。同时，教育必须在纠正人与社会的缺点的过程中发挥作用。"

（三）制定幼儿具体教育目标时应注意的问题

1. 教育目标分解的方法要恰当

制定幼儿具体教育目标的过程，实际上是将国家的教育目的、幼儿各阶段的教育目标层层分解、逐步具体化的过程。具体教育目标如何确定，各个幼教机构可以根据实际情况，采用不同的分解方法。

2. 教育目标要涵盖全面

无论将教育目标分解到哪一层次，都要保证教育目标的整体结构不受损害，其内容涵盖一定要包括幼儿全面发展的各个方面的内容。

3. 教育目标要有连续性和一致性

教育总目标是由若干个不同阶段的分目标组成的。每个阶段的目标之间要互相衔接，体现幼儿心理发展的渐进性和连续性。同时，下层目标与上层目标之间、局部目标与整体目标之间要协调一致，以保证每一个具体目标的实现都朝着总目标前进一步，都成为实现上层目标的有效环节。

五、幼儿园教育的任务

《幼儿园工作规程》第三条规定，"幼儿园的任务是贯彻国家的教育方针，按照保育与教育相结合的原则，遵循幼儿身心发展特点和规律，实施德、智、体、美等方面全面发展的教育，促进幼儿身心和谐发展。幼儿园同时面向幼儿家长提供科学育儿指导"。

（一）幼儿园的双重任务

1. 对幼儿实施保育和教育

幼儿园是我国学前教育机构的代表性组织，其在对幼儿实施德、智、体、美等全面发展教育的过程中，主要完成保育和教育两项任务。

2. 为家长工作、学习提供便利和条件

在我国，幼儿园不仅是一个教育机构，还是一个社会福利机构，肩负着为在园幼儿家长服务的任务。幼儿园保护和照顾幼儿有助于解决家长参加工作、学习而子女无人照顾的问题。为家长提供育儿指导的任务，使幼儿园有着与其他教育机构不同的功能，充分显示出幼儿园的社会价值。

（二）幼儿园双重任务的时代特点

随着社会经济文化的发展，幼儿园在实现双重任务的过程中遇到了新的要求与挑战，使幼儿园的任务实现表现出了不同于以往的时代特点。

1. 为家长服务的范围不断扩大

这一特点主要体现在：学前教育的服务层次更加多样，公益性、普惠性的学前教育资源更加丰富，学前教育服务的形式更加灵活多样，家园结合更加紧密，使幼儿教育的环境更加良好。

2. 坚持科学保教，促进幼儿身心更加健康的发展

随着幼儿园教师专业化程度的提高、幼儿园质量评价体系的规范建立，幼儿园保教工作的开展越来越科学，幼儿身心的发展更加健康。

3. 家长对幼儿园教育质量提出了更高的要求

随着家长对幼儿教育价值的认识不断提高，幼儿家长越来越关注幼儿园教育的质量。他们不仅希望幼儿在园期间吃得好，还希望幼儿能接受良好的教育，自己还能得

到科学育儿知识的指导。因此，当今幼儿园在为家长服务方面已经不再单纯是为了让家长安心工作，更肩负起了教育家长、引导家长科学育儿、提高家长育儿水平的任务。

第二节　幼儿和幼儿教师

案例导入

一天，一位老师正带着小朋友们玩"请跟我学"的游戏，一个幼儿突然站起来说："老师，我不想跟你做一样的动作！"老师听后停止了游戏并问幼儿为什么。幼儿说："就是不想和老师做一样的动作。"

思考：如果你是这位老师，你如何处理这一问题？

一、学前教育中的幼儿

幼儿既是学前教育的对象，也是学前教育的主体。教师在学前教育中如何看待幼儿，会影响学前教育的质量。

（一）幼儿观的定义

幼儿观是指人们对幼儿的认识、看法以及与此有关的一系列观念的总和。对幼儿的看法不同，教育幼儿的态度、方法也会随之变化。幼儿观对学前教育的影响是巨大的，没有正确的幼儿观就谈不上优质的学前教育。

（二）树立正确的幼儿观

幼儿观是教育观的依据，有什么样的幼儿观，就会有什么样的教育观。因此，正确认识和看待幼儿，树立科学的幼儿观，是做好教育工作的前提，也是学前教育理论中一个十分重要的课题。幼儿观主要涉及的内容包括幼儿的权利和地位、幼儿期的意义、幼儿的特点和能力、幼儿成长发展的形式与原因等问题。当前我国学前教育工作者应该树立的正确幼儿观，主要包括以下六方面的内容。

1. 幼儿拥有各种合法权利

成人应承认、尊重、保护幼儿拥有的出生权、生存权、发展权、受保护权、参与权等权利。

2. 幼儿是自主建构的个体

幼儿是发展的主体，是在主体与客体相互作用的过程中主动建构起对自己、他人以及周围环境的认识的，而不是被动地发展。

3. 幼儿的发展是一个整体

幼儿身心发展的各方面是一个统一的整体，各方面的发展既相互联系又各自独立，因此对幼儿实施教育影响应全面进行，不能孤立地偏重某一方面的发展而忽略其他方面。

4. 幼儿具有巨大的发展潜能和较大的个体差异

每个幼儿都是独特的个体，他们都有巨大的发展潜能，其发展的速度和身心发展的水平、顺序不尽相同，因而成人应避免用统一的标准去评价幼儿。

5. 幼儿的发展是生物因素和社会因素多层次相互结合、相互作用的过程。

生物因素是幼儿身心发展的生理基础和物质前提；社会因素决定幼儿身心发展的现实水平；幼儿的主观能动性对幼儿的身心发展有一定的指导和调控作用。

6. 幼儿的发展是通过活动得以实现的

幼儿在对物体的操作和与人交往的过程中获得认知、情感、社会性、能力、个性等方面的发展，而不是通过静坐、听教师的讲解或看教师的操作获得发展的。

二、幼儿教育中的教师

（一）幼儿教师的角色

1. 幼儿教师是教育者

（1）幼儿教师是班级环境的创设者。幼儿是通过与周围环境的相互作用来进行学习的。幼儿教师制作的教具、布置的室内外环境、营造的班级文化环境和课堂气氛等都会对幼儿发展产生潜移默化的影响。因此，幼儿教师要善于创设班级环境，通过物质环境的布置和文化环境的营造去影响幼儿。

（2）幼儿教师是幼儿行为的观察者。每个幼儿都有自己独特的个性和丰富的内心世界。幼儿教师只有细心观察、研读幼儿的语言和行为，才能对幼儿进行因材施教，促使幼儿健康发展。

（3）幼儿教师是幼儿行为的示范者。幼儿好奇心强、喜欢模仿、易受别人的暗示和感染，也非常崇拜和信任教师。因此，幼儿教师要注意自己言行的示范性和感染性。幼儿教师要用自己的形象向幼儿展示世界的真、善、美，在幼儿面前树立起良好榜样。

（4）幼儿教师是幼儿学习活动的引导者。幼儿是学习活动的主体。因此，在开展幼儿教育的过程中，幼儿教师要引导、启发幼儿主动、自觉地学习，切忌单纯地灌输或一味地包办幼儿的学习。幼儿教师对幼儿学习的引导可以采用多种方式，如提供新的玩具引发幼儿学习的兴趣、设计问题引导幼儿思考、让幼儿参与周围世界的探索等。

2. 幼儿教师是幼儿关系的协调者

幼儿身心的不成熟会导致其难以有效处理与周边各类人的人际关系。幼儿教师作为幼儿健康成长的保护者，应当以适宜的方式参与到幼儿的人际交往活动中，为幼儿示范人际沟通的基本方式，使幼儿初步掌握一些人际交往的技能。当幼儿出现人际交往困难时，幼儿教师要善于与同事、家长、社区等各方面的人员进行交流与合作，以促进幼儿身心和谐发展。

3. 幼儿教师是幼儿游戏的伙伴

游戏是幼儿的基本活动，也是幼儿园教育的基本途径与方法。幼儿教师应主动参与到幼儿的游戏中，和幼儿一起准备材料、设计情节、共同游戏，并帮助和引导幼儿协调矛盾，使幼儿在不知不觉中接受教师的指导。幼儿的游戏伙伴是幼儿教师的重要角色之一。

4. 幼儿教师是幼教实践的研究者

相对于专门的理论研究者来说，幼儿教师的研究是一种"实践性研究"，研究的问题源于实践，是对特定的教育情境和自身的教育行为等进行考察和反思的结果。因此，在实践方面，幼儿教师从事的研究工作是其他的理论家和教育家所不及的。

（二）幼儿教师的职业素养

1. 幼儿教师的职业道德素养

（1）热爱学前教育事业。幼儿教师只有对学前教育工作有正确而深刻的认识，才会热爱学前教育事业，有光荣感、自豪感和责任感，愿意把自己的青春和毕生的精力贡献给学前教育事业。很多优秀幼儿教师的经验表明，他们在教育工作中做出成绩的动力主要来自对学前教育事业的热爱。

（2）热爱幼儿、理解幼儿、尊重幼儿。热爱幼儿是做好学前教育工作的重要条件。要教育好幼儿，首先要爱幼儿。教师只有真诚地热爱幼儿，才能了解和亲近幼儿，幼儿才会信任教师、依恋教师，愿意听教师的话。爱是幼儿和教师心灵之间的通道，是教师打开幼儿心智的钥匙。教师热爱幼儿，才能取得良好的教育效果。教师不仅要热爱幼儿，还必须理解和尊重幼儿。幼儿虽然年龄小，但也有自己的愿望和需要，也有自己独立的人格，教师应给予满足和尊重。热爱幼儿是幼儿教师最重要的素质。

（3）尊重和团结同事及家长。幼儿教师应尊重和团结同事，虚心学习别人的优点和长处。家长的配合是教师了解幼儿、促进幼儿健康发展、提高教育效果的重要条件。幼儿教师应尊重班上每个幼儿的家长，理解他们对子女的关心、珍爱和期望的心情，与他们建立平等、诚挚的友谊，互相学习和交流育儿经验，帮助他们了解幼儿教育的要求和内容，解决他们在教育子女的过程中遇到的问题，并取得家长对幼儿园工作的配合与支持。

2. 幼儿教师的知识素养

（1）广博的科学文化知识、艺术知识和技能。为了做好教育教学工作、启迪幼儿的智慧，幼儿教师必须具有广博的科学文化知识、艺术知识和技能，以便能够对幼儿进行科学文化知识的启蒙教育，引导幼儿获得对周围环境及世界的科学认识。

（2）学前卫生学和幼儿心理学知识。幼儿教师要做好教育幼儿的工作，首先要认识和了解幼儿，系统掌握幼儿生理和心理等方面的科学知识。学前卫生学和心理学知识是对幼儿进行教育的依据，是幼儿教师职业所必需的，也是幼儿教师知识结构中的重要组成部分。

（3）学前教育方面的专门知识。幼儿教师若想做好自己的工作，必须掌握学前教育学、幼儿教育心理学、学前教育评价等学前教育方面的专门知识，理解和贯彻学前教育任务，明白幼儿要学些什么、怎样学，会依据幼儿身心发展水平和特点组织丰富多样的活动，促进幼儿认知、情绪情感、个性、社会性等多方面的发展。

3. 幼儿教师的能力素养

（1）观察能力。每一个幼儿都具有独特性，要教育幼儿，首先必须了解幼儿。因此，敏锐观察幼儿的能力是幼儿教师的基本功之一，也是教师开展教育活动的前提。幼儿教师要时时观察幼儿，并做必要的观察记录，以了解幼儿的身心发展水平、兴趣、爱好和个性特点等。

（2）组织管理能力。幼儿一日的活动是丰富多样的，如游戏、学习、进餐、睡眠、盥洗、如厕等活动。合理计划、科学安排幼儿的活动，发挥幼儿的主动性、创造性，有效地促进幼儿发展，需要幼儿教师具有一定的组织管理能力。幼儿教师的组织管理能力是做好保教工作的保证。幼儿教师的组织管理能力主要包括制订班级教育工作计划和检查评价；善于利用各种条件和材料，为幼儿创设一个安全、富有童趣及教育性的环境；组织幼儿进行游戏、学习、进餐等各种活动；能与同事及家长合作、交往等。

（3）教育教学能力。教育全班幼儿，促进他们在德、智、体、美等方面的发展是幼儿教师的中心工作。幼儿教师不仅要组织和安排好班上的各项活动，使一日保教活动正常运行，还应做好一对一的教育工作，促进幼儿个性化地发展。幼儿教师教育教学能力的高低直接关系到教育任务能否完成以及幼儿园的教育质量。

（4）教育研究能力。为了提高学前教育的科学性，促进、深化学前教育的改革和发展，幼儿教师还必须具有一定的教育研究能力。幼儿教师具备了教育研究素质，不仅有利于提高自己的教学能力，还有利于提高教育效果，进而提高幼儿园的教育质量。幼儿教师应具备的教育研究能力主要包括掌握教育研究的方法，敏锐地发现教育过程中存在的问题，研究与分析问题并提出解决方法，概括总结自己的教育实践经验等。

（5）自主学习能力。当前科学技术飞速发展，心理科学和教育科学也不断有新的成果涌现，职前所学的知识已无法满足当前学前教育发展和教育教学工作的需要。所以幼儿教师要立足于工作岗位，积极进取，不断提高文化素养和业务水平，以适应教育的发展。这就要求幼儿教师具备一定的自主学习的能力。

（6）其他能力。除上述五种重要的幼教能力外，幼儿教师还必须具备一些其他方面的能力，如语言表达能力、思维力、想象力和创造力等。这些能力的水平高低对幼儿心理发展的水平同样具有重要影响。

（三）幼儿教师的劳动特点

1. 劳动对象的主体性和幼稚性

在幼儿教育过程中，幼儿既是教育的客体，又是教育的主体。幼儿是具有独立权利的、有意识的个体，是通过与环境的相互作用主动建构起对世界的认识、形成自己的认知结构的。教师要遵循幼儿身心发展的规律和特点，尊重幼儿的人格尊严、兴趣、需要，调动幼儿学习的主动性和积极性，让幼儿成为学习与活动的主体。在看到幼儿学习主动性的同时，幼儿教师也要意识到，幼儿的身体和心理处于生长发育阶段，其机体各部分的机能发育尚不成熟，认识活动以无意性为主，其幼稚性的特点也很明显。因此，幼儿教师在承担教育任务的同时，还要承担好保育任务。

2. 劳动内容的细致性和全面性

幼儿的独立生活能力和学习能力差。幼儿教师几乎要关心和帮助他们生活中的每一件事，不仅要管理他们的生活，还要关心他们学习中的每一个细节。因此，幼儿教师的劳动具有细致性和全面性。

3. 劳动手段的自主性和示范性

与中小学教育相比，幼儿教师有较大的教育自主权，其教育的内容、形式很大程度上取决于教师对幼儿发展目标、发展方向的自我解读，幼儿教师的劳动表现出较强的自主性。幼儿好模仿，对教师无限信任和尊重，因此，幼儿教师要为人师表，注意自己一言一行的示范性和感染性。

4. 劳动过程的灵活性和创造性

幼儿身心的不断变化、生活环境的复杂性、幼儿因好奇而表现出的强烈的探索性等，这些特点决定了幼儿教师在教育中不能用固定的教育模式教育幼儿，而应根据幼儿和教育环境的变化使用不同的教育方式，这使幼儿教师的劳动表现出了极大的灵活性和创造性。

5. 劳动周期的长期性

教育是一项长期的、系统的过程。教育工作的效果如何，需要很长时间才能看到。这使幼儿教师的劳动表现出长期性的特点。幼儿教师劳动周期的长期性一方面是指幼儿教师劳动的社会效益要在幼儿成年参加工作后才能得到体现和检验，要从学生的社会贡献来评价教师劳动的价值与效果；另一方面是指教师对幼儿的影响不会随着幼儿园教育的结束而结束，教师在幼儿身上曾经付出的劳动往往会影响幼儿的一生，成为幼儿一生发展的宝贵财富。

三、师幼关系

师幼关系是指幼儿与教师之间形成的以情感、认知和行为交往为主要表现形式的心理关系。幼儿教师不仅应该为幼儿提供丰富的认知学习材料和环境，调整活动的水平，为幼儿的活动提供支持与指导，还应该帮助幼儿与家庭之外的成人（其中主要是教师）和伙伴建立良好的人际关系。

（一）积极师幼关系的意义

1. 有利于培养幼儿的安全感、自信心及探索精神

根据美国心理学家埃里克森的理论，幼儿园阶段是幼儿形成健康的独立意识的关键时期。这一时期，如果成人能创造良好、和谐的精神环境，鼓励幼儿的自主性、独创性和想象力的发展，就有助于培养幼儿的安全感、自信心以及探索精神；反之就会挫伤幼儿的主动性和积极性，不利于其安全感和自信心的发展。

2. 有利于幼儿同伴交往能力的发展

积极的师幼关系可以促进幼儿积极的互动与交往。在良好、和谐的师幼关系中，幼儿通过观察模仿，学习，逐渐习得与同伴交往的各种技巧，如分享、合作、协商等。由此可见，良好的师幼互动可以为幼儿同伴之间的交往树立良好的榜样。

3. 有利于加快幼儿对新环境的适应

相关研究表明，师幼关系对幼儿的社会适应性有着重要的影响，甚至会影响幼儿在进入小学后前三年的适应能力和行为。对于幼儿而言，幼儿园是一个陌生的环境，积极的师幼关系能够让幼儿建立起对幼儿园及教师的安全感，促进幼儿积极参与游戏活动、与同伴交往，使幼儿尽快适应幼儿园生活。

4. 有利于幼儿自我概念的发展

幼儿的自我评价往往依赖成人对他们的评价，具有依从性。所以，教师对幼儿的评价和反应，对幼儿自我评价、自我意识、自我概念的形成和发展有重要的影响。幼儿教师关爱幼儿，尊重、接纳、肯定幼儿，有利于培养幼儿的自尊和自信。

5. 有利于教师的专业成长和发展

师幼关系作为一种双向的人际关系，对教师的发展也会产生影响。积极的师幼关系能够增强教师的自我效能感，提高教师的自信心，从而为教师的个人专业成长提供动力；而消极的师幼关系则会使教师产生挫折感，自信心降低，从而不利于自身的专业发展。

（二）建立积极师幼关系的策略

1. 尊重幼儿，相信幼儿

教师只有将幼儿作为积极的、主动的、有能力的发展着的主体来看待，尊重幼儿的主体地位，对幼儿持肯定的态度，才可能真正与幼儿建立平等、和谐的师幼关系。

2. 加强师幼间的情感交流

良好的师幼情感有助于幼儿对教师产生亲近感。教师与幼儿情感交流的基础是教

师真诚地接纳每一个幼儿，并且从幼儿的角度体验他们对人、对物、对事的感受。使幼儿在与教师的交往和互动中产生愉悦感，对和谐师幼关系的形成十分有益。教师与幼儿的情感交流既可以是面向幼儿集体的，又可以是面向幼儿个人的；既可以在活动中渗透，又可以是单独地进行。在具体方法上，教师不仅可以通过语言与幼儿交流情感，还可以通过眼神、微笑、语调、动作等传达对幼儿的爱关怀、支持、信任和鼓励。

3. 掌握师幼沟通技巧，对幼儿的言行进行及时和适宜的反应

及时、有效的沟通是建立积极师幼关系的重要条件。首先，教师要提高自己的沟通能力，如对信息的准确理解、对信息的恰当反馈、言语沟通及非言语沟通的策略等。其次，教师要通过教育活动培养幼儿的沟通和反应能力，如让幼儿学习听懂别人的话或问题，试着去了解他人的感受，学习恰当表达自己的想法等。在交往过程中，教师应该多鼓励幼儿说出自己的想法，及时反馈幼儿的信息，对不能准确表达自己意思的幼儿予以耐心的指导。

第三节　中外学前教育思想的发展

案例导入

1938 年，陶行知先生在武汉大学做了一次别开生面的演讲。会议开始后，只见他不慌不忙地夹着一个皮包走上讲台。出乎大家意料的是，陶行知并没有讲话。只见他从包里抓出一只活蹦乱跳的大公鸡。公鸡喔喔地乱叫。台下听众一个个目瞪口呆，不知他葫芦里卖的什么药。接着，陶行知从口袋里掏出一把米，放在桌上。他左手按住鸡的头，逼它吃米。鸡直叫不吃。陶行知又掰开鸡的嘴，把米硬塞进去。鸡挣扎着仍不肯吃。接着，陶行知轻轻松开手，把鸡放在桌子上，自己后退了几步。只见大公鸡抖了抖翅膀，伸头四处张望了一下，便从容地低下头吃起米来。陶行知说话了："各位，你们都看到了吧。你逼鸡吃米，或者把米硬塞到它的嘴里，它都不肯吃。但是，如果你换一种方式，让它自由自在，它就会主动地自己去吃米。"陶行知又向会场扫视了一圈，加重语气说："我认为，教育就跟喂鸡一样。先生强迫学生去学习，把知识硬灌给他们，他们是不情愿学的，即使去学也是食而不化，过不了多久，他还会把知识还给先生。但是，如果让学生主动去学习，充分发挥他的主观能动性，那么，效果一定会好得多！"陶行知讲完，把公鸡装进皮包，又向大家鞠了一躬，说"我的话讲完了"，便退下场去。

思考：陶行知先生演讲会上的行为体现了怎样的教育思想？这一思想出现在教育史上的哪一个时期？

一、学前教育思想的萌芽阶段（19 世纪初期之前）

（一）国外学前教育思想的萌芽

希腊哲学家柏拉图被认为是"在西方教育史上，最早论述了学前儿童的教育问题"的人，其教育思想主要集中在其著作《理想国》中。柏拉图非常重视优生优育和儿童教育。他主张女子怀孕后应接受胎教训练，3～6岁儿童应被集中起来，由国家委派优秀女公民进行教育。在教育的内容上，他特别强调故事、音乐、游戏的价值，强调慎选教材。在教育方法上，他倡导正面教育、寓教于乐。

亚里士多德是古希腊百科全书式的学者，被誉为"人类的导师"。他在西方教育史上首次提出了"教育与人的自然发展相适应"的观点，为人们研究儿童、教育儿童指出了正确的方向，这种观点对后世的教育思想发展影响很大。其学前教育思想主要体现在其《政治学》和《伦理学》等著作中。

捷克教育家夸美纽斯第一次把学前教育纳入具有民主色彩的单轨学制。他撰写了第一部学前教育专著《母育学校》，同时给幼儿编写了一部旨在了解世界的儿童读物《世界图解》。夸美纽斯的学前教育思想中对后世影响较大的观点主要有学前教育必须遵循儿童的自然发展，以及感官教育是学前儿童进行学习的基础等。

英国教育家洛克在《教育漫话》中提出了儿童发展理论"白板说"（儿童的大脑像张白板，没有任何的观念和特性）。他还提出了儿童体育、美育、德育和智育的具体建议。

法国思想家卢梭是西方教育史上具有划时代意义的人物，其代表作《爱弥儿》主张教育应遵循儿童发展的自然规律、顺应儿童的天性。他确立的以儿童为本位的教育观，一方面唤起了人们对儿童天性的关注和尊重，另一方面也开启了儿童中心主义或放任教育之先河。

瑞士教育家裴斯泰洛齐沿袭了教育要遵循自然规律的思想，著有《林哈德与葛笃德》《母亲读物》《天鹅之歌》。在教育史上，裴斯泰洛齐是第一个提出"教育心理学化"思想的教育家。该思想的主要内容包括以下四个方面：教育要适应儿童心理的发展；教育内容的心理学化；教学原则和教学方法的心理学化；教育者要调动起儿童的学习主动性，让儿童成为自己的教育者。教育心理学化的提出使教育从经验总结的阶段发展到教育理论科学化的道路上来。

（二）国内学前教育思想的萌芽

我国古代的学前教育思想主要散见于一些士大夫的著作中，少有专门论述，主要是强调对儿童要尽早教育。教育的内容也主要是言语、生活习惯、礼仪的教育。

《大戴礼记·保傅》篇中就曾记载，殷周统治者注重胎教，为王位继承人选择保傅人员，使他们"自为赤子时，教固已行矣"。

《礼记内则》篇中有从儿童能食能言时便进行教育的记载，如"子能食食，教以右手。能言，男唯女俞。"

我国古代有些教育家十分重视学前教育，宋代朱熹重视儿童入学以前的教育，主张"生子必择乳母""乳母之教，所系尤切"，认为必须选择品德良好的乳母，才有利于婴幼儿的保教。魏晋南北朝的颜之推在《颜氏家训》中提出，对儿童应从"婴稚"时期起"便加教诲"，认为俗谚"教儿婴孩"很有道理，并强调父母对年龄幼小的子女不能"无教而有爱"。颜之推提出的家庭教育内容主要有言语教育、道德教育、励志教育，教育的原则是严慈相济。他还提出进行家庭教育要注意三个方面：以行为教、以学为教、以身为教。

二、学前教育思想理论化时期及其发展阶段（19 世纪中叶～20 世纪中叶）

（一）西方学前教育思想的形成和发展

1. 福禄贝尔的教育思想

学前教育学的开山鼻祖是德国教育家福禄贝尔。从福禄贝尔开始，学前教育理论从普通的教育学中分化出来，开始成为一门独立的学科。1837 年，福禄贝尔在勃兰根堡开办学前教育机构，1840 年正式将其命名为"幼儿园"。因此，福禄贝尔被称为"幼儿园之父"和"幼儿教育之父"。他在《人的教育》中提出了完整的学前教育理论，包括教育与儿童发展的关系、儿童教学原则、教具开发等思想。

（1）幼儿园教育的意义和任务。福禄贝尔认为，幼儿园教育可以更好地协助家庭教育孩子，是家庭教育的有益补充。他强调幼儿园教育是家庭教育的继续和扩展，与家庭教育是一致的。幼儿园主要是通过各种游戏和活动，培养幼儿体、智、德、美的初步发展，为下一个阶段的发展做好准备。

（2）幼儿园教育的方法。幼儿园教育方法的基本原理是自我活动。福禄贝尔认为幼儿的行为是由内在的动机支配的，成人必须尊重幼儿的自主性。他高度评价游戏的价值，也是第一位阐明游戏教育价值的人。他把游戏看作儿童内在本质向外的自我发现，认为游戏能帮助儿童的发展。自我活动是儿童教育的基础。福禄贝尔认为幼儿的行为是其内在生命形式的表现，是由内在的动机支配的。保育者的任务是帮助幼儿除去生命发展的障碍，让自我得到发展。命令式的、强制的、干涉的教育方法对儿童的发展是无效的。教育必须尊重幼儿的自主性、重视幼儿的发展。

（3）幼儿园课程。福禄贝尔根据直观性、自我活动与社会参与的原则，建立起一个以活动和游戏为主的幼儿园课程体系，包括游戏与歌谣、"恩物"、"作业"、运动、唱歌、表演和讲故事。其中最为重要的是"恩物"和"作业"。"恩物"是福禄贝尔创制的一套供幼儿游戏或是进行其他活动时使用的玩具，在家庭和幼儿园都可以使用。"恩物"是上帝赐给儿童的玩具。"恩物"作为自然的象征，其价值在于帮助儿童认识自然及其内在的规律，帮助儿童由易到难、由简到繁、循序渐进地认识自然。"作业"

是福禄贝尔为儿童设计的各种游戏活动,也是幼儿园确定的一种教育活动形式。通过"作业"可以对幼儿进行初步教育。

2. 蒙台梭利的教育思想

蒙台梭利是意大利幼儿教育家。她本是意大利第一位女医学博士,其治疗对象主要是智力有缺陷的儿童。1898 年,蒙台梭利在一次教育学术研讨会上,阐述了自己对智力缺陷儿童教育的看法。她认为儿童智力缺陷问题主要不是医学的问题而是教育的问题;智力缺陷儿童是社会成员之一,他们也应该像正常人一样受到教育。

1907 年,她在罗马的一个贫民区里创办了"儿童之家",进行了举世闻名的"把教育缺陷儿童的方法用于教育正常儿童"的教育实验并大获成功。蒙台梭利在 1909 年撰写了《适用于儿童之家儿童的教学方法》(《蒙台梭利教育法》),总结了自己的实践研究,全面阐述了自己的教育观点和方法。

(1)儿童有自我成长的能力。蒙台梭利认为人类有两个胚胎期,一个是在母体里完成的"生理胚胎期",另一个是在后天的生活中完成的"精神胚胎期"。蒙台梭利认为"精神胚胎"具有生长的本能,具有一种潜意识的感受能力和鉴别能力,即儿童具有"有吸引力的心智"。儿童不断地与周围环境中的人和物进行交流,从而获得各种经验和文化印象。也就是说,儿童有一种自动成长的冲动。她认为教育是促进幼儿内在力量的自然发展过程,强调幼儿的自由活动,反对以成人为中心的教学,倡导幼儿个别学习。

(2)儿童成长具有敏感期,强调感官训练。蒙台梭利认为,儿童具有成长的敏感期。蒙台梭利早年从昆虫研究中获得启示,指出生物界存在这样一个事实,即各类生物对特殊的环境刺激都有一定的敏感期。这种敏感期和生长现象密切相关,并和一定的生长阶段相适应。蒙台梭利认为儿童的心理发展也有各种敏感期,过了特定阶段其敏感性就会消失。她认为儿童从出生到 5 岁是感觉的敏感期,秩序的敏感期是 1 岁到 4 岁,语言的敏感期是从出生后 2 个月到 8 岁,动作的敏感期是从出生到 6 岁。正是对敏感期的认识,使她特别强调对儿童进行系统和全方面的训练,使他们通过与外部世界的直接接触发展其敏锐的感觉和观察力,为高级的智力活动和思维发展奠定基础。

(3)创设有准备的环境。在蒙台梭利的教育中,一个有准备的环境是对幼儿实施教育的关键。教育就是给幼儿创立一个好的环境,并且这个环境必须是一个有秩序的、充满生机的,有助于儿童创造自我和自我实现的环境。在教育中,教师不是知识的灌输者,而是环境的创设者、观察者、指导者。教师需要通过为儿童精心设计环境和准备学习材料、使用必要的手段来保证儿童自由地学习。教师还需要细致地观察儿童个体的差异,给予必要的、有针对性的帮助。

(4)通过"工作",使自由与纪律相协调。良好的秩序是蒙台梭利引以为豪的"儿童之家"的特征之一,在"儿童之家",一切秩序井然有序,儿童"完全专注于手头的工作,这已经成为惯例,一切都在极度的平静中进行"。蒙台梭利说:"纪律总是通过间接手段而达到。真正的纪律是通过作业第一次显现出来的，到了某一时刻，儿童对这一项作业有强烈的兴趣，从他脸上的表情和注意力集中于某项工作的持续时间上可以看出来，这个儿童已踏上了纪律之路。"蒙台梭利"工作"内涵的主要特征是自发的需要，因此，这里的"工作"可广义地理解为"自发的活动"。

3. 皮亚杰的教育思想

皮亚杰是瑞士心理学家、日内瓦学派的创始人，主要著作有《儿童的言语和思维》《儿童智慧的起源》《儿童心理学》《结构主义》《发生认识论导论》《教育科学与儿童心理学》等。

（1）教育的主要目的是促进儿童智力的发展，培养儿童的思维能力和创造性。皮亚杰认为，培养儿童思维能力的重心是培养儿童的创造性和批判能力。他反对传统教学中教师向学生传授知识、学生被动地吸收知识的做法。

（2）真正的学习是儿童主动地、自发地学习。皮亚杰强调，在教学活动中，教师只是儿童学习的促进者，教师的作用是间接的。教师除了为儿童提供主动、自发地学习的机会之外，还可选择一定的材料，激发儿童的学习兴趣，促进儿童的发展。皮亚杰认为，智力的活动必须由一种情感性质的力量所激发。他强调，认知组织里建立起来的内在动机是首要的，奖励惩罚之类的外来强化并不起主要作用。他认为给儿童学习的材料必须和儿童的已有经验有一定的联系，同时要足够新颖，这样才会产生认知上的不协调和冲突，引起儿童的兴趣。

（3）儿童必须通过动作进行学习。皮亚杰强调应该放手让儿童去探索外部世界，不断建构自己的知识经验系统。教师应该布置情境、提供材料，让儿童自己得出答案，而不能只靠课堂上听教师的讲解、看教师的演示。教师要为学生提供反面例证，促使学生重新进行组合和思考。

（4）教育应该按儿童的年龄特点进行。皮亚杰认为，在对儿童施教以前要鉴别儿童已经发展到什么水平，然后再确定教学内容并选择教学方法。当儿童在不同领域处在不同的阶段时，就需要教师具有敏锐的观察力和教育的灵活性，不要把超越儿童发展阶段的知识教给儿童。

（5）注重儿童的社会交往。皮亚杰认为，儿童交往的重点应放在合作而不是竞争上。他提倡同伴影响法，积极鼓励儿童的互教和互相影响，以此促进儿童的学习和发展。

4. 杜威的教育思想

杜威是美国著名的教育家、社会家和哲学家，美国实用主义教育理论和进步教育运动的主要代表人物，被誉为"创立美国教育的首要人物"。其代表作有《民主主义与教育》《我的教育信条》《学校与社会》《明日之学校》等。

（1）教育即生长、生活和经验的改造。杜威从其生物化本能论的心理学出发，认为教育就是促进儿童本能生长的过程，教育的本质和作用就是促使儿童的本能生长。由此，他提出了"教育即生长"。在"教育即生长"这一观点的基础上，杜威又从他的社会学观点出发，提出教育的本质即生活。他指出，儿童的本能生长总是在生活过程中展开的，或者说生活就是生长的社会性表现。在杜威看来，最好的教育就是"从生活中学习"，学校教育应与儿童眼前的生活结合起来，教儿童学会适应眼前的生活环境。杜威以其主观唯心主义经验论的哲学理论为基础，提出"教育即经验的改造"。他认为教育就是儿童通过自身的活动去获得各种直接经验的过程，教育的主要任务并不是教给儿童既有的科学知识，而是要让儿童在活动中自己去获取经验。

（2）教育无目的论。杜威反对外在的、固定的、终极的教育目的，认为外在的教育目的不能顾及儿童的兴趣和需要。他认为教育是生长、生活和经验的改造，是一个循序渐进的积极发展过程，教育目的就存在于这种过程中。生活是为了更丰富、更完美的生活，教育也是为了更丰富、更完美的教育，不能有任何外加于生活和教育的目的。他认为生长和生活是无止境的，因而其也无最后目的。

（3）学校即社会。杜威认为人们在社会中参加真实的生活，才是身心成长和改造经验的正当途径。教师要把教授知识的课堂变成儿童活动的乐园，引导儿童积极自愿地投入活动，从活动中不知不觉地养成品德和获得知识，实现生活、生长和经验的改造。

（4）教学论。在教材的选择上，杜威认为"学校科目的相互联系的真正中心，不是科学……而是儿童本身的社会活动"。在教学方法上，杜威主张"从做中学"。他认为儿童不从活动而从听课和读书中所获得的知识是虚渺的。

（5）儿童中心论。杜威是在批判旧教育的过程中提出"儿童中心主义"思想的，也就是说，是在"破旧"中"立新"的。在杜威看来，在传统教育那里，"学校的重心在儿童之外，在教师、在教科书以及你所高兴的任何地方，唯独不在儿童自己即时的本能和活动之中"。把教育的重心从教师、教材那里转移到儿童身上，就是杜威倡导的"新教育"（"进步教育"），也就是"以儿童为中心"的教育。

5. 瑞吉欧幼儿教育体系

瑞吉欧幼儿教育系统创建于第二次世界大战后。在1945～1946年，意大利政权进行重新改组，意大利民众也兴起了由家长团体自行运作学校的热潮。为了建立一种更好的幼儿教育，瑞吉欧人结合自己的文化特色，尝试运用并借鉴很多理论，尤其是杜威的进步主义理论、皮亚杰的建构主义心理学，从而形成了自己的教育特色。

（1）瑞吉欧幼儿教育体系的理论基础。第一，儿童观。儿童是主动的学习者，拥有自己独特的学习方式。儿童具有巨大的潜能，有着强烈的学习、探索和了解周围世界的愿望。儿童在与外部世界的相互作用中主动地建构自己的知识与经验。第二，教育观。教育的目标就是要创造一个和谐的环境，发展幼儿的创造力，使幼儿形成完整的人格。

（2）瑞吉欧幼儿教育体系的建构。第一，课程目标。课程目标中并没有预先制定得非常细致、具体、可操作的行为目标，而是强调在活动过程中培养儿童的个性、主动性以及他们在学习过程和具体教育情境中的生成性、表现性目标的实现。这样的课程目标不仅解放了儿童，也使教师的教学有了较大的自由空间。第二，课程内容。瑞吉欧的幼儿学校没有预先设计好的课程，因为，他们认为幼儿本身的需要、兴趣、经验和能力是极为多样化的。瑞吉欧教育体系无明确规定的课程内容，无固定的教材或预先设计好的教育活动方案。其课程内容来自周围的环境，即儿童生活中感兴趣的事物、现象和问题及他们各自的活动。第三，课程实施。瑞吉欧幼儿教育课程的实施方式是方案教学。方案教学是一个译名，"方案"一词还可以译为"设计""项目""计划"等。方案教学是根据儿童的生活经验和兴趣确定活动主题，并以该主题为中心加以扩散，编制主题网络，将概念予以分化、放大，让儿童通过自己的学习探索概念的内涵。

（二）国内学前教育理论的建立和发展

1. 陶行知

陶行知是我国伟大的人民教育家，他的有关学前教育的理论和实践，为我国现代学前教育的发展做出了不可磨灭的贡献。

（1）普及学前教育，开拓农村幼儿教育事业，建立中国化和平民化的幼儿教育。陶行知认为教育不仅要普及到小学，还要普及到幼儿，提出小学教育是建国之根本，幼儿教育为根本之根本。他认为当时国内的幼稚园有三种病：外国病、花钱病、富贵病。因此提出建设中国化的、省钱的、平民化的幼稚园，并付诸实践，建立了我国第一个乡村幼稚园——南京燕子矶幼稚园，为学前教育中国化做出了表率。

（2）重视培养儿童的创造力。陶行知提出通过"六大解放"来培养儿童的创造力，即解放孩子的头脑、解放孩子的双手、解放孩子的眼睛、解放孩子的嘴巴、解放孩子的空间、解放孩子的时间。这一思想对我国现代学前教育仍具有指导意义。

（3）生活教育理论。生活教育理论是陶行知教育思想的核心。生活教育理论主要包括三大原理，即"生活即教育""社会即学校""教学做合一"。陶行知认为，生活和教育的关系是生活决定教育，以生活为中心，生活是教育的源泉。他要求以社会生活作为学校教育的内容，以社会作为教育的范围，整个社会是生活的场所，也是教育的场所，是把教学的课堂延伸到大自然和大社会中去。"教学做合一"是以生活为中心，怎样做就怎样学，怎样学就怎样教，做是中心。

（4）创立培养幼儿师资的好方法——"艺友制"。陶行知创立了用"艺友制"培养师资的方法。所谓"艺友制"，即学生（又称"艺友"）与有经验的教师（又称导师）交朋友，在实践中学习当教师，边干边学，在实践中积累教学经验。这个制度最大的优点是有利于学生在实践中学习，克服了理论与实际脱离的弊病。这个制度在短时间内为当时各幼稚园提供了大量师资，也保证了师资的质量。

2. 张雪门

张雪门是行为课程论的代表人物，与南京的陈鹤琴有"南陈北张"之称。他曾在香山主办北平幼稚师范学校和幼稚园，其主要著作有《幼稚教育新论》《幼稚园行为课程》等。

张雪门针对当时幼稚园以教材为中心的状况，提出幼稚教育生活化、儿童生活教育化的思想。他主张实施"幼稚园行为课程",其基本思想是"生活即教育""行为即课程",认为"课程是经验,是人类的经验。生活就是教育,五六岁的孩子们在幼稚园生活的实践,就是行为课程"。他的幼稚教育思想深受陶行知的影响。

3. 陈鹤琴

陈鹤琴是我国著名的儿童教育家、我国现代学前教育的奠基人,其主要著作有《儿童心理之研究》《家庭教育》《活教育理论与实践》。他于1923年创办了我国最早的幼儿教育实验中心——南京鼓楼幼稚园。他在吸收了杜威实用主义的教育思想后,结合中国的国情,创立了"活教育"理论体系,其内容主要包括三大纲领(目的论、课程论、方法论)、教学原则和训育原则。

(1)目的论。陈鹤琴指出,活教育的目的就是"做人,做中国人,做现代中国人"。这样的人应具备的条件包括以下五个方面:第一,要有强健的身体;第二,要有建设能力;第三,要有创造能力;第四,要有合作的态度;第五,要有服务的精神。抗战胜利后,随着形势的发展,陈鹤琴又进一步提出"做人,做中国人,做世界人;爱国家,爱人类,爱真理"的要求。陈鹤琴活教育的目的论不仅体现了他的爱国主义精神,还说明他具有放眼世界的胸怀。

(2)课程论。陈鹤琴指出:"大自然、大社会都是活教材。"幼稚园课程内容的选择应注重儿童的生活环境,以大自然、大社会为中心。课程结构以"五指活动"为基本成分,包括健康、社会、艺术、科学和文学活动。陈鹤琴用人的五个手指比喻幼儿园的课程结构,以表明幼儿园的课程应注重整体性,即健康、社会、艺术、科学和文学活动要统筹安排,促进幼儿整体有机地发展。课程的实施采用"整个教学法",即把儿童所应该学的东西整个地、有系统地教给儿童。

(3)方法论。活教育方法论的基本原则是"做中教、做中学、做中求进步"。活教育重视直接经验,强调以"做"为中心。陈鹤琴指出:"凡儿童能自己做的,应当让他自己做,做了就与事物发生直接的接触,就得到直接的经验,就认识事物的性质。"

(4)教学原则。陈鹤琴根据"心理学具体化,教学法大众化"的指导思想,提出了活教育的17条教学原则。这17条教学原则包括:凡儿童自己能够做的,应当让他自己做;凡儿童自己能够想的,应当让他自己想;你要儿童怎样做,应当教儿童怎样学;鼓励儿童去发现他自己的世界;积极的鼓励胜过消极的制裁;大自然、大社会是我们的活教材;比较教学法;用比赛的方法来增进学习的效率;积极的暗示胜过消极的命令;替代教学法;注意环境,利用环境;分组学习,共同研究;教学游戏化;教学故事化;教师教教师;儿童教儿童;精密观察。

(5)训育原则。陈鹤琴认为训导工作在整个教育工作中可以说是最繁重、最重要的,有了训育原则才可以使训育工作不至于茫然无序、无所适从。他提出的训育原则如下：从小到大；从人治到法治；从法治到心理；从对立到一体；从不自觉到自觉；从被动到主动；从自我到互助；从知到行；从形式到精神；从分家到合一；从隔阂到联络；从消极到积极；从"空口说教"到"以身作则"。

活教育理论是陈鹤琴长期教育实践的总结，也是理论探索的结果。它是陈鹤琴教育思想的精髓，对当前学前教育的改革具有现实意义。

三、学前教育思想发展的新阶段（20世纪中叶以后）

20世纪中叶，生理学和神经生理学、心理学，特别是儿童心理学和社会学、人类学都有了很大发展，为学前教育理论的发展提供了科学的依据。

（一）苏联学前教育理论流派

苏联的幼教理论强调教育和环境在儿童的发展过程中起主导作用；强调系统知识的学习对幼儿智力发展的影响。因而"教学"活动被引入幼儿园，课程设计和实施方面采用分科教学模式，对儿童进行有计划的、系统的全面教育，强调教育要有明确的目的。

（二）西方学前教育理论流派

1. 行为主义心理学的有关理论

行为主义心理学认为，儿童的行为是由外部的刺激和强化作用引发的，因此要想改变或塑造儿童的行为只需控制外部刺激。在教育中，行为主义学派主张教育要有明确的目的和实施原则，给予儿童适当的学习内容并做及时的强化，教师要指导儿童的各项活动。

2. 认知心理学的教育理论

认知心理学教育理论的主要依据是皮亚杰的认识发展阶段理论。该教育理论认为，个体的发展是在与环境相互作用的过程中实现的，儿童的学习不是被动接受的过程而是主动学习的过程。一方面，由于环境的影响，有机体会产生一定的变化来适应环境；另一方面，有机体也不是完全消极地适应，适应的过程中也是有机体内部积极建构的过程。因此，认知心理学教育理论特别强调儿童的主动探索和操作。

（三）中国学前教育理论的发展

在中华人民共和国成立初期，我国主要是学习苏联的学前教育制度和理论。党的十一届三中全会以后，我国教育界对以往的教育理论和实践进行反思，在保留苏联教育理论中的合理内容的同时，学习和借鉴西方的教育理论，并重新审视我国老一辈学前教育家的理论。尽管目前我国的学前教育研究还没有形成一个有广泛影响的理论流派，但学前教育研究已初步形成百花齐放的局面。

第四节　学前教育的基本原则

案例导入

孩子们非常喜欢玩滑梯，经常因为想玩而无心上课，怎么办？一天，王老师突发奇想，对那些喜欢玩滑梯的小朋友说："你们可以尽情玩，老师绝对允许！""噢——"孩子们高兴坏了。起先，孩子们玩得不亦乐乎，下课了还赖在那里不肯走。第二天，王老师又让他们继续玩。过了一段时间，有些玩累的孩子不想玩了，又过了一段时间，连最爱玩的两个孩子也累了。王老师心中窃喜，趁机教育他们说："那以后还玩不玩？"两个孩子终于彻底投降："老师，我们以后再也不玩了。"后来这些孩子再也没有动过玩滑梯的心思，上课的时候也很认真。

请你评析该老师的教育行为及这一行为背后的教育观念。

一、教育的一般原则

（一）尊重幼儿的人格尊严和合法权益原则

1. 尊重幼儿的人格尊严

幼儿同成人一样具有人格尊严，不能因为他们年龄小而歧视他们，要杜绝对幼儿随意敷衍、盲目指责、任意羞辱的粗暴行为，更不能将幼儿作为宠物戏耍，随意给他们起绰号，当众披露他们的缺陷。教师要将幼儿作为具有独立人格的人来对待，尊重他们的思想感情、兴趣、爱好、要求和愿望等。

2. 保障幼儿的合法权益

学前幼儿是不同于成人的，是正在发展中的社会成员。他们享有不同于成人的许多特殊的权利，如生存权、受教育权、受抚养权、发展权等，这反映了人类对幼儿在社会中的地位和权利的认可与尊重。但是，学前幼儿毕竟是稚嫩、弱小的个体，他们对自已权利的行使还必须通过成人的教育和保护才能实现。家庭、学前教育机构、社会应当保障未成年人的合法权益不受侵犯。教师不仅是幼儿的"教育者"，还应当是幼儿权益的实际维护者。

（二）促进幼儿全面发展原则

学前教育的出发点和归宿都是促进幼儿身心全面、和谐发展。幼儿的全面发展有两层含义：一是指所有幼儿在原有的基础上获得发展，二是指幼儿个体在身心各方面都获得均衡发展。贯彻这一原则应注意以下三点。

1. 幼儿的发展是整体的而非片面的

学前教育必须促进幼儿体、智、德、美各方面的发展，不能因偏重一方面而忽略其他方面的发展。现实中过分重视和过早开发幼儿智力的做法，会妨碍幼儿的全面发展，为幼儿的畸形发展埋下祸根。

2. 幼儿的发展是协调的发展

协调发展包括幼儿身体各器官、各系统机能的协调发展，幼儿生理与心理的协调发展及幼儿个体需要与社会需要之间的协调发展等。教师要保证幼儿身心各方面全面均衡发展，使幼儿的整体素质得到提高。

3. 幼儿的发展是有个性的发展

学前教育除了让每一个幼儿的发展水平达到基本标准，还要因材施教，让每一个幼儿按自身的特点和可能性去实现与众不同的发展，使其成为具有独特个性的人。个性的发展不是片面发展，而是在全面发展基础上的特长发展，是在全面发展过程中显现出来的特殊性。

（三）主体性原则

幼儿是学习的主体，教师只有尊重和满足幼儿的兴趣和需要，让幼儿积极参与、主动建构，课程才能内化为他们的学习经验，促进其身心发展。贯彻这一原则应注意以下两点。

1. 准确把握幼儿发展的特点和现状

教师在进行活动的设计、组织、实施、评价时，应根据幼儿发展的特点和现状，充分考虑幼儿的兴趣和需要，尊重幼儿的学习特点、兴趣、意愿等，为幼儿提供主动学习的机会。

2. 善于激发幼儿的学习兴趣和动机

教师在教育活动中不应只考虑教师教的问题，还应考虑幼儿学的问题。教师要善于激发幼儿学习的内驱力，从幼儿学的角度去思考、设计问题，让幼儿努力探索新知识、积累新经验。

（四）充分发掘、利用教育资源，坚持开放办学原则

我们必须认识到幼儿自身、幼儿群体以及家庭、社会都是宝贵的教育资源，要充分发挥它们的教育作用。幼儿、家庭、社会蕴含着丰富的教育资源，这些资源是学校教育无法比拟的。利用好这些资源，能够使幼儿园教育更为丰富和有效。贯彻这一原则要注意以下三点。

1. 发掘幼儿自身的教育资源

幼儿之间的沟通、游戏和效仿会相互影响，使幼儿获得一些生活经验、交往的方式；集体生活中幼儿的相互监督会对幼儿遵守生活常规和团体活动规则起到示范作用。

幼儿生活和交往中的这些资源是教育幼儿的生动教材，教师可在教育中加以利用。

2. 有效利用家庭教育资源

家庭是幼儿成长的第一个生活场所，家长的一言一行对幼儿各方面的发展起到了潜移默化的作用。因此，教师要真正理解幼儿及其行为背后的意义，需了解其家庭状况。在教育幼儿时，让家长参与其中，为幼儿园的教育出谋划策。家庭教育资源的利用，可使幼儿园教育工作事半功倍。

3. 充分利用社会教育资源

社会的各种因素会随时随地地影响幼儿的认知、情感和个性特征的发展。这些因素中，有的与幼儿园教育的方向一致，会对幼儿的健康发展起到积极的作用，有的与幼儿园教育的方向相悖，会阻碍幼儿的健康发展。幼儿教师的责任就是充分利用各种因素的积极作用，使社会各因素同向同行，最终促进幼儿的健康发展。

二、学前教育的特殊原则

（一）保教结合原则

保教结合原则，是指教师应从学前幼儿身心发展的特点出发，在全面、有效地对幼儿进行教育的同时，重视对幼儿生活上的照顾和保护，确保幼儿能真正健康、全面地发展。3～6岁幼儿虽然在人格上是独立的个体，但在生活上仍需被照顾，这就决定了幼儿在幼儿园的生活和学习、保育和教育要同时进行。贯彻这一原则需要注意以下两点。

1. 保育和教育是学前教育机构的两大方面工作

保育主要是为幼儿的生存、发展创设有利的环境和提供物质条件，给予幼儿精心的照顾和养育，帮助其身体和机能得到良好的发育，促进其身心健康发展；教育则重在培养幼儿良好的行为习惯、态度，发展儿童的认知、情感、社会性等，引导幼儿学习必要的知识技能等。这两方面构成了学前教育的全部内容。

2. 保育和教育工作互相联系、互相渗透

保育和教育不可分割的关系，是由学前教育工作的特殊性和儿童身心发展的特点决定的。虽然保育和教育有各自的主要职能，但并不是截然分离的。教育中包含了保育的成分，保育中也渗透着教育的内容。保育和教育不是孤立地进行的，而是在统一的教育目标指引下，在同一教育过程中实现的。有的保育员在护理幼儿生活时，忽视随机地、有意识地实施教育，结果无意识地影响了幼儿的发展。

（二）以游戏为基本活动原则

游戏是幼儿的基本活动。所谓基本活动，是指在人生的某个阶段，出现频率最高、对人的生存发展最有价值、最适合的活动。游戏最符合幼儿身心发展的特点，最能满

足幼儿的需要，具有其他活动所不能替代的教育价值。贯彻这一原则要注意以下三点。

1. 重视幼儿的自发性游戏

自发性游戏是幼儿自己发起的游戏。在游戏中幼儿自主决定玩什么、和谁玩、怎么玩，表现出极大的独立性。幼儿园应保证在一日活动中有一定时间、适当的场所、丰富的材料让幼儿开展自发性游戏，以保证幼儿想象力和创造力得到发展。

2. 充分利用游戏形式组织幼儿园教育活动

因为游戏对幼儿具有极大的吸引力，所以在幼儿园的教育教学活动中，把游戏因素渗透进去，能更好地发挥教育作用，促进幼儿的发展。教师在各类教育活动中，既把游戏当成课程的内容，又把游戏当成课程实施的途径，使游戏这种形式与教育内容融为一体。

3. 满足幼儿对多种游戏的需要

幼儿对游戏的需要是不尽相同的，那种在游戏时间里只允许全班或一组幼儿玩一种游戏的做法是错误的。幼儿对游戏的需要随着年龄的增长和知识面的扩大会发生变化，教师应观察不同年龄阶段幼儿、同一年龄段不同幼儿的不同游戏需要，灵活变换游戏主题、游戏内容、游戏环境，使多种形式的游戏能更好地促进幼儿发展。

（三）教育的活动性和直观性原则

幼儿心理的特点决定了他们身心的发展是在活动中完成的。他们通过活动去接触各种事物，他们在活动中才能逐步积累经验，获得真知。离开了活动，幼儿就无法发展。贯彻这一原则要注意以下两点。

1. 教育的活动性原则

（1）以活动为中介，通过各种活动促进幼儿的发展。幼儿的发展主要是通过活动来进行的。因此，教师在活动的设计、组织、实施过程中，要为幼儿提供各种类型的活动、提供人际交往的机会，为幼儿积极主动地参与活动提供可能。在活动中，教师既要放手让幼儿进行各种活动，又要适时地支持和引导，使活动真正成为幼儿发展的手段。

（2）教育活动的多样性。不同的教育活动内容、形式，在幼儿发展中所起的作用是不一样的，所以学前教育机构的活动要避免单一化。教师要注意教育活动的多样性，才能有效地促进幼儿发展。例如，从教育活动的类型来说，有集中教育活动、游戏、日常生活活动、亲子活动、劳动等；从教育活动的领域来说，有健康、科学、语言等领域的活动；从教育活动的表现形式来看，有听说表达类、运动类、动手制作类、小实验等活动；从教育活动的组织形式来看，有集体活动、小组活动、个别活动。

2. 教育的直观性原则

幼儿主要是通过各种感官来认识周围世界的，是通过直接感知认识周围事物、形成表象并发展为初级的概念的。对幼儿的教育应体现直观形象性，具体包括以下两个方面。

（1）教师要根据幼儿不同年龄的身心发展水平，运用各种形式的直观教学手段，从具体的、有情节的事物向无情节的事物过渡，从实物类型的直观向图片、模型、语言的直观等过渡。

（2）教师通过演示、示范，运用范例等直观教学手段，变抽象为形象、化枯燥为生动的同时，还可以辅以形象生动的、声情并茂的教学语言，帮助幼儿理解教学内容。

（四）发挥一日活动整体教育功能原则

一日活动指每天发生的教育和保育活动。发挥一日活动整体教育功能的原则是指学前教育机构应充分认识和利用一日活动的教育价值，通过合理的组织、科学的安排，让一日活动充分发挥它的教育功能。贯彻这一原则应注意两个方面。

1. 一日活动中的各种活动不可偏废

无论是幼儿的生活活动还是教育活动，无论是幼儿的自由活动还是有组织的活动都是具有教育价值的。因此，教师应根据不同活动的不同特点，充分挖掘活动中的育人元素，使活动能有效发挥促进幼儿身心健康发展的功能。

2. 各种活动应统一为一个有机整体

各种活动不是分离地、孤立地对幼儿发挥影响作用的。一日活动必须统一在共同的教育目标下，形成合力才能发挥整体教育功能。因此，如何把教育目标渗透到各种活动中、每个活动怎样围绕目标来展开，就成为实践中应当特别关注的问题。

第五节　幼儿园班级管理

案例导入

> 幼儿园老师会告诉孩子走路时不要拉着手跑，手不能插裤兜里，要抬起头，慢慢走。在游戏活动时会检查孩子的鞋带有没有系好或鞋有没有穿反。你认为幼儿园老师的教育行为恰当不恰当？

一、幼儿园班级管理概述

（一）幼儿园班级管理的概念

幼儿园班级管理是指幼儿园教师采用一定的手段，将幼儿园管理活动中的人、财、物、时间、空间等各要素合理组织起来，实现学前教育目标的组织活动过程。

（二）幼儿园班级管理的目的

幼儿园班级管理的内在目的是把幼儿培养成个体生活和社会生活的主体。班级管理中最重要的和最直接的管理对象是幼儿，幼儿既是自然存在的生命体，又是社会存在的生命体。因此，对幼儿进行管理首先就要了解幼儿的自然天性，遵循人的发展规律，把幼儿培养成个体生活的主体；其次，让幼儿在自然的基础上获得人的生命自由，把幼儿培养成社会生活的主体。

幼儿园班级管理的外在目的是形成办园特色、打造办园品牌。幼儿园的发展必须通过班级管理来实现。因此幼儿园进行班级管理并积极探索个性化的班级管理举措，从而不断提升班级管理水平，使班级管理工作由规范化管理模式逐步走向特色化的管理轨道。

二、幼儿园班级管理的内容、原则和方法

（一）幼儿园班级管理的内容

幼儿园班级管理一般由生活管理、教育管理、物品管理、其他管理等四个方面组成。其他管理包含家园交流管理、班级间交流管理、幼儿社区活动管理等。其他方面的管理工作服务于幼儿的生活管理和教育管理。

1. 生活管理

幼儿园班级生活管理是为了保证幼儿的身体正常发育、心理健康成长，保教人员围绕幼儿在园内的起居、饮食等生活方面的需要而进行的管理工作。它是保育工作的主要内容，也是顺利进行班级管理和教育教学的必要条件。没有科学规范的生活管理，幼儿就无法开展各种有目的、有规则的教育与游戏活动。

2. 教育管理

班级保教人员对教育过程精心设计组织、对教育结果进行细致评估、在教师带领下对班级幼儿进行调查研究，这一系列工作称为幼儿班级教育管理。

3. 物品管理

班级物品包括小床、小被等生活用品，玩具、学具等学习用品以及钢琴、电视等教师教学物品。班级物品摆放得当，能给幼儿一个整齐有序的环境，有利于幼儿生活和活动，有利于幼儿成长，同时也方便教师使用。

4. 其他管理

幼儿园班级管理除了着重进行生活和教育管理，还有许多与之相关的其他管理，它们也是班级常规管理的重要组成部分。

（二）幼儿园班级管理的原则

班级管理原则是对班级进行管理时必须遵循的基本行为准则，它对班级的全面管理具有重要的指导意义。

1. 主体性原则

主体性原则是指教师作为班级管理的主体具有的自主性、创造性和主动性，同时教师要充分尊重幼儿作为学习者的主体地位。

运用主体性原则应注意的要点：明确教师对班级管理的职责和权利；作为班级管理者的教师应充分了解并把握班级的各种管理要素；教师应正确地理解和处理与幼儿之间的关系。

2. 整体性原则

整体性原则是指班级管理要面向全体幼儿和班级所有管理要素。

运用整体性原则应注意的要点：教师对班级的管理不仅是对集体的管理，还是对幼儿个体的管理；教师应充分利用班集体，起到对幼儿整体的熏陶和约束作用；班级管理不仅是人的管理，还涉及物、时间、空间等要素的管理。

3. 参与性原则

参与性原则是指教师在管理过程中以多种形式参与到幼儿的活动之中，民主、平等地与幼儿共同活动。

运用参与性原则应注意的要点：教师参与活动应注意角色的不断变化，以适应幼儿活动的需要；在某种场合，教师参与活动要取得幼儿的许可；教师在参与活动时，对幼儿的指导和管理要适度。

4. 高效性原则

高效性原则是指教师在进行班级管理时，以最少的人力、物力和时间，尽可能多地使幼儿获得全面的发展，使班级呈现更健康的面貌。

运用高效性原则应注意的要点：班级管理目标的确定要合理，计划的制订要科学；班级管理计划的实施要严格而灵活；班级管理方法要适当，管理过程中重视检查反馈。

（三）幼儿园班级管理的方法

为了确保对班级中的每个幼儿都能实施有效的管理，使幼儿掌握一定的生活常规和知识技能，保教人员必须掌握一定的班级管理方法。科学的班级管理方法是每个保教人员都应具备的基本工作技能。

1. 目标指引法

目标指引法是教师以行为结果作为目标，引导幼儿的行为方向、规范幼儿行为方式的一种管理方法。

运用目标指引法应注意的要点：目标要明确具体；目标要切实可行，要具有吸引力；目标与行为的联系要清晰可见；目标有个人目标和集体目标两种，教师在日常班级管理中要对这两种目标都加以注意，并努力注意这两种目标的结合。

2. 规则引导法

规则引导法是指用规则引导幼儿行为，使其与集体活动的方向和要求保持一致或确保幼儿自身安全的一种管理方法。规则引导法是对班级幼儿最直接和最常用的管理方法。

运用规则引导法应注意的要点：规则要领要明确、简单、易行；给幼儿提供实践的机会，让幼儿在活动中掌握规则；教师要保持规则的一贯性。

3. 情感沟通法

情感沟通法是指通过激发和利用师生间的情感，引发或影响幼儿行为的方法。

运用情感沟通法应注意的要点：教师在日常生活中和教育活动中要观察幼儿的情感表现；教师要经常对幼儿进行移情训练；教师要保持和蔼可亲的形象。

4. 榜样激励法

榜样激励法是指通过树立榜样并引导幼儿学习榜样以规范幼儿行为，从而达到管理目的的方法。

运用榜样激励法应注意的要点：榜样的选择要健康、形象、具体，可以是儿童身边的同伴，也可以是儿童熟悉的故事、人物或动物，前提是儿童通过努力可以达到；班级集体中榜样的树立要公正、有权威性；及时对幼儿表现的榜样行为做出反应，对好的行为予以强化。

第六节 幼小衔接

案例导入

一年级学生小婧的家长倾诉：小婧刚上学那阵子每天放学回来都挺高兴的，可开学不到一个月，放学回来就不高兴，也不爱写作业了，还说"好好写也得不到小红花，小学还不如幼儿园好"。

放学接孩子时，老师告诉家长："她上课开小差，做小动作，有时想说话就说话，影响了正常教学。"回家后家长批评了她。有天早上，她突然说："我不去上学了，就是不去上学了。"

思考：孩子刚上一年级就厌学，这可怎么办？你认为是什么原因导致小婧不想去上学？可采取怎样的措施来解决这个问题呢？

一、幼小衔接的含义

幼小衔接是指教师在教育中，帮助儿童顺利完成从幼儿园教育过渡到小学教育的过程。解决好幼儿教育与小学教育的衔接问题，对于促进儿童的持续发展、提高教育质量都具有重要意义。

二、幼小衔接的意义

幼小衔接对幼儿和小学生的发展都具有重要意义。幼小不衔接会造成幼儿入小学后各方面的问题，严重影响其身心发展。

实现幼儿园与小学的顺利衔接，既是幼儿园应有的教育责任和义务，又是小学应有的责任和义务。一方面，幼儿园要为幼儿入小学积极做准备，使幼儿顺利地适应小学的学习生活；另一方面，小学也应以幼儿园保教目标为基础，引导孩子顺利地度过幼儿园到小学的过渡期。

三、幼儿阶段教育与小学阶段教育的不同特点

（1）主导活动不同。幼儿阶段的主导活动是多种多样、丰富多彩的游戏，主要教学形式是以幼儿动手操作为主的多种活动，幼儿在玩中学，而教师指导方法比较直观、灵活、多样，没有家庭作业及考试制度。小学阶段的主导活动是各种学科文化知识的学习，以上课为主要的教学形式，教学方法相对固定、单一，有一定的家庭作业及必要的考试制度，学习成为一种必须完成的任务。

（2）作息制度及生活管理不同。幼儿阶段的生活节奏是宽松的，一日生活中游戏活动时间较多，生活管理不带强制性，没有出勤要求，教师对幼儿在生活上的照顾比较周到和细致。小学阶段的生活节奏快速、紧张，作息制度非常严格，每天上课时间较长，纪律及行为规范带有强制性，教师对幼儿在生活上的照料明显减少，生活主要靠儿童自理。

（3）师生关系不同。幼儿阶段，教师与幼儿个别接触机会多，时间长，涉及面广，关系密切、具体。小学阶段，师生接触主要是在课堂上，个别接触少，涉及面较窄。

（4）环境设备的选择与布置不同。幼儿阶段教室的环境布置生动活泼，有许多活动区域，并有丰富的玩具和材料供幼儿动手操作、摆弄，幼儿可以自由选择游戏及同伴进行交往。小学阶段教室的环境布置相对严肃，成套的课桌椅排列固定，教室内没有玩具，学生自由选择活动的余地较少。

（5）社会及成人对幼儿、小学生的要求和期望不同。社会及成人对幼儿的要求相

对宽松，"给幼儿一个快乐的童年"已成为基本的共识，幼儿的学习压力小，自由多；社会及成人对小学生的要求相对严格和具体，家长对小学生具有很高的期望，因此，他们学习压力大，自由少，要负担一定的社会责任。

四、幼儿园实施幼小衔接工作的指导思想

（一）长期性而非突击性

幼儿园教育是终身教育的一个重要组成部分，要为幼儿的终身发展打好基础。因此，不应当把幼小衔接工作仅仅视为两个教育阶段的过渡问题，而应把它置身于终身教育的大背景下去考虑。

（二）整体性而非单项性

幼小衔接是全面素质教育的重要组成部分，应当从幼儿体、智、德、美各方面全面进行，不应仅偏重某一方面。要做好幼小衔接工作，必须促进幼儿的体、智、德、美的全面发展，在全面发展教育过程中培养他们入学所必需的各种基本素质。

（三）培养入学的适应性而非小学化

在幼小衔接工作中的误区之一就是小学化倾向严重。这主要表现为两个方面：一方面是提前让幼儿学习小学的教材，另一方面是用小学教育的组织形式与方法对待幼儿园的幼儿。这些做法严重违背了幼儿的身心发展规律，造成幼儿怕学、厌学，养成不良学习习惯的后果。

幼小衔接工作的重点应当放在培养幼儿的入学适应性上。教师要针对过渡期幼儿的特点及实际情况，着重培养幼儿适应新环境的各种素质，帮助幼儿顺利完成幼小过渡，而不是把小学的一套教学模式简单地下放到幼儿园。

五、幼儿园幼小衔接的主要工作

1. 培养幼儿对小学生活的热爱和向往

幼儿园阶段应注意培养幼儿愿意上学、对小学的生活怀着兴趣和向往、为做一名小学生感到自豪的积极态度，并让幼儿有机会获得对小学生活的积极情感体验。因此，幼儿园应当通过多种教育活动，特别是加强与家长、小学的合作，来让幼儿逐步了解小学、喜欢小学、渴望上小学，最后愉快、自信地跨进小学。

2. 培养幼儿对小学生活的适应性

幼儿入学后是否适应小学的新环境、适应新的人际关系，对其身心健康影响很大。培养幼儿的社会适应性，特别是主动性、独立性、人际交往能力等，不仅关系幼儿入学后的生活质量，还关系他们在小学的学习质量。培养幼儿对小学生活的适应性是幼

小衔接的重要工作内容。

3. 帮助幼儿做好入学前的学习准备

幼儿园在帮助幼儿做好学习准备方面需要做好以下工作：培养良好的学习习惯、培养良好的非智力品质、发展思维能力和基础能力。

第七节　我国学前教育的改革动态与发展趋势

一、我国学前教育的改革动态

改革开放以来，我国学前教育事业取得了长足发展，总结为以下三个方面。

（一）办园模式的改革

形成以公办幼儿园为骨干和示范，以社会力量兴办幼儿园为主体，公办与民办、正规与非正规教育相结合的发展格局。根据城乡的不同特点，逐步建立以社区为基础，以示范性幼儿园为中心，灵活多样的幼儿教育形式相结合的学前教育服务网络。大中城市已基本满足了适龄儿童的入园需求，农村和边远地区通过灵活多样的形式，为越来越多的学龄前儿童提供了受教育机会。

（二）教育观念的改革

随着对外交流的不断加强，学前教育改革的逐渐深入，学前教育的理念也在潜移默化地发生着变化。

1. 儿童观、儿童学习观和教育观的转变

以往，我们总是习惯于把幼儿看作被动的学习者，但纵观《幼儿园教育指导纲要（试行）》的内容，我们可以看到，它把幼儿看作有积极主动学习愿望的人，即幼儿是能够在一定环境中积极主动学习的。这充分体现了学前教育"以人为本"的思想，强调满足幼儿权利，着眼于每个幼儿的发展，以及教师与幼儿的共同发展，《幼儿园教育指导纲要（试行）》的教育理念倡导的是"快乐学习"的方法，在玩中学，在学中玩，使学习成为一种乐趣。

2. 教师角色定位的改变

以往，教师的角色定位为知识的传递者，全程参与和包办幼儿学习的全过程，《幼儿园教育指导纲要（试行）》中指出，教师应成为幼儿学习活动的支持者、合作者、引导者，以关怀、接纳、尊重的态度与幼儿交往。

（三）课程模式的改革

受国外先进学前教育思想的影响，我国学前教育课程模式的建构也在不断尝试和探索。目前，我国幼儿园的课程模式已经呈现出多元化的特点和百家齐放的趋势。

1. 单元教育课程

单元教育课程是在陈鹤琴实验教学的基础上发展而来的一种教育课程。单元教育在五大领域的基础上，将课程的教育内容扩大到幼儿生活的多种环境，每个单元都以社会为中心，每一个方面选择若干个有代表性的活动，将幼儿一日生活的全部要素都能包含其中。

2. 综合教育课程

综合教育课程是根据幼儿身体、心理发展的需要，顺应各种教育要素之间的相互联系，把尊重幼儿发展规律与发挥教师主导作用相结合，从综合性入手，合理选择教育内容、教育手段和方法，科学组织教育过程，以"主题"的形式建构每一阶段的生活经验，使幼儿园三年生活成为有利于促进幼儿持续发展的连续教育过程。

二、我国学前教育的发展趋势

1. 学前教育普及化

在我国，学前教育纳入义务教育在现阶段已经具备了可能性。国家的财政收入有了稳步的提高，可以对学前教育这个公益性的社会公共福利事业给予更多的资金投入。从2011年9月开始，我国部分城市开始试点在园的适龄幼儿都可以享受国家的助学补助政策。

2. 加强农村学前教育

重点发展农村学前教育，努力提高农村学前教育普及程度，着力保证留守儿童入园。采取多种形式扩大农村学前教育资源，改扩建、新建幼儿园，充分利用中小学布局，调整富余的校舍和教师举办幼儿园（班），发挥乡镇中心幼儿园对村幼儿园的示范指导作用。支持贫困地区发展学前教育，推进农村学前教育，支持办好现有的乡镇和村幼儿园；重点支持中西部贫困地区充分利用中小学富余校舍和社会资源，改扩建或新建乡镇和村幼儿园；对农村幼儿园园长和骨干教师进行培训。

3. 加强管理与监督

受到市场经济和体制改革的影响，幼儿园的办学体制和投资体制逐渐呈现多元化的趋势。大力发展公办幼儿园，积极扶持民办幼儿园。加大政府投入，完善成本合理分担机制，对家庭经济困难幼儿的入园给予补助。

加强学前教育管理，规范办园行为。在我国，学前教育的办学主体将由单一的公办园发展为公办园、企业办园、集体办园、社会力量办园、民办园、私立幼儿园等共同存在的形式，这种由我国国情决定的多元化趋势将会延续下去。

4. 合作与交流的国际化发展

随着"地球村"理念的不断深入，学前教育国际交流合作也会进一步加强。如支持一流示范性中外合作办学机构，开展幼儿园骨干教师海外研修培训，支持扩大公派出国留学规模，以高校为主体举办学前教育国际学术交流论坛。

模块三
幼儿园生活指导

内容摘要：该模块内容是幼儿园教育的重要组成部分。这部分主要介绍了幼儿园一日生活的主要环节，幼儿园生活常规教育的基本要求、方法，幼儿卫生保健、疾病预防、营养需求等方面的知识，常见安全问题及突发事件的处理技巧。

学习目标：认识幼儿园生活指导知识和技能对幼儿身心健康和谐发展的重要意义，掌握幼儿园一日生活、生活常规保教的基本内容，初步具有对幼儿的常见疾病、安全问题及突发事件的处理能力，能较合理地搭配并制定幼儿的营养膳食。

关键词：幼儿园一日生活　生活常规教育　卫生保健常规　疾病预防　营养膳食　安全问题　突发事件

第一节　幼儿园一日生活

案例导入

乐乐入园已经一个多月了，可每天总是闹着吵着不去幼儿园，奶奶好不容易把他带到幼儿园门口，乐乐要么赖在幼儿园门口的树旁不肯进幼儿园，要么不停地对奶奶说："你在门口站着等我放学，下午放学你必须第一个来接我。"

思考：乐乐为什么不想上幼儿园？作为幼儿园教师，你有哪些办法可以让乐乐愉快地上幼儿园？

一、幼儿园一日生活主要活动环节的指导

幼儿园一日生活包含了幼儿在园里的一切活动，主要包括学习活动、生活活动、户外活动、游戏活动等。根据幼儿的身心发展特点和认知发展水平，合理安排好一日生活各环节活动是保证幼儿把幼儿园当成乐园的重要保障。幼儿园一日生活的各项活动环节对幼儿的成长具有不同的价值，教师要特别珍视各活动的价值。一日生活的各个活动环节也对幼儿提出了不同要求，教师要帮助他们尽早形成好习惯，保育员要全

面辅助与配合，让幼儿在园中真正得到和谐、全面、健康的发展。

一日生活中主要环节对师幼双方提出的培养要求见表3–1。

表3–1　一日生活中主要环节对师幼双方提出的培养要求

项目	要求		
	对幼儿的常规要求	对教师的常规要求	对保育员的常规要求
入园	衣着整洁，乐意来园接受每天的检查 主动且礼貌地向教师、同伴问好，和家长告别 喜欢与同伴、教师进行交流	热情迎接幼儿，仔细地观察幼儿情绪和身体状况 要热情接待家长，多进行与幼儿相关的必要交流 做好晨检（一看二摸三问四查）记录	—
晨间活动	乐意自主地参加晨间活动，能与同伴友好协作，不伤害伙伴，并注意自身安全 可以进行一些简单的卫生劳动	组织幼儿开展室内外结合的晨间活动 提醒幼儿参加一些必要的简单劳动	室内外清洁卫生 开窗通风透气 指导值日生参加力所能及的劳动 指导幼儿整理好衣、帽等 准备好幼儿饮用水、点心
早操	可以做好操前衣、裤、鞋等准备 值日生协助保育员准备早操活动器械 动作到位 会听口令，遵守规则 适时增减衣服，会使用、整理早操器械	根据不同年龄段幼儿特点设计不同内容的活动 提醒并检查幼儿是否做好相应的准备 指导幼儿的早操动作、队列动作，拉幼儿手脚时动作要轻，防止伤到关节 早操使用的器械要符合安全、卫生要求 服饰要符合早操活动要求	熟悉本班早操活动的内容 检查场地、器械卫生与安全 清楚幼儿的活动量 配合教师指导幼儿规范早操 随时观察幼儿活动情况
学习活动	在教师或家长的指导下收集有关信息，准备活动材料 动用各种感官参与学习，能自主选择游戏的内容 能正确使用和整理活动材料 能积极大胆发言 乐于交流、愿意分享	根据本班幼儿发展需要和已有经验，选择适宜的活动内容，制订切实可行的活动计划 活动前准备必要的教具及每个幼儿活动需要的操作材料，并与保育员共同做好分发材料准备，讲清注意事项 根据活动类型摆放便于幼儿活动与交流的桌椅位置 耐心倾听，知道幼儿想法与感受，明白幼儿的需要，根据幼儿活动中的表现与反应及时应答 关注活动中的每一个幼儿，有针对性地提问、启发、引导、帮助，满足幼儿的不同需要，在活动中培养幼儿的良好学习品质 注重活动效果，活动结束后要收集幼儿活动作品，记录好幼儿活动情况，分析并评估幼儿的发展状况	事先了解活动内容及相关事项，协助教师做好活动准备，摆放活动所需材料，合理安排场地等 及时处理活动中的突发事件，处理方法恰当 协助教师指导和帮助个别幼儿参与活动，指导过程中站位恰当、声音轻柔，不影响幼儿活动 指导幼儿活动结束后材料、场地的收拾、整理工作

项目	要求		
	对幼儿的常规要求	对教师的常规要求	对保育员的常规要求
户外活动	愉快、积极、自主地参加户外活动 正确使用活动器械，尝试新的玩法，会和同伴一起活动 遵守体育活动规则，有安全意识，不用器械与同伴打闹，不做危险动作，有简单的自我保护方法 适时增减衣服，身体不适能主动告诉教师 会正确使用并整理、收拾活动器械	保证每天2小时的户外活动时间，一周内保证体育课、体育游戏、大型玩具、散步、器械活动等类型体育活动的开展 预先做好活动准备，检查器械、场地的安全状况 为幼儿提供可供选择、丰富多彩的活动材料，保证一定数量的自制玩具 根据幼儿的年龄特点，科学合理地安排运动密度和活动量，有计划地开展走、跑、跳、钻、投掷、平衡、爬等各种发展幼儿基本动作的活动 针对幼儿的兴趣、动作发展、安全意识、意志品质、习惯等实际情况，做出积极的调整和应对 建立适宜的运动活动常规，对幼儿进行自我保护意识的教育并督促幼儿严格遵守 注意动静交替，逐渐增加活动量和活动强度，防止突然运动或剧烈运动造成的身体不适、拉伤、扭伤等	活动前了解户外活动规则，协助教师准备和检查场地、器械的安全，仔细检查幼儿服饰和鞋带 活动中观察幼儿活动量，及时指导或帮助幼儿增减衣物，为出汗的幼儿及时用毛巾隔背，特别关注体弱幼儿 活动后指导幼儿收拾场地，检查器械 做好幼儿活动后的护理工作：督促幼儿洗手，用温度适宜的干净毛巾给幼儿擦脸，让幼儿饮水、及时增减衣物等
游戏活动	积极参与游戏材料的收集与准备 能自主选择游戏材料、内容、角色、同伴、场地等进行游戏 参与制订并遵守游戏的规则 与同伴友好协作，愿意与同伴分享游戏材料和经验 学习解决游戏中的问题，能克服困难，坚持游戏 正确使用和爱护游戏材料，能轻拿轻放，物归原处，能归类整理玩具	制订好游戏活动计划 保证幼儿每天的游戏活动总时间不少于1.5小时 合理安排创造性游戏（表演游戏、建构游戏、角色游戏）与规则性游戏（智力游戏、音乐游戏、娱乐游戏） 根据游戏规则和幼儿游戏活动的需要，家园共同收集卫生的自然物、半成品、安全的废旧材料等作为游戏活动的材料 根据幼儿年龄特点和需要，有计划地投放数量充足、种类丰富的游戏材料，添置和更换及时，每月达到2次以上 幼儿每天至少开展一次活动区活动，小班设置3~5个活动区，中班设置5~7个活动区，大班设置6~8个活动区 在幼儿游戏过程中采用直接、间接指导等指导方式	游戏活动前与教师进行交流，明白活动目的和要求，做好游戏前材料、场地等准备 活动中协助教师对幼儿进行指导，处理游戏过程中出现的问题，注意幼儿的安全 游戏结束时指导或带领幼儿整理、收拾游戏活动材料

模块三 幼儿园生活指导

项目	要求		
	对幼儿的常规要求	对教师的常规要求	对保育员的常规要求
饮水	会主动取水喝 会正确取水，不浪费水，不喝生水，不边走边喝水，喝水时不说笑打闹，口杯用后放回固定位置，杯口朝上	上下午各组织一次集体饮水，提醒并允许幼儿随时喝水 观察幼儿饮水量，保证幼儿日饮水量达 400～600 毫升 指导幼儿安全、有序、适量取水	提醒、帮助幼儿取放口杯和安全取水 引导和保证幼儿按需饮水，提醒有特殊需要的幼儿多饮水 每天清洗保温桶，幼儿个人专用水杯每天要清洗并消毒
盥洗	随时保持手、脸清洁，饭前、便后、手脏时会主动洗手，不浪费水，保持地面、服饰干爽 正确洗手（知道洗手的正确步骤） 中大班幼儿学会自己搓拧毛巾	组织幼儿有序盥洗 将正确盥洗方法等图示呈现在盥洗处，提醒幼儿遵守 指导中、大班值日生检查盥洗结果	做好盥洗准备，保证幼儿用流动水洗手、用消毒毛巾擦拭 保持幼儿服饰的清洁干爽
进餐	餐前自觉洗净手、脸 安静独立进食，细嚼慢咽 正确使用餐具及餐巾 不偏食、不挑食，不剩饭，不过量进食 保持桌面、地面和衣服清洁 餐后将餐具放到指定地点、擦嘴、漱口	营造愉快、安静的进餐环境，介绍当餐食品 组织幼儿按时进餐，两餐间隔时间不少于 3.5 小时，餐前餐后半小时不宜做剧烈运动，坚持餐后 15 分钟散步 观察、提醒幼儿的食量与进餐速度，及时添饭，培养文明进餐习惯，鼓励幼儿独立进餐 不要在进餐前后批评孩子、纠正不良行为习惯 对特殊幼儿给予个别照顾，及时处理异常情况 饭后组织幼儿自己放好餐具	指导值日生做好餐前准备 督促、指导幼儿餐后擦嘴、漱口 分餐前洗净手，用消毒水擦桌子 提供的食物温度适中，使用食品夹或消毒筷分发餐点，除冬季外均应做到分盘，随到随分，不给幼儿汤泡饭 掌握幼儿进食情况，鼓励幼儿吃饱，不暴饮暴食 餐后打扫桌面、地面，清洗餐巾并消毒
睡眠	有顺序地穿脱衣裤，衣服放在指定地方 分清衣裤前后、会拉拉链、扣纽扣、折叠衣物，会穿脱鞋子，分清左右 安静入眠，不蒙头、吮手、咬被角等	组织幼儿睡前解便，安静进入寝室 营造良好的睡眠环境，遮挡过强光线 指导或帮助幼儿有序穿脱、折叠衣服，并放在指定位置 巡视观察，帮助幼儿盖好被褥，纠正不正确睡姿，照顾入睡困难、有特殊需要的幼儿，整理幼儿衣服并摆放整齐	保持睡眠环境空气流通 保持被褥清洁干燥，被褥、床单冬季每月清洗一次，夏季每月清洗两次 随时保持寝室整洁，每天一小扫，每周一大扫，用消毒液擦床 检查幼儿仪表，整理寝室

项目	要求		
	对幼儿的常规要求	对教师的常规要求	对保育员的常规要求
如厕	学会自理大小便，大小便有异常情况能主动告诉教师和保育员解便时不会弄湿自己和同伴的衣裤便后会用手纸自前向后擦屁股，洗手，整理服装，不在厕所逗留	指导幼儿正确使用手纸、整理衣裤，便后洗手观察幼儿大便情况，若发现异常，及时与家长联系并做好相关记录不限制幼儿如厕次数，提醒易遗尿幼儿解便	准备好手纸，方便幼儿随时取用，督促幼儿便后用流动水洗手及时为遗尿的幼儿更换和清洗衣物，帮助有困难的幼儿擦屁股和整理服装便后清洗、消毒，保持厕所清洁通风，做到干爽无异味
离园	收拾桌面，整理玩具，携带好个人衣物自主参加适宜游戏，安静等待家长保持仪表整洁，主动和教师、同伴道别，跟随家长安全离园	提醒幼儿收拾好物品，确保幼儿安全离园注意幼儿仪表形象，指导幼儿整理衣物和个人物品，与幼儿亲切道别与家长进行必要沟通，组织部分晚接的幼儿开展游戏活动检查并做好安全保卫工作	指导并帮助幼儿整理仪表，并与幼儿亲切道别全面做好卫生工作，做好当日物品消毒工作，并将其放到指定地点关好门窗等，完成检查水、电等安全保卫工作

二、幼儿园一日生活各活动环节的安排原则

（一）整体性原则

整体性原则是指幼儿园一日生活应将保育、教育相结合，各项活动要有机地结合在一起，各种活动不可偏废并应发挥出各活动应有的价值，且所有活动要有一致性、连贯性、整体性，形成全力，突显整体教育功能。

（二）动静结合原则

根据幼儿大脑皮质活动的特点，幼儿是好动不好静。因此，一日活动的安排不能一味地要求幼儿"安静"，要做到动静交替、张弛有度；也不能长时间把幼儿关在室内而不安排应有的户外活动。

（三）相对稳定性原则

相对稳定性原则是幼儿大脑皮质活动特点中动力定型活动原则的应用，是指幼儿园一日生活应该有相对固定的活动时间安排。幼儿一切技能和习惯的训练和培养，都要有规律，有了规律，每到一定时间，大脑就"知道"某种活动该干了，干起来很自然，效率也高。这既能体现幼儿的自主性、独立性，又能对幼儿生活习惯和行为习惯的培养产生积极有效的影响。

（四）适度灵活性原则

幼儿一日活动的安排需注重相对稳定性和适度的灵活性相结合，不能过于死板。

模块三　幼儿园生活指导

也就是说教师在组织幼儿进行某一活动环节的过程中应避免在指定的时间必须结束并强制推行另一项活动。因为，幼儿园一日生活时间安排表是教师组织幼儿一日活动的参照，不是一切活动的主宰，其应具有一定的弹性。幼儿教师在进行一日生活活动的安排时要充分考虑到这一点，并留有余地。

（五）随机性原则

随机性原则是指幼儿园的一日生活皆教育，根据学前儿童生理、心理的特点，对儿童的教育要特别注重生活化。生活化包括两个方面的内容：教育生活化和生活教育化。即将富有教育意义的生活内容纳入一日活动，对学前儿童日常生活中已获得的原有经验，适时引导。

（六）体验性原则

在一日生活各项活动环节中，教师要引导幼儿利用各种感观，鼓励他们充分感受、体验，大胆地探究、尝试，不断提高自己的认识能力和思考能力，丰富自己的情感和经验。所以，幼儿园应该为幼儿创设优良的学习环境和生活环境。

（七）主动性原则

主动性原则是指在幼儿园一日活动中，教师要充分尊重幼儿的主体性，发挥幼儿的各种潜能。教师要向每一个幼儿介绍并讲解一日生活制度和常规，教师应该是幼儿学习活动的引导者、合作者、支持者，帮助幼儿将生活制度和常规内化于心，在幼儿园逐步学会自我安排，引导其逐步从外在控制与管理向自我安排与管理转变，实现从小形成良好的生活习惯的目标。在幼儿园一日生活中，幼儿不是随意被安排的棋子，他们是一个个活生生的生命体。教师要尊重和保护幼儿的学习兴趣和好奇心，帮助幼儿养成主动、认真、专注、不怕困难、勇于探究和尝试等良好的学习品质。

（八）差异性原则

幼儿之间存在个体差异，因此，幼儿园一日生活要在面向全体幼儿的同时，充分考虑幼儿的个体差异，不可在生活教育中搞"一刀切"。

（九）适宜性原则

适宜性原则是指教师在进行幼儿园一日生活各项活动设计时，要充分考虑幼儿的年龄特点、发展水平、学习特点和情感需要，以最适合幼儿特点的方式开展保教活动，发现问题与不足应及时修正。

三、合理安排幼儿园一日生活的教育意义

（一）有助于促进幼儿的生长发育

幼儿身体器官的功能尚不成熟，对自然环境和社会环境的适应能力差，对疾病和

压力的承受能力弱。幼儿园生活活动保证了幼儿有充足的睡眠、合理的营养，为其生长发育提供了保障。

（二）有利于幼儿心理健康的发展

幼儿园有序的生活活动有利于幼儿健康心理素质的养成。《幼儿园教育指导纲要（试行）》中指出："幼儿园应为幼儿提供健康、丰富的生活和活动环境，满足他们多方面发展的需要，使他们在快乐的童年生活中获得有益于身心发展的经验。"因此，教师不仅要把生活活动看作满足幼儿生理需求的过程，还要看成使他们各种心理能力逐步提高的过程。

（三）有利于幼儿生活习惯、生活能力的养成

学前期是形成幼儿各种习惯的关键期，也是幼儿生活自理能力初步形成的时期。幼儿身体各个器官的生理机能尚未成熟，各个组织还比较柔嫩，而这一时期又是他们生长发育十分迅速的时期，但是，由于他们缺乏知识经验、独立生活和自我保护能力，因此，他们需要老师和保育员的帮助和训练，才能养成良好的生活习惯、建立良好的生活秩序，提高生活自理能力，增强自信心，为他们今后的学习和生活最终走向自主、自立奠定基础。

（四）为幼儿适应幼儿园生活和今后的发展打下基础

幼儿从家庭进入幼儿园是一个巨大的变化。他们进入集体生活后，由家庭的"中心成员"变成了众多幼儿中的普通一员，老师无法照顾到每一个幼儿。因此，幼儿老师只有培养并使幼儿具备一定的独立生活能力，才能使其尽快适应、熟悉集体生活环境，产生归属感。这对幼儿适应未来的生活具有重要意义。

第二节　幼儿的生活常规教育

案例导入

> 欢欢今年5岁，是个特别爱漂亮、爱干净的女孩子，每天都要求妈妈把自己打扮好再去上幼儿园。在家时欢欢总是要奶奶喂饭、穿衣，晚上要妈妈陪着才睡觉，妈妈有事，欢欢就迟迟不肯睡觉。在幼儿园里，欢欢吃饭要花费将近1个小时，因吃饭耽误了时间，总是最后才去午睡。
>
> 思考：老师该如何通过家园配合改变欢欢的坏习惯呢？

一、幼儿生活常规教育的概念

生活常规教育是幼儿园为了确保幼儿健康成长而制定的幼儿园生活各环节的基本

规则与要求，是为了培养幼儿良好的生活习惯和生活自理的基本能力。

《幼儿园工作规程》中明确指出，"幼儿园日常生活组织，应当从实际出发，建立必要、合理的常规，坚持一贯性和灵活性相符合，培养幼儿的良好习惯和初步的生活自理能力"。

幼儿园生活常规对幼儿在幼儿园每天生活的所有活动都有明确的规定和要求，目的就是要让幼儿的一日生活能在一定的规律、秩序和节奏范围中顺利进行，这有利于培养幼儿各种良好习惯及生活基本能力，同时是实现幼儿园教育目标的必要保证。

二、幼儿生活常规教育的意义

（一）生活常规教育促使幼儿形成良好的生活习惯

幼儿园对幼儿一日生活进行具体的规范、组织与实施，对各环节的活动提出明确的要求和规定，让幼儿的生活程序化、规律化。这样，幼儿就能顺利应对日常的各项生活，形成各项良好的生活习惯。

（二）生活常规教育对幼儿身体生长发育有明显的促进作用

生活常规教育就是针对幼儿不同年龄段的特点提出的，其能最大限度地保证和支持幼儿的正常生长，最终促进幼儿的健康成长。

（三）生活常规教育是幼儿心理健康发展的基础

幼儿处于快速发育阶段，自我意识在加强，但自我控制能力差。生活常规教育可以保证幼儿在园里生活得有序和规律，还可以促进幼儿心理健康发展，提高幼儿自我意识和自我控制能力。

（四）生活常规教育是实现幼儿园教育目标的重要保证

幼儿园教师是实施幼儿园教育的主体，幼儿园教师对幼儿开展生活常规教育是幼儿园教育的主要内容，生活常规教育是实现幼儿园教育目标的重要保证、是幼儿园各项活动顺利开展的前提。班级常规教育是否有效直接影响幼儿个体的成长和教师组织一日生活的效果。如果一个班级的常规教育没有建立好，幼儿就没有好的学习、生活环境。所以在组织实施教育活动时，教师要时时关注并维持好各个环节的有效进行，把活动有效性看作生命线。

三、幼儿生活常规教育的内容

幼儿生活常规教育的主要内容包括以下几个方面：

（1）引导幼儿自觉遵守作息时间和生活制度，有规律地生活。

（2）培养幼儿的生活自理能力，让幼儿学会生活的基本技能，包括穿衣服、刷牙、吃饭、洗脸、铺床、爱护好玩具等。

（3）培养幼儿良好的卫生习惯和生活习惯。卫生习惯包括饭前便后洗手、不乱扔垃圾、定时排便、爱护公共卫生等。生活习惯包括讲文明、讲礼貌、不影响他人休息、不浪费水、把衣物整齐地放在固定的位置等。

四、幼儿生活常规教育实施的要求

（一）对不同年龄儿童的要求应有所差别

根据不同年龄段幼儿身心发育的特点，遵循循序渐进的原则。比如对小班幼儿的要求是最基本的生活自理，对中班、大班幼儿的要求逐渐增加，难度逐渐增大。

（二）要求具体而规范

幼儿在幼儿园一日生活中的每个活动环节都必须按照生活常规教育的具体要求进行相应的规范训练。通过长期一日生活程序化、规律化的动力定型，最终让幼儿养成良好的生活习惯和行为习惯。

在组织生活常规教育时，教师应帮助幼儿树立自信心，正面引导幼儿，对幼儿好的行为及时给予肯定和回应，时间一长，好习惯也就自然形成。

（三）保育和教育相结合

《幼儿园工作规程》中强调，幼儿园应"综合组织健康、语言、社会、科学、艺术各领域的教育内容，渗透于幼儿一日生活的各项活动中，充分发挥各种教育手段的交互作用"。培养幼儿生活常规需要保教结合，二者同等重要，不可偏颇，只有这样才能快速、有效地使幼儿真正养成良好的习惯。

（四）注意照顾个体差异

不同年龄、体质、气质的儿童，其生理发育与心理发展的水平有着较为明显的个体差异。尤其对体弱幼儿来说，生活常规按要求完成较为困难，教师应给予这类幼儿耐心细致的呵护，他们不仅需要教师、保育员的特别照顾，还需要其他幼儿的积极帮助。

五、幼儿生活常规教育的常用方法

（一）示范讲解法

生活常规教育中最基本的方法是示范讲解法，分为分解示范讲解法和整体示范讲解法。对于较复杂、有难度的生活常规教育，先采用分解示范讲解法较科学，然后进行整体示范讲解，自然地增加学习难度，使幼儿易于理解。对于比较简单的生活常规教育一般采用整体示范讲解法。

（二）操作法

根据幼儿好动不好静的特点，生活常规教育中最重要的方法是操作法，其是实践中幼儿的主要教育方法。幼儿不断地反复操作练习，最终习惯成自然，即把幼儿园生活常规转变为幼儿自觉的行为习惯。

（三）集中训练法与个别指导法

在生活常规教育中，集中训练与个别指导相辅相成、不可分割。在园里的集体生活中，生活常规是所有幼儿都要遵守的，否则会给整个集个带来负面影响。因此，生活常规知识和技能往往通过集中训练的方法进行教授。不同幼儿之间总是个体差异性，教师、保育员总要通过个别指导、帮助使每位幼儿都能达到生活常规教育要求的水平。

（四）随机教育法

幼儿年龄小、生活经验少、认知水平低且具有个体差异性，常会出现偶发、意外事件。随机教育法就是在幼儿的一日生活中，利用偶发事件对幼儿进行灵活、及时的教育。因此，教师要在日常生活中多运用随机教育法对幼儿进行针对性教育。

随机教育法的重点是"发现"，要求教师具备相应的素质，善于捕捉和利用偶发的、意外的、转瞬即逝的教育时机。随机教育要建立在以幼儿为主体的基础之上，要渗透到幼儿生活学习中的各个领域，抓住每一个契机，针对不同的事件，运用不同的方法进行相应的处理。

六、培养幼儿良好生活习惯的途径

幼儿年龄越小，大脑皮层里形成的固有条件反射越少，其可塑性就越强，各种好习惯就越容易形成。"好习惯受用一生"这句话很有道理，教师要抓住习惯培养的最佳时期，及早培养孩子的好习惯。

（一）渗透到一日生活中进行教育

保教人员应高度重视及早培养幼儿各种好品德、好习惯的重要意义，多启发引导幼儿，将教育内容充分渗透到幼儿园的一日生活中，要避免呆板的说教，通过润物细无声的时时影响，让幼儿逐渐形成良好的生活习惯。生活常规教育具有长期性，良好生活习惯的形成需坚持不懈。因此，保教人员要规律地、始终如一地对幼儿进行生活常规教育，以帮助幼儿建立起固定的、好的生活方式和习惯。

（二）开展合理的教育教学活动

幼儿园开展生活常规教育教学活动要有计划性、目的性、有效性、合理性。教师应通过多种活动途径、多种方法对幼儿进行生活常规的教育，帮助幼儿形成良好的生活习惯。

（三）充分发挥教育合力

对幼儿的生活常规教育应充分发挥幼儿园、家庭、社区三位一体的整体教育合力。《幼儿园工作规程》指出，"幼儿园应当主动与幼儿家庭沟通合作，为家长提供科学育儿宣传指导，帮助家长创设良好的家庭教育环境，共同担负教育幼儿的任务"。《幼儿园教育指导纲要（试行）》也指出，"家庭是幼儿园重要的合作伙伴。应本着尊重、平等、合作的原则，争取家长的理解、支持和主动参与，并积极支持、帮助家长提高教育能力"。培养幼儿良好的生活、行为习惯，需要家园双方协作一致、贯彻始终。

第三节　幼儿园卫生保健常规及疾病预防

案例导入

　　某日，教师发现小强出现精神萎靡、流鼻涕等情况，立即采取初步处理措施（手背测温、让幼儿静坐休息等），并第一时间与家长沟通，获取幼儿当日健康状况；及时向保健医生报告，经保健医生判断并实施普通感冒处理方案；向家长反馈，建议接幼儿回家静养，病愈后再返回幼儿园。

　　思考：教师对小强身体情况的处理是否恰当？

一、幼儿园卫生保健常规

（一）生活制度

　　科学合理的生活制度不仅是保证幼儿身心健康发展的要求，也是培养幼儿良好生活习惯的要求。幼儿园应根据不同年龄段幼儿以及季节特点，科学合理地安排和实施一日生活，注意活动形式的变换、户内户外结合等。

（二）膳食卫生

　　（1）选择食品时要注意遵循安全性、营养性与多样性三项原则。

　　（2）烹调食物要注意避免食物营养的流失。

　　（3）分类存放食物，保持食品的新鲜和清洁，减少食物间的相互污染。

　　（4）为幼儿提供的用餐场所应干净整洁、空气通畅，餐具简单实用。

　　（5）注意幼儿进餐常规的培养。好的习惯必须从小抓起，为保证幼儿身体健康成长，要保证幼儿良好的饮食习惯和合理饮食。

（三）体格锻炼

　　幼儿园应有组织、有计划地开展适宜不同年龄阶段幼儿的游戏活动与体育活动。幼儿的体格锻炼要利用好自然因素，宜循序渐进，锻炼方式由简单到复杂，做到持之以恒、面向全体的同时也要关注个体差异。

（四）健康检查

　　对幼儿进行定期和不定期的健康检查，教师应经常性地评估每个幼儿的生长发育水平和健康状况，家园配合采取相应措施，最大限度保证幼儿的健康，对幼儿疾病要做到"三早"。

（1）入园检查。新生入园体检需在指定的妇幼保健院进行全面体检，体检表上应盖上合格字样，体检合格证明有效期为1个月。

（2）定期体检。入园后，根据幼儿园的卫生保健计划进行全面检查：形态指标如口腔、视力、身高、体重等应每半年检查一次，保健医生应按照世界卫生组织标准体格发育评价标准对幼儿的健康进行综合评价，特别是身高、体重的评价，并做好相关记录和存档。

（3）晨间检查。晨检是为了早发现问题，如物品安全、疾病等，其对某些传染病的预防有重要的意义。

（4）全日观察。保健医生应每日上下午巡视各班，向班级教师了解幼儿健康状况；当天入园感到不舒服的幼儿，班级教师要对其进行全日观察并做好记录。

（五）安全管理

（1）幼儿园应经常性地对幼儿开展安全主题教育，如交通安全、意外伤害、大灾自救等主题活动。

（2）每日进行保教活动时应随时关注幼儿的安全，消除各类安全隐患。

（3）安排和组织幼儿户外活动，特别是外出活动时应注意各环节的安全性，确保活动过程、场地安全，对意外事故的发生要有必要的应急预案。

（4）坚决落实幼儿的接送制度，确保接送过程幼儿的人身安全。

（六）卫生消毒

幼儿园的卫生清毒是疾病预防的有效措施，建立健全卫生消毒制度，做好消毒登记，包括幼儿个人卫生、环境卫生和消毒隔离等，目的是切断传播途径，保护易感人群，防止传染疾病的流行。

二、疾病预防

幼儿园要根据季节特点及当前传染病的发生情况，建立健全疾病预防制度，根据有关规定贯彻落实预防接种制度。

（一）常见呼吸道传染病的预防

1. 流行性感冒

（1）潜伏期：数小时至4天。

（2）流行特点：由流感病毒引起的呼吸道传染病，主要是飞沫传播，大多于冬末春初流行。

（3）症状：发病急，怕冷、发烧，体温可达39度以上，伴有头痛、乏力、关节肌肉酸痛、鼻塞、流涕、咽疼、干咳等，还可能出现恶心呕吐、腹泻等消化道症状。

幼儿免疫力差，患流感后容易并发肺炎。一般发热 3 ~ 4 天后逐渐退热、症状缓解，乏力可持续 1 ~ 2 周。

（4）预防：室内定时通风；注意保暖；补充营养；加强锻炼，保证睡眠；注意个人卫生。

2. 流行性腮腺炎

（1）潜伏期：14 ~ 21 天。

（2）流行特点：由腮腺炎病毒引起的呼吸道传染病，飞沫传播，传染性强，多发于冬春季节。2 岁以上幼儿为易感者。

（3）症状：发病初期，部分幼儿可能有头痛、肌肉酸痛、食欲不振、发热、咽炎等症状；两侧腮腺肿大，常常先是一侧腮腺肿大，然后是另一侧；以耳垂为中心弥漫性肿大，肿胀部位会疼痛，尤其是咀嚼和张嘴时疼痛加重；腮腺明显肿 4 ~ 5 天后逐渐恢复。

（4）预防：隔离病人并对该班物品进行彻底消毒。流行期间要加强幼儿园的晨检和消毒工作。

3. 麻疹

（1）潜伏期：7 ~ 21 天。

（2）流行特点：由麻疹病毒引起的呼吸道传染病，常发于 0.5 ~ 5 岁小孩，冬春季常见。

（3）症状：急性起病，伴有呼吸道炎以及眼结膜炎。前期时，大部分患儿口腔出现麻疹黏膜斑，症状明显时，自上而下，遍及全身；恢复期时症状明显减轻，皮疹消退。

（4）预防：做好预防接种工作；流行期间，隔离有上呼吸道感染和发热幼儿，不带幼儿去公共场所。

4. 幼儿风疹

（1）潜伏期：2 ~ 3 周。

（2）流行特点：由风疹病毒引起的出疹性疾病，飞沫传播，冬春两季较为流行。

（3）症状：皮疹、低热，身体和关节痛疼、头痛、流涕、红眼睛。

（4）预防：隔离患儿，此病流行时不带幼儿到人多的场所，对密接幼儿的观察期是 10 天左右。

5. 猩红热

（1）潜伏期：2 ~ 5 天。

（2）流行特点：由乙型溶血性链球菌感染引起的出疹性疾病，多发生在冬春季。2 ~ 10 岁儿童是易感者。

（3）症状：起病急，早期症状有发热、咽痛、头痛、呕吐等。幼儿可见抽筋，扁桃体肿大，舌部味蕾肿大呈粗刺状，俗称"杨梅舌"，发病当日或次日出现细密的红疹。重症者可因血中毒高烧死亡。

（4）预防：隔离患儿，对接触者密切观察 7 天。做好晨检工作。

（二）常见肠道传染病的预防

1. 细菌性痢疾

（1）潜伏期：1～4 天。

（2）流行特点：是由细菌引起的消化道传染病，多发生于夏秋季，传染途径是粪口传播。

（3）症状：起病急，有腹痛、腹泻、高热、寒战等症状。日泻可达数十次，可见脓血便。普遍有里急后重感，个别病人有中毒症状。

（4）预防：隔离患儿直至其症状完全消失；注意环境卫生、饮食卫生和个人卫生。

2. 手足口病

（1）潜伏期：4～6 天。

（2）流行特点：由库克萨基病毒引起的消化道传染病，夏季高发，患者是主要的传染源。

（3）症状：发病初期，可能有发烧、咳嗽等不适，口腔黏膜、手、足、臀部出现疱疹；8～10 天水泡干涸、疾病痊愈。

（4）预防：做好环境卫生、个人卫生、食品卫生，开窗透气、保持空气流通。隔离患儿，对该班物品进行彻底消毒。

（三）其他疾病的预防

1. 流行性乙型脑炎

（1）潜伏期：9～14 天。

（2）流行特点：由乙脑病毒引起以脑实质炎症为主要病变的急性中枢神经系统的传染病，此病为人和动物共患传染病，猪是主要的传染源，蚊虫叮咬传播；幼儿易发，多见于夏秋季节。

（3）症状：起病急，症状为高热、嗜睡、头痛、喷射性呕吐、精神萎靡甚至半昏迷、昏迷；病死率高，重型治愈后可能会有明显的神经系统后遗症。

（4）预防：搞好环境卫生，在流行季节做好防蚊、驱蚊和灭蚊工作。

2. 腹泻

（1）病因：感染大肠杆菌、痢疾杆菌等。

（2）症状：大便的次数明显增多，稀便或水样便，伴有频繁呕吐，精神状态不佳（眼窝凹陷、口唇及皮肤干燥）。

（3）预防：除进行补液治疗外，要及时就医、注意护理。

3. 上呼吸道感染

（1）病因：由多种腺病毒引起的鼻咽部炎症，简称"上感"，就是平常所说的普通感冒。

（2）症状：轻症者发病初期出现鼻塞、流涕、咽痛、咳嗽、打喷嚏等症状，患儿3～4日内自愈。重症者在起病时可有高烧，可烧至惊厥，病儿全身无力，睡眠不安，没有食欲，咳嗽较严重。

（3）预防：对症治疗。注意休息、多喝水。高烧时可用物理降温或药物降温。

4. 急性扁桃体炎

（1）病因：人体过度疲劳、抵抗力下降、着凉受寒等，扁桃体内的细菌大量繁殖，扁桃体出现炎症。

（2）症状：嗓子疼、头痛、发烧、全身不适，两侧扁桃体充血、红肿增大，甚至可见附着在扁桃体上的白色脓点。

（3）预防：解热镇痛药物对症治疗。使用抗生素类药物治疗，预防并发症的发生。

5. 龋齿

（1）病因：残留在牙面牙缝中的食物残渣在口腔内细菌的作用下产生有机酸，使牙釉质在有机酸的侵蚀下脱钙形成龋洞。

（2）症状：牙齿的正常结构受到破坏或缺失，无法发挥牙齿的正常功能，影响牙周围组织及引起身体其他部位的疾病。

（3）预防：定期进行口腔检查，养成良好的漱口刷牙卫生习惯，发现问题及时矫治。

第四节　幼儿的营养需求常识

案例导入

小明刚入幼儿园时身材瘦小，但是其他方面表现都很好。有一天，老师特意观察小明的进餐习惯，发现小明饭量很小，也不愿意吃蔬菜，而且吃饭的时候也不专注，总是不自觉地和其他小朋友聊天，偶尔还让老师喂食。老师向小明妈妈了解小明在家的饮食状况，经对比才知道和老师看到的情况差不多。

你知道小明瘦小的原因吗？作为幼儿园老师，你有什么办法能让小明成长得更健康呢？

一、六大营养素

（一）蛋白质

蛋白质是一切生命的物质基础，组成蛋白质的基本单位是氨基酸。组成人体蛋白质的氨基酸有20种，一部分可在人体内合成，称为非必需氨基酸；另一部分是人体不能合成的，需要从食物中获得，称为必需氨基酸。

1. 蛋白质的生理功能

（1）蛋白质能够构成和修补组织。人体每个细胞主要由蛋白质组成，而蛋白质会被分解、排出体外，所以需要摄取新的蛋白质构成、修补组织。

（2）蛋白质具有调节生理的功能。蛋白质是人体内各种酶、激素和抗体的基本原料，这些物质都参与调节机体的生理功能。

（3）蛋白质能够提供热能。在一般情况下，人体每天所需要的能量中 10% ~ 15% 源于蛋白质。蛋白质不是热能的主要来源，但当机体热能摄入不足时，体内蛋白质将作为热能的来源而被消耗，这样既不经济，又影响蛋白质的利用，所以蛋白质的摄取应适量。幼儿未摄取足够的蛋白质会影响幼儿身体的生长发育，导致其抵抗力下降。

2. 蛋白质的主要来源

含蛋白质较为丰富的食物有两类，一类是动物性食物，如乳类、鱼虾水产类、蛋类、瘦肉、动物内脏等，另一类是豆类及其制品等植物性食物。

（二）碳水化合物

碳水化合物又称糖类。糖类按分子结构分为三种，分别是单糖、双糖和多糖。单糖主要有葡萄糖、果糖等，葡萄糖是单糖中最重要的一种，植物性食物中含量最丰富。双糖有乳糖、蔗糖、麦芽糖等；多糖有淀粉、纤维素、果胶等。

1. 碳水化合物的生理功能

（1）碳水化合物具有供热功能。碳水化合物是最重要的供热物质。碳水化合物是膳食中最经济、最主要的能量来源。在幼儿膳食中，碳水化合物供热比应占总热量的 50% 以上。

（2）碳水化合物能够提供纤维素。纤维素虽然不能被人体消化吸收但对人体来说不可缺少。因为它能够促进肠道蠕动，缩短粪便在肠道的停留时间，有利于排便和预防便秘。因此，膳食纤维有"肠道清道夫"之称。但纤维素不能食用过多，否则会影响人体对其他营养素的吸收。膳食纤维主要存在于植物性食物中，蔬菜中的含量尤为丰富。幼儿宜吃较嫩的蔬菜、去皮水果或煮熟的谷物等。此外，碳水化合物还有构成身体组织、保护肝脏、节约蛋白质等功能。

2. 碳水化合物的主要来源

碳水化合物主要来自植物性食物，主要有粮谷类（如大米、小麦、玉米、高粱等）、根茎类（如红薯、马铃薯、芋头等）、蔬菜水果类、食用糖等。

幼儿摄取碳水化合物要适量，摄取过多会导致肥胖症；若摄取不足，则体内蛋白质消耗量增加，会导致营养不良等。

（三）脂肪

脂肪是脂类的一种，由甘油和脂肪酸组成。脂肪除了是重要的产热营养素，还是人体贮存能量的主要形式。

1. 脂肪的生理功能

（1）脂肪是人体重要的组成成分。

（2）脂肪能够提供热能，是人体热能的重要来源之一。

（3）脂肪具有保护作用。皮下和脏器周围的脂肪既能防止体内热能的散失，又能保护机体和内脏器官。

（4）脂肪能够提供必需脂肪酸。脂肪中的必需脂肪酸具有维持人体正常生理机能的作用，如亚油酸和亚麻酸等，是人体正常生长发育所必需的，尤其对中枢神经的发育十分重要。

（5）脂肪可促进脂溶性维生素的吸收。维生素 A、D、E、K 等不溶于水，需溶于脂肪才能被人体吸收。

2. 脂肪的主要来源

脂肪的主要食物来源是各种植物油和动物脂肪。植物性油脂如菜籽油、葵花籽油、豆油、花生油、芝麻油等。要控制幼儿脂肪的摄入量，若摄取不足易引起脂溶性维生素缺乏；若摄入过多，易造成肥胖。

（四）无机盐

人体内有多种元素，碳、氢、氧、氮主要以有机物的形式存在，其他都统称为无机盐。无机盐的种类很多，其中钙、磷、钾、硫、钠、氯、镁等是人体内的常量元素，而铁、锌、锰、铜、碘等是人体内的微量元素。无机盐主要的功能是构成人体组织和调节生理机能。

1. 钙

钙是构成骨骼和牙齿的主要成分。人体中的钙有 99% 存在于骨骼和牙齿中，1% 存在于血液中，维持神经和肌肉兴奋性，参与血液凝固并促使某些酶类活动。

钙的主要食物来源是奶类及其制品，豆类及其制品，小虾米、紫菜等海产品，油菜、小白菜、芹菜等绿叶蔬菜等钙含量也较丰富。

日常膳食中含钙丰富的食物少，吸收率低，在烹饪过程中易受到其他食物的干扰，而幼儿生长发育旺盛，对钙的需求量大。因此，在幼儿日常膳食中要尽量避开影响钙吸收的不利因素，多吃含钙丰富的食物，还应多晒太阳以适量补充维生素 D，提高钙的吸收率，这对幼儿骨骼和牙齿的健康意义重大。

2. 铁

铁是人体内的微量元素，与蛋白质结合形成血红蛋白，参与氧的转运、交换和组织呼吸过程，还有助于形成肌肉中的肌蛋白。若人体内铁相对缺乏而得不到及时补充，会导致缺铁性贫血的发生。

铁的主要食物来源是动物肝脏、动物瘦肉、血、蛋黄等，以及豆类、绿叶蔬菜、有色水果等植物性食物及菌藻类食物。

日常膳食中缺铁或饮食习惯不良（如吃零食、偏食等）是幼儿缺铁性贫血的主要原因。幼儿园和家庭应帮助幼儿改变不良的饮食习惯，提高膳食质量，为幼儿提供足够含铁丰富的食物，多提供富含维生素C的蔬菜和水果，以促进铁的吸收利用。

3. 锌

锌是人体内一种重要的微量元素，主要存在于骨骼、皮肤和头发中，是多种酶的组成成分和激活剂，可维持上皮和黏膜组织的正常功能，能促进人体生长发育。幼儿缺锌会造成生长发育迟缓、体格矮小、创伤愈合慢、味觉与嗅觉减退、食欲不振、性腺发育不良等现象。

锌在动物性食物中不仅含量丰富，且吸收率也高，如奶类及海产品、动物肝脏、肉类等。在植物性食物中的豆类含锌也较为丰富，经过发酵可以提高锌的吸收率。

4. 碘

碘是人体所必需的微量元素，是合成甲状腺素的主要原料，可促进人体正常的新陈代谢和生长发育。幼儿缺碘严重时会导致身体发育迟缓或停滞甚至智力低下，严重的碘缺乏会使幼儿得"克汀病"，也叫"呆小症"。

碘主要存在于海藻类海产品中，如海带、紫菜等，其次是海贝类、鲜海鱼，幼儿及孕妇应适量多吃海产品有利于碘补充。加碘食盐也是补碘的重要来源。

（五）维生素

维生素是调节人体生理机能所必需的一类营养素，目前已经发现的维生素有20多种，维生素能促进生长发育，增强人体抵抗力，参与机体新陈代谢，是维持生命的要素。维生素可分为两类，分别是脂溶性维生素（如维生素A、D、E、K等）、水溶性维生素（如维生素C、B_1、B_2等）。下面介绍几种较重要的维生素。

1. 维生素A（视黄醇）

维生素A能够维持人体正常视觉功能，尤其是暗光下的视觉功能，缺乏维生素A会导致夜盲症。维生素A也能够保护上皮组织的健康，促进幼儿骨骼和牙齿的生长，提高幼儿抵抗力。

维生素A主要源于动物性食物，如动物肝脏、蛋黄、奶类等。另外，胡萝卜素也是维生素A的重要来源。胡萝卜素可在人体转化为维生素A。胡萝卜素主要存在于橙黄色蔬菜和水果中，一般食物的色素越深，其胡萝卜素的含量越高。

2. 维生素D

维生素D为固醇类衍生物，具有抗佝偻病的作用。维生素D能够促进钙、磷的吸收与利用，使钙和磷最终成为骨骼的成分，对骨骼和牙齿的生长发育具有重要作用。缺乏维生素D会导致佝偻病。

天然食物中维生素D的含量很低，乳类中母乳含维生素D略多。此外，进行户外活动时，阳光中的紫外线照射在皮肤上，人体就可以合成足够的维生素 D，从而促进钙和磷的吸收，因此，晒太阳是获得维生素 D 最简单、最直接、最经济、最有效的方法。

3. 维生素 B₁（硫胺素）

维生素 B_1 是水溶性维生素，在能量代谢和葡萄糖转变成脂肪中作为一种辅酶，在末梢神经功能以及在维持食欲、肌肉弹性、健康的精神状态这些间接功能中必不可少。缺乏维生素 B_1 易患脚气病。

维生素 B_1 的主要来源有全麦、糙米、新鲜瘦猪肉、葵花籽、豆类、花生等。因此，在幼儿日常膳食中，应多注意粗、细粮的搭配。此外，还应注意食物中维生素 B_1 的保护。蒸饭、煮粥、做馒头时不宜放碱，以尽可能地保存其中的维生素 B_1。

4. 维生素 B₂（核黄素）

维生素 B_2 的主要功能是参与蛋白质、糖、脂肪的代谢。缺乏维生素 B_2 会导致口唇炎、口角炎、舌炎、口腔溃疡等。

维生素 B_2 广泛存在于动物性食物与植物性食物中，如动物内脏、肉类、乳类、鱼类、蛋类、豆类、粗粮、绿叶蔬菜、水果等。

5. 维生素 C（抗坏血酸）

维生素 C 是胶原蛋白合成必不可少的物质。维生素 C 缺乏易导致坏血病。摄入维生素 C 有利于铁的吸收和增强免疫力。

维生素 C 主要来自新鲜蔬菜和水果，如绿叶蔬菜、猕猴桃、草莓、枣、柑橘、山楂、刺梨等。维生素 C 在碱性环境中、高温烹调时易遭到破坏。因此，蔬菜、水果以新鲜的为好，不宜长时间存放。

（六）水

1. 水的生理功能

水在人体内含量最高，如果机体失水 20%，人就不能维持生命。人体一切生理活动和生理生化反应都离不开水。

2. 水的需要量

幼儿对水的需要量主要取决于活动量的大小、环境的温度、食物种类与食物量等。通常环境温度越高，活动量越大，幼儿对水的需要量就会增加；摄入的蛋白质、无机盐较多，幼儿对水的需要量也会增加。

此外，幼儿年龄不同对水的需要量也有所不同：2～3 岁的婴幼儿每日每公斤体重应摄取 100～140 毫升的水，4～6 岁的幼儿每日每公斤体重应摄取 90～110 毫升的水。

二、合理膳食

（一）合理调配膳食的基本原则

1. 膳食多样化

幼儿所需要的一切营养素和能量来自每日膳食。单一食物不能满足人体的需要，而每种食物的营养价值有所不同，为满足人体所需，需要合理膳食，做到食物多样化。

2. 膳食搭配合理

在合理膳食时，要做到平衡膳食，也就是要注意食物之间的搭配科学、合理。各种营养素供热占总热能的百分比分别是蛋白质占 10% ~ 15%、脂肪占 25% ~ 35%、碳水化合物占 50% ~ 60%。幼儿三餐之间的搭配应遵循早餐高质量，中餐高热量、高质量，晚餐清淡易消化的原则。

3. 烹调方法适宜

幼儿食物的烹制应适合幼儿的喜好与年龄特点。烹调时要在保持好各种食物营养素的同时，做到细、软、烂、嫩，利于幼儿消化与吸收；为增进幼儿食欲，还应做到花样多、味美、色香。

4. 讲究饮食卫生

幼儿园膳食原料应选择新鲜的，餐具要及时清洗消毒，厨房及其设备应保持清洁卫生，工作人员注意个人卫生等，膳食制作全过程要符合相关卫生要求。

（二）制定合理的膳食制度

根据幼儿的消化特点和胃的容积及胃的排空时间，幼儿膳食要定时定量。两餐之间的间隔时间以 3.5 ~ 4 小时为宜，每次进餐时间控制在 30 分钟内。遵照早餐吃好、午餐吃饱、晚餐吃少的原则恰当分配食物。

早餐供给的能量应占一天摄入总能量的 25% ~ 30% 为宜，以高蛋白食物，脂肪、碳水化合物的量充足为主；午餐供给的能量占一天摄入总能量的 35% ~ 40% 为宜，以蛋白质、脂肪和碳水化合物较多的食物为主；点心供给的能量占一天摄入总能量的 10% ~ 15% 为宜；晚餐供给的能量占一天摄入总能量的 25% ~ 30% 为宜，以清淡易消化的谷类、蔬菜和水果等为主。

第五节　幼儿园常见安全问题

案例导入

　　某天早上 8 点半，大多数孩子已经到幼儿园并吃了早餐，教师就安排已经吃完的孩子到阳台上自由活动。此时一位家长正好来送孩子，与两位教师在活动室交流沟通。忽然，几个孩子扶着一个男孩的胳膊往教室里走，男孩额头上鲜血直流。经询问才知道，刚才是几个男孩在走廊里相互追逐，该男孩急跑中摔倒碰在阳台的栏杆上，额头上碰破了一道很深的伤口。

思考：男孩撞头事件能避免吗？这件事给幼儿园老师什么样的启示？

一、安全措施和安全教育

（一）安全措施

1. 建立健全规章制度，提高安全意识

托幼机构发生幼儿意外伤害事故，绝大多数是机构内各项规章制度不健全，安全意识不强，安全措施不到位而造成的。因此，幼儿园要建立健全各项规章制度，牢固树立"安全第一"的思想，明确岗位职责，克服麻痹思想，杜绝事故发生。

2. 组织好幼儿的活动

教师每次组织活动前应做好准备工作，配备足够数量的保教人员，向幼儿提出活动的具体注意事项。活动过程中，保教人员要全面、细致地照顾幼儿，确保幼儿在保教人员的视线范围内活动。

3. 加强特殊物品的管理

幼儿园、托幼机构要建立健全的药品保管制度。消毒剂、外用药、内服药均需标记清楚、分开放置、专人保管，不给幼儿随手可拿的机会。给幼儿用药前要仔细核对姓名、药名、剂量，切勿出错。

避免让幼儿近距离接触有毒物品，如各类消毒剂、杀虫剂、卫生球、油漆等。在为幼儿消毒时，按要求降低消毒剂的浓度；使用杀虫剂时，要让幼儿暂时离开喷洒杀虫剂的环境。

4. 环境设施要安全卫生

托幼机构的建筑设备及用具要符合安全卫生的要求，定期检修保养，发现问题及时处理。运动器材，如滑梯、秋千、木马、转椅等要随时检查，保持坚固和表面光滑。定期检修房屋、门窗地板、楼梯、栏杆等，确保幼儿人身安全。

（二）安全教育

1. 遵守幼儿园的安全教育制度

教师要针对性地对幼儿开展安全主题活动，经常性地教育幼儿遵守园所的各项规章制度。比如，遵守秩序，出入各活动室及上下楼梯时不要拥挤；告诉幼儿不得随意离开自己的班级，有事必须得到老师的允许才能离开；运动、游戏时严格遵守规则，不做有危险的游戏或活动等。

2. 遵守交通规则

幼儿发生车祸常常是不懂得或不遵守交通规则所致。教师要教育幼儿遵守公共交通秩序。例如，教育幼儿不能在马路上停留、追逐打闹、玩耍等，横穿马路时要走人行道。

3. 懂得生活中潜在的危险

（1）不采花、草、种子，以免误食有毒植物。

（2）懂得"电""水""火"的危险。

（3）不捡拾小物件，不能将小钢珠、豆粒等小东西放进鼻、耳中，或把玩具放在口中吸吮。

4. 教给幼儿自救的粗浅知识

在幼儿园安全教育中，教师要教给幼儿自救的粗浅知识，提高幼儿自我防备和救护的能力。

二、幼儿园常见意外事故的简单处理及预防

幼儿意外伤害是指意外事故、突发事件对幼儿的健康和生命造成威胁或损害。幼儿由于其生理和心理特点容易发生意外事故。因此，幼儿园教师和家长必须具备一些急救知识和技能，在幼儿遇到意外事故和意外伤害时能对其及时进行救护。

（一）小外伤

1. 切割伤

常见切割伤是幼儿玩耍刀具等锋利物品时造成的皮肤割裂出血等。

急救方法：

（1）对于较小、较浅的出血切割伤，可采用直接压迫止血法；也可以先用冷开水冲洗伤口处，将异物冲洗干净，再用过氧化氢或碘伏由里向外消毒，然后涂抹紫药水或红药水。

（2）伤口较大、出血较多时，必须先止血。止血后，在伤口周围用75%的酒精由里向外消毒，敷上消毒纱布，仔细包扎。如果是玻璃器皿扎伤，应先用冷开水清理伤口，用镊子清除玻璃碎片，消毒后包扎，然后立即送往医院作进一步处理。

2. 刺伤

常见刺伤：常见于竹刺、牙签、铁钉、玻璃、木屑等锐利物刺入皮肤，一般伤口深而狭窄，处理不当容易造成进一步感染。

急救方法：

（1）用冷开水或生理盐水清洗伤口。

（2）检查伤口处是否留有异物，如果有要用消毒针或镊子顺着刺的方向将其拔除。

（3）确认伤口无异物后，再用碘伏或75%的酒精消毒伤口周围，在伤口处涂抹红

药水或紫药水。

3. 扭伤

常见扭伤：常发生在幼儿游戏、运动等活动中，多为关节软组织受伤，关节活动受限，伤处肿胀疼痛，颜色发青发紫。

急救方法：

（1）检查是否有脱臼或骨折。

（2）如果没有脱臼或骨折，立即对伤处冷敷或冰敷，使扭伤处血管收缩，达到止血、止痛、消肿的目的。

（3）将扭伤处垫高，采用冷敷、施压，避免扭伤处再活动。冷敷可减轻肿胀，同时用绷带包扎压迫扭伤部位，保护和固定受伤关节。

（4）扭伤发生两三天后，可对扭伤处做热敷，加强血液循环，减少瘀血、减轻肿胀。

4. 预防措施

（1）定期检查和维修幼儿园的各处娱乐设施。

（2）幼儿在户外游戏、活动前，教师要做充分的安全评估；游戏、活动时，教师要注意观察现场、时时提醒幼儿注意安全。

（3）游戏、活动时，教师给予幼儿适当的帮助、指导，遇到不安全的情况及时带幼儿离开。

（4）教育幼儿不进行危险的游戏活动，不做出伤害同伴的行为，严格遵守活动规则，培养幼儿的协作精神和遵守秩序的好习惯。

（二）骨折

因伤破坏了骨骼的完整性称为骨折。骨折分为闭合性骨折和开放性骨折。闭合性骨折是指骨折处皮肤不破裂，与外界不相通；开放性骨折是指骨折处皮肤破裂暴露皮肤以下的组织，与外界相通。

1. 症状

（1）明显疼痛，往往伴随幼儿剧烈的哭闹，活动伤肢或按压骨折部位时，疼痛明显加剧。

（2）骨折的肢体失去正常功能，如上臂骨折不能抬高，下肢骨折不能走路。

（3）骨折部位可能出现明显或不明显的弯曲、变形等。

2. 急救方法

（1）在未急救固定包扎前，不可轻易移动伤肢和伤者。轻易移动伤肢和伤者可能引起骨折移位，严重的还可能进一步引起休克和血管、神经组织的损伤，甚至由闭合性骨折变为开放性骨折，加重伤情。

（2）止血。幼儿骨折发生后，观察幼儿的整体状况，如果是开放性骨折并伴有大出血，一定要先包扎止血，再处理骨折。

（3）处理骨折的基本方法是"固定"伤肢，限制伤肢的再活动，防止病情再加重。

（4）及时送医院，争取骨折后以最快的时间将幼儿送到医院进行复位处理治疗。幼儿一旦发生肢体伤害，教师不能轻易做主观判断，应及时送医院检查以确定是否发生了骨折。因为幼儿骨骼的有机物含量较成人多，所以幼儿的骨骼韧性强、硬度小，易变形，加上骨膜厚，一旦发生骨折，还可能出现"青枝骨折"的现象，伤肢还可以活动，这种骨折容易被忽略，这是非常危险的。若"青枝骨折"发生后，教师和家长没能及时把幼儿送往医院进行及时治疗处理，伤肢将出现畸形甚至出现更严重的骨折。

3. 预防措施

（1）保教人员一定要加强安全意识，防止发生意外伤害事故而引起幼儿骨折。

（2）特别要注意幼儿进出门的安全性，以免发生夹伤幼儿的意外事故，引起幼儿指、趾骨的骨折。

（3）教育幼儿不进行危险游戏活动和不做危险动作，以防伤到自己或他人。

（三）出血

出血是幼儿时期常发生的一种外伤，少量出血容易止住；严重损伤引起的大出血可能危及幼儿生命，应立即采取止血措施。

1. 常见的幼儿出血

（1）毛细血管出血：血液像水滴样渗出，可自行凝固。

（2）静脉出血：血液均匀流出，血色暗红。

（3）动脉出血：血流喷射而出，短时间内可大量失血，血色鲜红，非常危险，必须立即止血。

2. 预防措施

（1）不让幼儿轻易触及刀具等锐器。

（2）经常检查幼儿书包、口袋，如有危险物品要及时收缴并妥善保管。

（3）经常教育幼儿不用带尖、带刺的东西挖耳朵、挖鼻孔、做玩具。

（4）注意幼儿活动中的安全。

（四）烧烫伤

幼儿皮肤薄嫩，保护功能差，因火焰、电器、开水、蒸汽、热汤、化学药品等导致的烧烫伤事故容易发生。

1. 急救方法

（1）消除烧烫伤的原因。根据不同的情况采用不同的具体处理方法。如果是火焰，应设法将火焰扑灭；如果是热的液体，应小心用力将烫伤部位的衣服立即脱掉；如果是触电烧伤，应立即切断电源或拖离触电现场；如被腐蚀性药品烧伤，应立即用大量清水冲洗创伤面；如被生石灰烧伤，应将石灰颗粒除去，再用水清洗，否则生石灰遇水产热会加重伤势。

（2）保护创面。一度烫伤可在局部涂抹烫伤膏、獾油、清凉油等，一般在 3 ~ 5 天内可痊愈。二度、三度烫伤冷却处理后，用干净的纱布、毛巾覆盖创面，不要弄破、挤压水泡，然后立即送医院处理。

注意：若烧烫伤面积大，幼儿烦躁口渴，可少量多次给予淡盐水饮用。

2. 预防措施

（1）成人端着热水或开水时，一定要有避让幼儿的习惯。

（2）刚烧好的饭菜应提前放置稍冷，妥善管理，待不烫时再让幼儿进食。

（3）给幼儿洗头、洗澡时，应先开冷水后开热水。

（4）化学药品、开水、烫饭菜、电器等应放置在安全的幼儿触及不到的地方。

（5）教育幼儿不用铁丝等捅电源插座、不轻易触摸电器、不玩火等。

（五）煤气中毒

煤不完全燃烧时可产生大量的一氧化碳，人体吸收一氧化碳就会引起中毒，即煤气中毒。冬季用煤取暖，若室内通风透气差可使人发生煤气中毒。由于一氧化碳与人体血红蛋白的结合能力比氧气与血红蛋白的结合能力大 240 倍。因此，人体一旦吸入大量的一氧化碳后，一氧化碳即与血红蛋白结合，破坏血红蛋白与氧气结合的能力，使人体缺氧窒息。

1. 急救方法

（1）救护者匍匐或用湿毛巾捂住口鼻进入现场，马上打开门窗通风透气。

（2）迅速把幼儿抬离中毒现场，将其转移至通风保暖处，让其平卧并松开其衣领、腰带。

（3）给幼儿保暖，中毒严重者应速送医院急救。

（4）若幼儿呼吸停止，应立即进行口对口人工呼吸急救；若幼儿心跳已停止，应立即进行心脏胸外按压急救。

注意事项：给幼儿灌醋、喝酸菜汤等都是没有科学依据的，都不能解除煤气中毒，反而浪费了时间，容易让幼儿受凉，加重病情。

2. 预防措施

（1）冬季在室内用煤炉取暖一定要使用通风设施，保证室内通风透气；洗浴时，一定要仔细检查安全设施。

（2）冬季不能将幼儿单独留在用煤炉或煤气取暖的房间。

（3）使用完煤气要养成关闭阀门和总阀门的习惯。

（4）托幼机构、幼儿园定期检查煤气管道有无泄漏，定期保养和检修。

（六）误服毒物

在日常生活中，幼儿中毒可分为食物中毒、药物中毒、化学物质中毒，一般都是误食、误服有毒物质而发生的中毒事件。

1. 急救方法

（1）若是 2 岁以下的幼儿，一只手环抱幼儿，另一只手用手指、勺等刺激咽部催吐，使其将毒物吐出。若是 2 岁以上的幼儿，先给清水让幼儿饮下，让幼儿张嘴，再用筷子或手指等物给予幼儿咽部机械刺激催吐，可反复让幼儿喝水、催吐至吐出的全为清水为止。

（2）对于误服强酸、强碱等化学液体的幼儿，可用蛋清、牛奶、面糊等作为洗胃剂，既可洗胃又能保护胃黏膜；若是误服有机磷农药中毒的幼儿，可让其喝下肥皂水解毒，并立即送往医院急救。

（3）幼儿吃进毒物时间较长的，如时间已达 3 ~ 4 个小时，毒物已进入肠道，不要再耽误时间，应立即送往医院急救。

（4）在急救的同时，要收集幼儿残留的有毒物质、呕吐物、排泄物，及时送医院检查，为医生治疗提供有效依据。

2. 预防措施

（1）教育幼儿不随便吃东西。

（2）家庭和幼儿园对常备药品要做到标签鲜明、妥善保管，不能与食物放在一起，一定要保证放置于幼儿不易拿到的地方。

（3）给幼儿服药要核对标签上的姓名、药品名称等。

（七）异物入体

1. 呼吸道异物

（1）呼吸道异物。喉部、气管或支气管内误进入异物，称为呼吸道异物。幼儿的咳嗽能力差，幼儿进食时大声哭闹、叫喊，或口内含有异物玩耍、嬉戏均易发生呼吸道进入异物。异物进入喉、气管引起剧烈呛咳、气急等症状，继而出现声音嘶哑、喉鸣、呼吸困难等症状。气管是呼吸的通道，当异物进入气管会立即出现剧烈的咳嗽，若异物较大会堵塞气管，幼儿会出现呼吸困难、憋气、面色青紫等症状；若异物较小则可能落入右侧支气管内使右肺无法呼吸，出现呼吸困难等症状。

（2）急救方法。发生在年龄较小的幼儿身上，抓住幼儿双脚使其倒置，用力拍击其背部，使异物从喉部落出，若无效，则应立即送医院急救；发生在年龄较大的幼儿身上，采用"哈姆立克"急救法进行急救，若无效，则应立即送医院急救。

2. 消化道异物

（1）常见消化道异物。以鱼刺、骨头渣、糖块和枣核等物较为常见，异物卡在咽部，常引起疼痛、梗阻，影响进食。异物还可能卡在食道里，也可能会进入胃里。大的异物会引起咳嗽和呼吸困难，继发食道炎，也可能有其他症状。

（2）急救方法。①如果幼儿吞食的异物是光滑的，幼儿无明显症状，成人要密切观察幼儿大便，直到异物排出体外。若长时间未排出，应去医院就医。②仔细观察，了解情况，如能看见异物，叫用镊子将卡在咽部的刺或异物取出，切不可采用大口吞饭、吞菜、喝醋、吞咽馒头等强行咽下的方法，否则划伤食道，引起其他疾病。若无法取出，应立即前往医院救治。

3. 鼻腔异物

（1）常见鼻腔异物。幼儿玩耍、嬉戏时，可能会无意将花生米、豆粒、果核、扣子等塞入鼻孔，造成鼻孔堵塞，影响幼儿呼吸的通畅，还可能引发炎症。

（2）急救方法。不可擅自用镊子夹取，以免将异物捅向深处，落入气管，发生意外；若一侧鼻孔有异物，可让幼儿按住无异物的鼻孔，做擤鼻涕的动作，使异物排出，也可用棉花捻或纸捻刺激鼻黏膜而使幼儿打喷嚏，将异物排出；若上述方法无效，应送医院处理。

4. 耳道异物

（1）耳道异物。幼儿将豆粒、米粒、小珠子等塞入耳中或有昆虫爬入耳道造成外耳道有异物。

（2）急救方法。若是小物件入耳，可嘱咐幼儿将头偏向有异物的一侧，用力单脚跳，异物可掉出。若是昆虫入耳，可把耳朵对着灯光引诱昆虫爬出；也可将食用油、甘油等倒入耳内，将这只耳朵侧向上静置几分钟，然后将这只耳朵侧向下，被淹死了的昆虫可随油一同流出。如果异物难以排出，应去医院处理。

5. 眼部异物

（1）常见眼部异物。眼部异物多见于飞尘、小飞虫、小沙粒入眼，粘在结膜的表面或角膜上，也可能进入眼睑结膜囊内。

（2）急救方法。小沙子、小飞虫入眼附于眼球表面，可用干净的棉签轻轻擦去。若异物嵌入眼睑结膜，清洁双手后，翻开眼皮，再将其擦去。上述方法无效时，如异物嵌入角膜组织内，应迅速送医院处理。

6. 预防措施

（1）培养幼儿良好的就餐习惯，进餐时不嬉戏打闹，不惊吓、逗乐幼儿。

（2）注意幼儿食物的选择，避免食用花生米、瓜子及带核、带骨、带刺的食物。

（3）能吸入或吞入的物件不应作为幼儿的玩具使用。

（4）教育幼儿不随意拾取、携带小物件，不把小物件塞进嘴、鼻孔、耳朵里。

（八）蜇伤

1. 黄蜂蜇伤

若伤口有刺，应先将刺取出。黄蜂毒液为碱性，可在伤口涂抹食醋等弱酸性液体。

2. 蜜蜂蜇伤

若伤口有刺，应先将刺取出。蜜蜂的毒液为酸性，伤口可涂抹肥皂水、淡碱水等弱碱性液体。

3. 蝎子蜇伤

蝎子的毒性为酸性，伤口可涂抹肥皂水、淡碱水等弱碱性液体。

4. 蜈蚣咬伤

蜈蚣毒液呈酸性。被蜈蚣咬伤，伤口处可涂抹肥皂水、淡碱水或用石灰水冲洗伤口，挤出伤口毒液，然后迅速送往医院。

（九）溺水

幼儿溺水时，应把握一切条件立即施救。

1. 急救方法

（1）救助上岸。救助者如不会游泳应迅速呼救，会游泳的救助者应迅速救其上岸。

（2）倒水。清除溺水幼儿口、鼻腔内的水、泥以及污物，同时解开其衣领衣扣，保持其呼吸通畅；抱起幼儿腰腹部，使其背部朝上、头部下垂，或采用单腿跪地的姿势，将溺水幼儿置于屈膝的大腿上，头朝下，拍其背部，实施倒水。

（3）进行人工呼吸和胸外心脏按压施救。检查溺水幼儿的呼吸和心跳情况，若呼吸和心跳停止，应迅速实施人工呼吸和胸外心脏按压，然后急速将其转送至医院。

2. 预防措施

（1）教育幼儿不能去河边、池塘边玩耍嬉戏。

（2）幼儿游泳要有成人看护。

（3）幼儿园选址时不要建在池塘附近、河边，以免幼儿失足溺水。

（十）触电

幼儿安全意识薄弱，玩弄带电电器、插座、开关等，户外电线落地，雷雨天气在大树下避雨都可能导致触电事故，轻者全身发麻无力；重者电流通过心脏，引起呼吸或心跳停止，危及生命。

1. 急救方法

（1）切断电源、脱离电源。救助者一定要保证自身安全，根据不同情况采取有效措施，最快的急救方式是切断电源或者让伤者脱离电源。

（2）人工呼吸和胸外心脏按压。切断电源或者让触电者脱离电源后，立即检查触电者的呼吸、心跳是否正常，若呼吸、心跳微弱或骤停，立即进行人工呼吸和胸外心脏按压施救。

（3）保护创面。在急救的同时，洗净灼伤部位，用消毒纱布敷料包扎。

2. 预防措施

（1）电插座、电器等应置于幼儿触摸不到的地方。

（2）经常检查电器、电线是否符合安全标准，雷雨天气更应注意安全。

（3）教育幼儿不玩弄电器、不用湿手插接电源，不要在供电线和高压线附近玩耍。

（4）教育幼儿雷雨天不要在大树、高大建筑物下避雨，雷雨天气不看电视。

（十一）中暑

幼儿抵抗力相对较弱，夏日户外活动，天气炎热或长时间受到强烈阳光照射均易导致幼儿中暑。其表现为口渴严重、汗液分泌多、胸闷、头晕、恶心、全身乏力等。

1. 急救方法

（1）将患儿迅速转移到阴凉、通风、干燥处，解开其衣扣，用电扇或扇子扇风，用冷毛巾冷敷头部，助其散热。

（2）让患儿多喝清凉饮料，少量多次饮水，也可口服十滴水、人丹或藿香正气水等清热解暑药。

（3）中暑严重的幼儿应速送医院。

2. 预防措施

（1）幼儿园应采用必要的防暑、降温措施。

（2）炎热的夏季要避免幼儿长时间在户外活动。

（3）教育幼儿感到不舒服时要主动向教师说明。

三、突发事件应急处理方法

（一）火灾应急处理

（1）火灾发生后不要惊慌，要有序疏散幼儿，第一时间呼叫周围人员用消防器材或自来水扑救。

（2）若火情无法及时扑灭，应立即拨打119报警，在报警电话中要说清楚起火单位、位置、着火物、火势大小、火场内有无化学物品及其类型、着火部位、报警人姓名、单位及所用电话等，并保证报警人电话畅通，派人员在明显位置处等候消防车辆的到来。

（3）在报警的同时，开启消防电源，打开应急照明设施和安全疏散标志。在消防人员到达前，由灭火行动组尽力控制火势蔓延，无论什么情况都不得组织幼儿灭火。

（4）若火场内有人员，则应用灭火器具减弱火势对人员的威胁，全力疏散、抢救人员脱险逃生。对可能造成人员伤亡、爆炸事故、烧毁重要物资、形成大面积燃烧等影响全局的情况，应列为主要事项予以处理。

（5）灭火行动组应分秒必争，迅速行动，抓住时机，找准着火点，果断扑救，为后续开展全面深入的扑救工作打下良好基础。

（6）扑救固体物品火灾，使用灭火器；扑救液体物品火灾，使用灭火器、沙土、湿棉被等，不可用水。

（7）保持道路畅通，便于消防车辆驶入，组织无关人员要远离火场。

（8）积极配合有关部门调查起火原因，协助处理火灾现场。

（二）地震应急处理

地震时如果幼儿在教室，马上组织幼儿有序疏散，当班教师要教育幼儿听从教师的指挥，不能慌张、哭闹或随意乱跑。如发生地震时在室外，立即组织全部幼儿抱头下蹲，并注意避开危险建筑、大树等危险物。

如发生破坏性较大的地震，处理如下：

（1）如果幼儿在室内，不要试图跑出楼外，立即组织幼儿躲到如洗手间、厕所等两个承重墙之间最小的房间，这是最安全、有效的方法；千万不要去窗下躲避；也可以躲在柜子、桌子等下面以及教室内侧的墙角，并且注意保护好头部；趴下时，头靠墙，使鼻子上方、双眼之间的凹部枕在横着的双臂上面，闭上眼和嘴，用鼻子呼吸；待地震减轻时，立即按疏散路线将全部幼儿疏散到一楼操场。

（2）如果幼儿正在室外活动，教师要马上将幼儿集中到操场中间的空场地上蹲下，注意避开高大物体或建筑物，疏散幼儿到安全地方。

（3）地震时如果幼儿正在睡觉，要立即叫醒幼儿。在震动激烈时，有序组织幼儿趴在午睡室的通道上，或躲在桌子下或墙脚下，待震动减轻时立即将幼儿疏散到一楼操场。

（4）如果地震发生后因不能迅速撤离而困于室内，或被建筑物挤压等千万不要惊慌，要就近检查幼儿身体状况，并尽量为幼儿找到食物，同时不能盲目采取措施，要懂得发送报险信号，等待救援。

（5）时刻与幼儿待在一起，时时交流沟通，消除幼儿的恐惧心理。

（6）消除安全隐患，做好地震后环境物品消毒、房舍安全检查及加固维修等工作。

模块四
环境创设

内容摘要：幼儿园环境创设对幼儿更好地获得身心发展的经验具有重要价值。该模块主要阐述了幼儿园环境创设的基本原则和方法、精神环境和物质环境创设的要求、幼儿园与家庭沟通的策略与方法、幼儿园与社区合作的意义等内容。

学习目标：掌握幼儿园环境创设的原则与具体方法；了解幼儿园精神环境创设中教师的态度、言行对幼儿发展的重要作用；熟悉幼儿园物质环境创设的要求，能运用所学知识设置活动区；了解与家庭和社区交流、沟通的基本方法。

关键词：幼儿园　精神环境创设　物质环境创设　幼儿园与家庭合作　幼儿园与社区合作

第一节　环境创设的原则与方法

案例导入

> 李老师所在的班级是小班，这次的学习主题是"中秋节"。小班幼儿不清楚中秋节的概念、意义，李老师便将与中秋节有关的书籍、图片投放在图书区，并给幼儿讲述"嫦娥奔月"的故事。故事讲完后，幼儿都了解了中秋节的来历。接着，李老师用月饼盒在活动室角落搭建各种各样的房子，让孩子知道生活中的月饼种类很多，月饼盒也有很多的设计，并且月饼盒还可以变废为宝。李老师还开展"一起做月饼"的活动，让每个幼儿动手制作月饼，并且将幼儿带来的月饼分给大家一起品尝。最后，李老师将中秋节民俗民风的相关图片呈现在主题墙上。
>
> 思考：李老师在"中秋节"主题活动中创设的环境是否恰当？

一、幼儿园环境概述

（一）幼儿园环境的概念

幼儿园环境可以分为广义的幼儿园环境和狭义的幼儿园环境两大类。广义的幼儿园环境是指幼儿园教育赖以进行的一切条件的总和，它既包括幼儿园的内部环境，又包括幼儿园的外部环境，如家庭、社区等大环境。狭义的幼儿园环境是指在幼儿园中，对幼儿身心发展产生影响的物质要素与精神要素的总和，包括幼儿园的幼儿、工作人员、设备设施、教育观念、教育制度等。

（二）幼儿园环境的特点

1. 教育性

幼儿园是进行幼儿教育的专业机构，其环境创设应不同于其他非教育机构。幼儿每天在幼儿园中游戏、成长，幼儿园环境对幼儿有潜移默化的影响。苏霍姆林斯基曾说"让每一面墙壁都会说话"。幼儿园环境应根据教育目标及幼儿发展的特点进行精心创设，这不仅是美化的需要，还是实现教育意图的重要中介，教育者应想办法让每一面墙壁会"说话"，让每一处角落可"育人"。

2. 可控性

幼儿园内部的环境相对幼儿园外界环境更好控制。具体表现在两个方面：一方面，幼儿园可以以有利于幼儿发展为标准，精心地筛选各种儿童用品、文化产品；另一方面，教师可以根据幼儿的身心发展特点及教育要求，对环境中的各种要素进行调控，以便更好地促进幼儿的发展。

（三）幼儿园环境的分类

从构成内容的性质差异角度，可将幼儿园环境分为物质环境、精神环境。

1. 物质环境

幼儿园的物质环境包括社会、自然物质环境。幼儿园的物质环境包括室内活动室、户外活动场地、环境创设、设施设备、活动材料等。幼儿园的自然物质环境指花草、树木等各种自然条件。

2. 精神环境

幼儿园的精神环境对幼儿的认知、情感、性格发展意义重大。幼儿园精神环境主要是指幼儿园的精神氛围，包括整个幼儿园的园风，各班的班风，师幼之间、师师之间、幼幼间的关系等。幼儿园精神环境的状况很大程度上决定了幼儿园物质环境创设目标的实现。可以说，幼儿园的精神环境决定一所幼儿园能否成为真正的儿童乐园。

二、幼儿园环境创设的意义

（一）良好的幼儿园环境是幼儿发展的保障

幼儿每天要在幼儿园参与丰富多彩的一日活动，良好的幼儿园环境能够为幼儿发展提供一定的保障，使幼儿感到安全、舒适、愉快。

（二）良好的幼儿园环境能够促进幼儿身心健康发展

宽敞的空间、齐全的设备、优美有探索性的环境、融洽和谐的人际关系，不仅可以在满足幼儿好奇心的同时锻炼其各方面的能力，还可以让幼儿在轻松的氛围下变得自信、乐观。

（三）良好的幼儿园环境能够激发幼儿的创造潜能

幼儿是幼儿园环境创设的互动者、参与者，教师应该让幼儿参与幼儿园的环境创设，这不仅可以充分调动幼儿的积极性、主动性，激发幼儿主人翁意识，还可以最大限度地发挥其创造性。

三、幼儿园环境创设的原则

（一）环境与教育目标一致性原则

环境与教育目标一致性原则是指幼儿园环境的创设要以教育目标为依据，并与幼儿园教育目标相一致，即环境设计的目标要符合幼儿体、智、德、美等方面发展的需要，体现环境的教育性。

（二）发展适宜性原则

发展适宜性原则是指幼儿园环境创设要符合各年龄段幼儿的年龄特点，满足他们身心健康发展的需要，以促进每个幼儿和谐、全面地发展。幼儿园教师应根据小、中、大班幼儿的不同年龄特征为其提供适宜的发展环境。

（三）幼儿参与性原则

幼儿参与性原则是指幼儿园环境创设的过程是幼儿与教师一起参与、共同合作的过程。让幼儿参与环境创设过程不仅可以发展其主体意识，还可以培养幼儿的责任感和合作精神。

（四）开放性原则

开放性原则是指在创设幼儿园环境时应把小环境和大环境有机结合起来，形成开放的幼儿教育环境。小环境主要指幼儿园环境，大环境指家庭环境、社区环境。幼儿园通过大小环境的配合，取长补短，在一个开放的环境中培养健康乐观的幼儿。

（五）安全性原则

安全性原则是指创设的幼儿园环境应该是安全的，有利于幼儿健康成长的。幼儿园环境的安全包括物质环境安全和精神环境安全，保护幼儿的安全是贯彻"保教并重"原则的重要措施，也是幼儿园最基本的责任。

（六）经济性原则

经济性原则是指各幼儿园应根据自身经济条件创设幼儿园环境，做到因地制宜，尽量既经济环保，又贴近幼儿生活。

四、幼儿园环境创设的方法

（一）讨论法

讨论法是一种教师通过引导幼儿一起讨论确定环境创设的主题、内容、形式的方法。讨论的往往是幼儿感兴趣的内容或主题，在热烈的讨论中可以派生出各种各样的新主意，能够丰富幼儿园环境创设。

（二）探索法

探索法是指让幼儿通过观察、探索发现问题、解决问题，并获得知识、提升能力的一种方法。这种方法可以激发幼儿的兴趣和好奇心，培养其内在学习动机，提高幼儿探索材料、环境的积极性。

（三）操作法

操作法是指教师引导、指导幼儿动手操作，让幼儿在操作过程中掌握知识、形成技能、提升能力的基本方法。幼儿通过操作材料了解材料的性质、满足自己的好奇心。幼儿常见的操作行为包括看、摸、敲、打、拆、粘贴、拼装等。

（四）评价法

幼儿园环境的评价是对幼儿园环境创设质量的评价，具体包括对幼儿的环境创设及创设效果的评价、对幼儿互动行为及环境适应情况的评价等。环境评价通过信息反馈在一定程度上能使教师更好地优化、完善环境创设。

五、教师在幼儿园环境创设中的作用

（一）准备环境

教师有职责为幼儿创造一个适宜的成长环境。教师在准备环境时主要有下列几个作用。

1. 让环境蕴含目标

在准备环境的过程中，教师必须目标明确，清晰地知道要让创设的环境起到怎样的育人作用，如何将物质条件与人际因素有机联系起来，让精心营造的环境告诉幼儿该做什么、如何做。

2. 激发幼儿的兴趣

环境创设既要与教育目标一致，又要跟幼儿的兴趣、需要相符。由于年龄小，幼儿现在还意识不到自己现有的兴趣和需要。为了让幼儿获得全面发展，并在不断实践中培养幼儿各方面的兴趣爱好，只要是幼儿发展所必需的东西，教师都应当将其纳入幼儿园环境中。

3. 让幼儿成为环境创设的参与者

环境是为幼儿的活动而设计的，幼儿参与原则是教师准备环境的重要原则之一。教师应让幼儿积极参与幼儿园环境创设，以引起幼儿的喜欢、关注、投入。

（二）控制环境

教师准备的环境能否按预期运行，孩子能否充分利用环境条件真正在活动中得到发展，跟教师对环境的有效控制息息相关。教师在控制环境中的作用是指教师可以利用环境来激发、保持孩子对活动的积极性，以帮助孩子获得更好的发展。

（三）调整环境

环境并不是固化的，不是一成不变的，它必须随着孩子的兴趣、需要、能力，教育目标、客观条件等的变化而不断发生变化。教师应随时关注孩子的变化，及时调整环境以使其保持最佳状态。

第二节　幼儿园精神环境创设

案例导入

> 在区角游戏中，小班的图图不会用积木灵活地搭建物体，只能将两块一样的积木简单地叠放起来。图图正在沮丧的时候，教师看见了，她惊喜地说道："图图，你真厉害，这小桥搭得真好看。"图图听见老师的夸奖后非常开心，不到几分钟，他又搭出了好几样新的东西。
>
> 思考：老师对待图图搭积木的行为所采取的教育措施是否恰当？

一、幼儿园精神环境创设的意义

（一）有利于幼儿适应幼儿园生活

幼儿进入社会生活的第一个场所就是幼儿园，幼儿进入陌生环境，难免会因缺乏安全感而产生不适或排斥。幼儿园良好的精神环境可以使幼儿更快地适应新环境，勇敢地跟新朋友交往、沟通、游戏。

（二）有利于幼儿形成良好个性，适应社会生活

良好的精神环境不仅能够给幼儿提供与同伴共同游戏、共同学习的机会，有利于同伴间的交往、互动，还能帮助幼儿理解社会行为规范、适应社会生活，同时培养幼儿勇敢、顽强、学会分享等良好的性格。

（三）有利于幼儿园员工的成长与发展

幼儿园员工每天大部分时间都在幼儿园中，良好的精神环境有利于员工积极投入工作，建立积极向上的人际关系。反之，不良的精神环境容易让员工感受到压抑、不适，导致幸福感降低、情绪低落，形成消极的行为习惯。

二、幼儿园精神环境创设的要求

幼儿园的精神环境包括幼儿生活、游戏的空间及气氛，对幼儿的发展有潜移默化的影响。

（一）创设良好的物质环境

幼儿园的物质环境应该是安全、卫生、实用的。园内的材料和设施设备要丰富多彩才能满足幼儿不同方面的需求。幼儿在良好的物质环境中容易产生积极向上的情绪和情感体验，从而提高幼儿自主探究的积极性。

（二）创设宽容理解的环境

教师要诚挚地关心、关爱幼儿，与幼儿充分沟通，并能站在幼儿的角度看待问题，以宽容之心理解、包容幼儿的各种行为，做到公平公正地评价幼儿的行为，不断激励幼儿敢想、敢说、敢做。

（三）建立良好的幼儿群体

建立良好的幼儿群体可以使幼儿在集体中充分表现，并逐渐变得自信、活泼、开朗。幼儿教师应引导、帮助幼儿积极参加活动，并随时关注其表现，在必要时给予肯定、表扬，使幼儿身心获得健康、全面的发展。

（四）建立良好的人际关系

幼儿园营造良好的人际关系氛围有利于幼儿的心理健康。不但教师之间能够愉快地共事，而且幼儿在这样的氛围中也能受到影响。

（五）形成良好的幼儿园风气

良好的幼儿园风气要靠全体员工长期培养才能形成，形成后便会对全体成员产生潜移默化的影响。幼儿园领导应重视幼儿园风气建设，使工作、生活在其中的教师和

幼儿都能和谐发展。

三、幼儿园精神环境对幼儿发展的影响

精神环境主要是指由人际关系和观念等因素相互作用形成的氛围。幼儿园教师对幼儿的态度、幼儿与同伴间的关系共同构成幼儿园的精神环境，一定程度上影响幼儿在潜能开发、创造能力、应变能力等方面的发展。良好的精神环境能使幼儿产生积极愉悦的情绪，有助于幼儿形成活泼、开朗的性格，开发智力，提高免疫力。相反，不良的心理环境会扼杀幼儿丰富的想象力、创造力，容易让幼儿形成孤僻、抑郁的性格，不利于其今后的健康、幸福生活。

四、教师言行在幼儿心理环境形成中的重要作用

当幼儿进入幼儿园这一陌生环境后，其若能感受到关心、温暖，便会觉得幼儿园是安全、值得信赖的，有利于其今后幼儿园的生活、学习活动顺利进行。

（一）教师言行对幼儿安全感的影响

幼儿教师应让每一个幼儿从教师的微笑和目光中感受到热情、亲切，增强其对教师的信任，使幼儿获得安全感和归属感。在日常活动中，教师应关注每一个幼儿，发现他们的优点、不足及个别差异性，便于用不同的方式去关心、抚慰他们。

（二）教师言行对幼儿自我价值形成的影响

教师要消除偏爱的不良心理，不能偏爱聪明、乖巧的幼儿，压制或忽略智力平平、调皮的幼儿。偏爱容易导致幼儿形成自私、嫉妒、攻击等不良心理，对幼儿积极情绪情感、自我价值感的形成会产生直接影响。

（三）教师言行对幼儿独立人格形成的影响

教师应尊重每一个幼儿，把他们看作一个有主观能动性的独立发展中的人，他们有优点、缺点，希望能得到他人的尊重、关注。教师应尊重幼儿的人格，处处保护幼儿的自尊心，并经常给予鼓励和表扬。

第三节　幼儿园物质环境创设：常见活动区

案例导入

在向幼儿说明了每个区角的功用和材料的玩法后，孩子们开始进行区角活动了。活动进行并然有序，孩子们在区角中乱跑的情况也少了很多。田田是一个非常好动、调皮的幼儿，今天他边讲故事边进入了"沙和尚"的角色。这时候，悦悦一边玩手

偶，一边说道"我要当唐僧！"浩浩看到悦悦拿着"唐僧"的手偶，不开心地说："我也想当唐僧！""没关系，你先当孙悟空，等一下让悦悦当孙悟空，你当唐僧。"田田劝说着。"好吧。"浩浩笑着点了点头。语言区的手偶表演正式开始……

思考：当幼儿在区角游戏中出现冲突时，幼儿老师应该怎么做？

一、活动区的概念及教育功能

（一）活动区的概念

活动区又叫"区域活动"，指利用活动室、走廊、室外场地等设置各种区角，在各个区角投放材料，幼儿根据个人兴趣自主选择活动内容及方式的一种教育活动。

（二）活动区的教育功能

1. 为幼儿创设互动的学习环境

活动区可以为幼儿提供更多的交流、交往、游戏的机会，幼儿间相互观摩、启发、学习，能帮助他们获得更好的发展。幼儿教师指导幼儿在活动区共同合作、相互帮助，调动其学习的内部动力。

2. 为幼儿提供个别化的学习机会

由于每个幼儿成长环境不同，幼儿在很多方面存在个别差异性。活动区无论在区域设置还是材料投放上都考虑了幼儿的共性和个别差异性，幼儿可以根据个人兴趣、能力选择活动。

3. 为幼儿提供静态和动态相平衡的课程

集体教育活动、区域活动在幼儿的发展中都有不可替代的优势。集体教育活动又称为静态课程，区域活动可以称为动态课程，这两种课程应该相辅相成。集体教育活动稳定性强，短时间内能大范围地传递信息；区域活动课程内容变化性较强，能满足幼儿个性化发展。

二、常见活动区

（一）美工区

美工区是让幼儿进行美术创作、手工制作的活动区。幼儿可以在这里绘画、涂颜色、折卡纸、制作卡片等。

1. 区域设置目标

（1）用不同的材料尝试表达感受、想法。
（2）锻炼手部动作及手指协调性。
（3）培养感受美、欣赏美、创造美的能力。

（4）开发创造力、发挥想象力。

2. 区域布局

（1）美工区的位置。美工区的位置安排可以临近角色扮演区和木工区，应该接近水源，并且阳光充足。

（2）美工区的桌椅。美工区的桌椅可以设置大型的桌子或竖立的小画板，便于幼儿集体或单独进行创作。桌子、地面上都应该铺上透明的塑料胶或布，防止弄脏不好清理。

（3）美工区的作品展示。美工区的美术作品可以夹在绳子上，也可以贴在展示区的墙面上。贺卡、风铃等还可以挂在天花板下面，作为装饰物。

（4）美工区的储藏。由于美工区的材料种类比较多，可以将材料按照是否常用分类摆放，不经常用的材料可以放在高处，常用的放在距地面较近的地方，便于拿、放。某些材料可以允许幼儿自由取放，有助于其养成良好的收纳习惯。

3. 基本器材

美工区基本器材包括各种纸张、图画器材、装订工具等。

（二）积木区

积木区是让幼儿操作积木的活动区，幼儿在这里可以自由地利用积木进行组合、建构。

1. 区域设置目标

（1）发展幼儿的动手能力、空间知觉能力。
（2）促进幼儿的合作能力。

2. 区域布局

（1）积木区的位置。积木区的位置可以与角色扮演区临近，需要较大的空间且远离安静的活动区。

（2）积木区的储藏。积木可以分类放置，如按照积木的形状、积木的材料、积木的大小进行分类，可以放在盒子、篮子或箱子里。

3. 基本器材

积木区基本器材包括大、中、小型积木，木板，厚纸箱，生活中常见事物的积木模型，积木图画等。

（三）角色扮演区

角色扮演区是让幼儿进行角色扮演游戏的活动区，活动区的场景都是幼儿的日常生活场景，如餐厅、医院、超市等。

1. 区域设置目标

（1）能理解自己扮演的角色。

（2）跟其他幼儿能合作完成角色扮演游戏。

（3）能清楚地表达自己的想法。

2. 区域布局

（1）角色扮演区的位置。角色扮演区可与积木区相邻，需要较大的空间，由于游戏时幼儿有较多交流、交往活动，所以角色扮演区应远离图书区等较安静的区域。

（2）角色扮演区的氛围创设。在角色扮演区的区域范围内，应根据不同情境采用多种装饰材料创设与日常生活相似的情境，创设的氛围应与角色扮演相适宜。

3. 基本器材

可根据需创设的不同情境选择所需器材。如医院，需准备白大褂、听诊器、玩具针筒、空药罐、纱布等。

（四）科学区

科学区是幼儿进行科学探索的活动区。幼儿可以通过探索动物、植物等发现问题，在观察、实验中提出解决问题的办法。

1. 区域设置目标

（1）培养幼儿的兴趣、好奇心，激发其探究欲望。

（2）培养幼儿动手动脑的能力。

（3）培养幼儿与同伴的合作能力。

2. 区域布局

（1）科学区的位置。科学区可以临近图书区；为了便于幼儿观察、探索，科学区应阳光充足且安静。

（2）科学区的材料摆放。材料摆放可以按不同功能归类，易碎物品放置的位置应是幼儿不易接触到的地方，常用物品应摆放在方便拿放的位置。

3. 基本器材

基本器材包括实验器材、书写器材和辅助器材，如望远镜、放大镜、镊子、小动物、吸管、天平、纸张、笔、安全剪刀、橡皮筋、细绳子等。

（五）图书区

图书区是幼儿进行阅读的活动区。幼儿可以在图书区自主阅读图书，以培养幼儿的阅读兴趣。

1. 区域设置目标

（1）培养幼儿的阅读兴趣。

（2）让幼儿在阅读中感受语言的优美。

2. 区域布局

图书区应位于安静、光线充足的地方。可以摆放一张大圆桌子、沙发、地毯、抱枕，增添温馨舒适的气氛。应该根据小、中、大班幼儿的特点选择一些优秀的幼儿读物。

3. 基本器材

各种布书、纸质图书、图片、卡片、书信、沙发、抱枕、桌子、椅子、地毯等。

（六）木工区

木工区是幼儿用木头、螺丝钉等材料制作一些小物品的活动区。

1. 区域设置目标

（1）培养幼儿的动手能力。

（2）培养幼儿发现、解决问题的能力。

2. 区域布局

（1）木工区的位置。木工区可以临近美工区；由于会有较大声音且产生的垃圾较多，其应安排在室外或走廊。

（2）木工区的材料摆放。木工区的材料、工具有一定的危险，材料应靠墙或靠边摆放，工具应放在专门的工具箱中。

3. 基本器材

钉子、铁锤、卷尺、木板、锯子、螺丝钉、螺帽、铁丝等。

（七）音乐区

音乐区是通过听音乐或使用乐器进行表演来引导幼儿欣赏音乐作品的区域。

1. 区域设置目标

（1）学会使用各种乐器。

（2）能用音乐表达自己的感受。

（3）能跟同伴一起表演、创作。

2. 区域布局

音乐区应安排在阳台、走廊等空间较大的地方，尽量避免对其他活动区的干扰，地面不宜太光滑，以免幼儿在表演时摔倒受伤。

3. 基本器材

口琴、电子琴、鼓、碰铃、摇铃、三角铁、沙槌、木鱼、头饰、彩带、U盘、音箱、录音机等。

（八）沙水区

沙水区是幼儿可以体验沙和水的乐趣的区域。幼儿可以通过堆砌堡垒、围栅栏、在沙地上写字，发挥其创造力和想象力，同时可以通过混合、填充、塑造等方法学习空间、数字等概念。

1. 区域设置目标

（1）发展幼儿的小肌肉动作。

（2）培养幼儿的想象力、创造力。

2. 区域布局

为了便于清洁、排水，沙水区应在室外且要接近水源。

3. 基本器材

细沙、自来水、桶、盆子、铲子、勺子、漏斗、量杯、过滤器；塑料模具（动物、人、船）、防水罩衣等。

（九）益智区

益智区主要是锻炼幼儿手部小肌肉的桌面小型游戏区域。

1. 区域设置目标

（1）培养幼儿的思维能力。

（2）锻炼幼儿小肌肉动作。

2. 区域布局

益智区应远离声音较大的活动区，选择较安静的地方，便于幼儿安静思考。

3. 基本器材

拼图、魔方、积木、象棋、跳棋、六子棋、围棋、七巧板等。

（十）语言区

语言区是通过丰富的语言环境，提高幼儿语言表达能力的区域。

1. 区域设置目标

（1）培养幼儿的语言表达能力。

（2）让幼儿认识一些常用的汉字。

2. 区域布局

语言区可以临近阅读区，并安排在安静的地方。

3. 基本器材

汉字图书、汉字卡片、磁带（诗歌、故事）、录音机、CD。

（十一）数学区

数学区是通过创设充满数学元素的环境，激发幼儿探索几何世界的区域。

1. 区域设置目标

（1）培养幼儿对数学的兴趣。

（2）发展幼儿认识分类、数量的能力。

2. 区域布局

数学区应该安排在安静的地方。

3. 基本器材

数学游戏、几何图形、纸、笔、尺子等。

三、幼儿园活动区创设

（一）活动区域设计

1. 活动区的内容与数量

幼儿园活动室的大小决定了活动区的数量，一般情况4～5个较合适。同一时间在活动区的幼儿不超过5个，否则幼儿人数太多容易发生冲突。确定了各活动区的具体内容后，需要教师精心为每一个活动区命名。

2. 活动区规划与布置

（1）干湿与动静分区。活动区的规划应注意干湿分开，科学区、美工区要用水，图书角不用水，这些活动区应该分开。还应注意动静分开，建构区、表演区等是"动"区，而图书区、数学区等是"静"区，为了避免相互干扰，这两类活动区应该尽量远离。

（2）固定与临时分区。为了便于操作，幼儿园教师在条件允许的情况下可以因地制宜地多设固定活动区域，其他活动区可以用临时的材料进行区域分割，如用地垫、柜子、可拖动隔断等材料。

（3）方便通畅。丰富的活动区域能为幼儿提供更大的选择空间，幼儿教师要合理利用活动室的每个角落，充分发挥活动室内设施的作用。同时，合理的布局应该使整个活动室整洁有序、畅通方便，不能妨碍幼儿的日常行走。

3. 活动区规则制定

规则是保证区域活动顺利开展、幼儿有序自由活动的重要因素。教师不仅要制定一些规则以保证活动的顺利进行，还要善于用环境来暗示规则，让幼儿养成良好的活动习惯。如让幼儿学会在活动结束后把物品放回原位。

（二）活动区材料选择及投放要点

活动区确定后，教师在选择、投放活动材料时应注意以下三点。

1. 目的性和适宜性

教师要将幼儿发展的目标对应到活动区各种材料的教育功能上，积极引导幼儿在区域活动中操作各种材料以不断接近预定的教育目标。活动区投放的材料应符合幼儿的年龄特点，能引起幼儿的兴趣。

2. 丰富性和层次性

幼儿园活动区投放的材料数量应多，种类应丰富多样，能够满足幼儿自由选择各种材料的需要。丰富多样的材料能提高幼儿各方面的能力，并激发幼儿的兴趣。教师在选择和投放材料时，还应注意材料的层次性。教师应按照从简到难、由浅入深的要求分解出多个层次，这些层次应该与幼儿的认知发展相吻合，兼顾幼儿的个别差异性。

3. 整合性和开放性

幼儿园活动区域的材料应该是幼儿园、教师、幼儿、家庭、社区等多方面的资源整合形成的开放体系。教师应充分发挥家庭、社区的共同作用。家庭是区域材料的坚强后盾，充分发挥家长教育资源的优势，可以充分调动家长参与幼儿活动的积极主动性。

第四节　幼儿园与家庭

案例导入

> 一位家长这样抱怨："我的孩子已经上幼儿园很长一段时间了，但是我非常不了解孩子在幼儿园的具体情况。孩子每天大部分时间都待在幼儿园，回家后也不太说幼儿园的情况。然而每次询问老师，老师都是说'孩子挺好的'。我真不知孩子到底是哪方面好，又好到什么程度。"
>
> 思考：幼儿家长为什么对自己的孩子充满了焦虑？

一、家园合作对幼儿园教育的重要性

家庭是幼儿园重要的合作伙伴，家园合作对幼儿的健康成长、幼儿园教育活动的顺利开展意义重大。幼儿从熟悉的家庭环境进入陌生的幼儿园环境，在其适应新环境的过程中尤其需要家园的密切合作。

（一）家园合作能为幼儿身心健康发展创造良好条件

幼儿园、家庭应密切合作，形成方向一致的教育合力，促进幼儿身心健康和谐发展。如果教育合力在方向上不一致，就会干扰、影响孩子的健康成长。幼儿刚进入幼儿园这一陌生环境时容易产生入园焦虑、分离焦虑，此时幼儿园、家庭必须多沟通，保持一致，一起帮助幼儿顺利克服困难。

（二）家园合作有利于家长资源的充分利用

父母是孩子的第一任老师，会对孩子产生潜移默化的影响。幼儿的家长从事的职业种类繁多，幼儿园可以充分利用这一教育资源。幼儿园教师可以针对各家长的职业专长，请家长为孩子们开展专题讲座，科普各方面知识，为幼儿园的教育增光添彩。

（三）家园合作可以密切亲子关系、改进家庭教育

家园合作可以促进亲子互动，增进亲子关系。一方面，家长可以通过参与幼儿园的活动更好地了解自己的孩子在幼儿园的学习、生活情况；另一方面，在活动中，幼儿能了解自己父母的工作、"本领"，对父母产生敬佩之情。

二、家园合作的主要内容

（一）鼓励和引导家长直接或间接参与幼儿园教育

家长参与幼儿园教育包括直接参与和间接参与两种方式。家长可以直接参与到幼儿园的课程设置、幼儿活动、教育活动中。家长也可以间接参与幼儿园教育，如为幼儿园提供人力、物力支持，通过家长会、家长委员会将建议反馈给幼儿园。

（二）幼儿园帮助家长树立正确的教育观念、教育方法

调查表明，我国有些家长娇惯、溺爱孩子，在育儿方面比较盲目，存在错误观念。部分家长甚至只重视智力、技能的培养，忽视社会性等方面的发展。幼儿园是专业的教育机构，幼儿教师有专业的教育资质，幼儿园可针对家长的育儿困惑开展一系列讲座，帮助家长形成正确的育儿观。

三、幼儿园与家长进行有效沟通的策略

幼儿园教师、家长都希望幼儿健康成长。但是，在对待孩子的问题上，由于教师、家长之间的思考角度和教育观念存在差异，往往在教育幼儿上存在一定的分歧。当发生分歧时，幼儿教师、家长应在有效沟通的基础上达成共识，最终形成教育合力。

（一）换位思考，尊重家长

当今，幼儿园教师有越来越年轻化的趋势，很多教师没有为人父母的体验，当幼儿发生各种状况时，他们不能较好地体会家长的需求、心情。教师的态度及处理问题的办法经常让家长不满意，家长误会教师不负责任、不关心自己的孩子。误会一旦产生，今后的家园合作便很难开展。因此，幼儿教师应多换个角度想想，尽可能理解家长的心情，家园沟通才不会因此受到阻碍。

（二）客观评价，取得信任

幼儿教师经常与家长沟通孩子在幼儿园中的表现，教师对孩子的评价会直接影响与家长的关系。幼儿教师跟家长交流时应遵从客观原则，用平和的语气、委婉的态度进行沟通，绝不能掺杂情绪、主观色彩。教师应该有一双善于发现的眼睛，发现每一个幼儿的优点，并给予积极的关注、鼓励。

（三）讲究方法，艺术沟通

1. 从孩子的角度出发

幼儿园的很多教育活动的顺利开展离不开家长的配合，教师跟家长沟通时务必让家长清楚各种配合最终都是为了让孩子获得更好的发展。如为了开展"分享玩具"的活动，教师要求每一位家长给孩子准备一件心爱的玩具并将玩具带到幼儿园，是为了让孩子学会与他人分享，增强孩子的社会交往能力。相信家长知情后一定会乐意配合幼儿园活动的。

2. 学会有技巧地拒绝

孩子进入幼儿园后，部分家长会以自己家庭的标准对教师提出各种各样的要求。幼儿教师在面对家长的不合理要求时应该坚持自己的原则，但在拒绝家长时不要太直接，一定要注意方法、技巧，既要让家长乐意接受，对教师心存感谢，又要让家长认可教师的专业能力，便于今后工作的顺利开展。

3. 尽量避免"兴师问罪"

对于常犯错误的幼儿，教师在与其家长沟通时应尽量避免"兴师问罪"，并把握好语言的"度"。幼儿教师的语言引导与家长的心理感受息息相关，如果没把握好"度"，便容易产生隔阂，不利于今后的沟通、合作。所以，教师在评价孩子时，可以先介绍孩子的近期进步或优点，再将不足或需要改正之处——告诉家长，这样家长就更容易接受了。否则，家长可能会产生反感、焦虑，误会教师的良苦用心，认为教师在针对自己的孩子，故意挑刺。

（四）软化矛盾，冷静处理

幼儿活泼好动，在幼儿园中难免会发生磕磕碰碰的事情，由于家长们爱子心切，在知道自己孩子受到欺负或伤害时，难免会小题大做，出现一些过激的言行举止。幼儿教师一定要冷静、妥善处理这类事情。当家长跟幼儿教师吵闹或投诉教师时，教师不要急于反驳，而应该耐心地倾听，让家长感受到理解和尊重。当家长将不满宣泄出来后，激动的心情也会有所平复。这时教师再运用自身的专业知识与家长耐心沟通，改变家长的育儿观念，使家庭教育、幼儿园教育能够同步，并通过努力形成教育合力。

四、幼儿园与家长沟通和交流的方法

（一）口语交流法

1. 家访

家访是深入了解幼儿家庭情况、家中表现、家长教育观念等真实情况的一种重要方式。家访充分体现了幼儿教师的关怀，应具有明确的目的。每次家访之前，要明确家访的目的并提前制订家访的计划，包括家访的内容及谈话方式。家访前要提前与家长约定时间。家访后，教师应及时填写家访记录，记录印象、感受，并做总结分析。

2. 家长会

家长会是幼儿园将全班或全园幼儿家长召集在一起开会、进行集体指导的形式。家长会可定期召开，便于与家长及时沟通。

3. 家长学校

家长学校是系统向家长介绍教育知识，以充实家长保教知识的一种形式。幼儿园老师能将正确的教育理念、观点传递给家长，便于形成教育合力。

4. 家庭教育咨询

家庭教育咨询是家长带着教育困惑来幼儿园咨询的一种活动形式。开展咨询活动之前，幼儿园应告知家长具体咨询的时间、地点等，便于家长来园咨询。

5. 交谈

交谈包括面对面交谈、电话交谈、网络交谈。交谈前，幼儿教师应对幼儿家长有所了解，尽量做到胸有成竹。交谈中应注意技巧，可先拉家常，再入主题，最后要委婉地向家长提出合理建议。

（二）文字法

1. 问卷调查

幼儿园教师可以根据需要设计各种问卷进行调查，了解幼儿在家中的表现及家长的教育观念。设计的问卷应阐明调查的意图，问卷的具体内容应该有较强的逻辑性、条理清晰，尽量避免家长产生误解。

2. 家园联系手册

家园联系手册是一种通过书面联系家长的方法。幼儿家长可以通过联系手册了解孩子在幼儿园中的表现，了解教师对孩子的看法，从而更好地配合幼儿教育。这种简便、经济的方式在寄宿制幼儿园最常用。

3. 宣传栏

幼儿园普遍设有宣传栏。宣传栏的内容包括幼儿园工作计划、教育活动内容、幼儿各种作品、科学育儿的知识等。宣传栏应注意内容科学，并定期更换。

（三）活动法

活动法指幼儿园邀请家长参与教育活动的一种方法。

1. 观摩

观摩是组织家长参观幼儿园的教育活动的一种方法。观摩前，幼儿园教师应做好充分的准备；观摩中，教师应主动向家长说明各种真实情况；观摩后，教师应引导家长讨论、分析问题。

2. 庆祝

幼儿园教师应邀请家长参与幼儿园重大节假日活动，如端午节、中秋节、国庆节等。

3. 服务

鼓励幼儿家长自愿定期或不定期为幼儿园提供义务劳动，如家长值日制度等。

第五节　幼儿园与社区

案例导入

> 孟子三岁时他的父亲去世了，母亲一个人抚养他长大。孟子从小就很贪玩，喜欢模仿别人。他家离坟地很近，每天这里都会有来来往往的人去坟头祭拜他们已逝的亲人，孟子经常模仿这些行为。孟母觉得这非常不利于孟子的成长。于是，他们搬离了这里，在一个集市旁边安家。但是，不幸的事情又发生了。孟母发现，孟子和他的小伙伴们模仿商人做生意、模仿屠夫杀猪宰羊。孟母认为这个地方也不适合他们居住。于是，他们把家搬到学校附近。每月的初一，孟子看到官员到文庙相互礼貌相待并行礼跪拜，孟子记住了官员们的言行举止。孟母对住在学校附近很满意。
>
> 思考：孟母三迁的故事给我们什么启示？

一、幼儿园开发利用社区教育资源的意义

（一）适应世界幼儿教育事业发展的需要

1981 年联合国教科文组织指明了世界幼儿教育发展的共同方向：幼儿教育应从幼儿园扩展到家庭、社区。意大利瑞吉欧教育体系也认为幼儿的"教育社会"由幼儿园、家庭、社区共同组成。

（二）适应我国幼儿教育现实的需要

幼儿的生活、发展需要整合幼儿园、家庭、社区三大空间的资源，但其在实践中还存在很多问题。这三种教育力量常常是分散的，很难优化整合。虽然三者之间都有合作，但合作经常流于形式，导致各方面资源的浪费，如设施设备、自然资源、人文资源等。

（三）适应幼儿自身发展的需要

幼儿园应加强与社区频繁的、高质量的交往与配合，在丰富的活动中引导幼儿积极主动地走出幼儿园，在充满活力的现实生活中接受丰富的教育，有助于培养幼儿学习的主动性、创造性。

（四）适应社区教育发展的需要

幼儿园、社区应充分发挥各自的优势，在人力、物力、财力等方面进行互补、优化。幼儿园是专业化的教育机构，幼儿教师了解幼儿科学的教育方法，应将这些方法推广、运用到社区教育中，让社区更好地了解并参与幼儿教育，从根本上提高社区教育的质量。

二、幼儿园对社区资源的利用

（一）利用社区的地域环境优化幼儿园教育

幼儿园可以根据自身所处社区的地理环境、资源环境和人工环境，充分整合利用优势资源，为幼儿营造良好的成长环境。如位于沿海地区，教师在不同时间带领幼儿看海浪的变化，组织幼儿在海边玩沙子、玩水；在四季分明的地区，教师可随着季节的更替带领幼儿到社区中去走一走、看一看，让幼儿发现季节的变化特征。

（二）利用社区的人口环境优化幼儿园教育

幼儿园教师可以组织幼儿访问社区中的工作人员，如社区保安、清洁工、消防员等；也可以请社区人员到幼儿园开展主题活动。丰富的活动可以让幼儿了解不同工作岗位上的工作人员的奉献、责任与担当。

（三）利用社区的文化环境优化幼儿园教育

社区文化环境有一定的教育功能，幼儿园在发挥其功能时应做好以下关系的协调。

1. 处理好物质文化与精神文化之间的关系

幼儿园要选择恰当的时机，增强幼儿对茶馆、咖啡屋、美发院、健身房、按摩室等的认识，同时要增加比重，促进幼儿对书店、博物馆、科技馆、美术馆、少年宫等的理解。

2. 处理好传统文化与现代文化之间的关系

教师可以组织幼儿观赏社区里开展的腰鼓队、太极拳队、龙舟队的表演，教师也可以指导幼儿参与社区里组织居民进行的插花、做手工、猜字谜、唱歌、跳舞等比赛。

3. 处理好东方文化与西方文化之间的关系

为了促进幼儿对不同文化的认识、理解、包容，教师可以带领幼儿参观面店、饺子店、麦当劳店、肯德基店，引导幼儿在观察中发现中餐店、西餐店的相同和不同之处。

三、幼儿园与社区结合的问题

在现实生活中，幼儿园、社区如何结合还存在经验不足的问题。如较多的结合流于形式，并没有实质性的效果；由于结合一定程度上加重了幼儿、教师的负担，不能有效地将社区活动融入幼儿园教育活动中等。

四、幼儿园与社区合作的注意事项

（1）幼儿园、社区应有机地结合起来，相得益彰，而不是增加幼儿、教师负担的额外工作。

（2）幼儿园、社区相结合的活动是否能开展，关键在于教师是否能敏锐地抓住问题、发现教育价值，并将其有效地利用起来。

模块五

幼儿游戏活动及指导

内容摘要：游戏是幼儿生活的重要组成部分。该模块的学习对幼儿教师学会指导幼儿活动具有十分重要的意义。该模块主要介绍了幼儿游戏的特点，幼儿游戏种类及其含义，游戏的功能，各年龄段幼儿游戏的特点，教师对不同学段、不同类型游戏活动的指导等内容。

学习目标：深入了解幼儿游戏的分类，注重理解不同类型游戏的含义及其功能，掌握不同学段幼儿游戏的特点，初步具备对不同学段、不同类型的游戏活动进行指导的能力，领会游戏活动在幼儿健康成长中的重要价值。

关键词：幼儿游戏　特点　功能　分类　指导　价值

第一节　幼儿游戏概述

案例导入

某幼儿园小班的儿童此时在自由活动，有个小朋友拿起一个空矿泉水瓶放在耳边，说："喂，我是红红。"另一个小朋友马上也拿起一个类似物体放在耳边，很自然地回答："喂，我是小刚，你是红红吗？"这样的情景在幼儿园中会经常出现。

思考：为什么幼儿园小朋友会出现这样的活动情景？

一、游戏的概念

（一）游戏的一般定义

游戏是所有哺乳类动物，特别是灵长类动物学习生存的第一步。它是一种基于物质需求满足之上的，在一些特定时间、空间范围内遵循某种特定规则的，追求精神世界需求满足的社会行为方式。这种行为方式也是哺乳类动物或者灵长类动物所需的一种降压减排的方式，不管是在出生幼年期，还是在发育期、成熟期。

合理、适度的游戏允许人类在模拟环境下挑战和克服障碍，可以帮助人类开发智力、锻炼思维和反应能力、训练技能、培养规则意识等，但大多数游戏对成年人在实际生活中进步的促进作用非常有限。

（二）幼儿游戏

《幼儿园工作规程》第二十五条第（五）项规定，幼儿园教育应当贯彻"以游戏为基本活动，寓教育于各项活动之中"的原则。我国著名教育家、儿童心理学家陈鹤琴说过，"游戏就是工作，工作就是游戏"。人民教育家陶行知也提出"生活即教育，游戏即工作"的观点。近年来，我国学前教育工作者就如何界定游戏概念在理论和实践上作了大量探索，并得到了一些共识："游戏是学前儿童最基本的活动。""游戏是为了寻求快乐而自愿参加的一种活动。"

二、游戏对学前儿童发展的重要意义

游戏是学前儿童的重要主导活动，既融合了主体内部的生理和心理活动，又加入了外部实践活动中"物"的操作和"人际交往"两种重要的活动要素。游戏是实现学前儿童身心发展的最常见和最受欢迎的活动之一。因此，游戏对于学前儿童的全面发展具有不可替代的重要作用，具体表现在以下几个方面。

（一）游戏促进儿童身体发展

感知觉是幼儿认知活动的开始，是幼儿认识周边事物、增长知识、发展智力的重要通道。各类游戏，尤其是操作类游戏为幼儿提供了大量练习感官的机会，从而对其眼、耳、口、鼻、手等感觉器官进行训练和锻炼，进而其看、听、说、嗅、触等能力得到进一步的提升。

幼儿期是一个人生命历程中的萌芽时期，其生长发育十分迅速且充满活力。游戏活动将让其发展充满生机和各种可能。游戏中的儿童的身体通常处于兴奋和积极状态。各种游戏的活动量和活动部位存在差异，因而其既能促进幼儿动作的发展，又能促进幼儿身体各系统的健康发育。如奔跑、跳跃、舞蹈等动作锻炼将更好地促进幼儿大肌肉的发育，各种运动技能和动作协调性、平衡性及灵活性等也将得以提高；又如在挑选不同颜色的玻璃球或红绿豆分类等摆弄、操作细小物品的游戏活动中，幼儿小肌肉动作技能将得以锻炼和发展，手、眼、指、力等综合协调能力和观察能力、听辨能力等也将得以提高，可为今后的读、写、听、说等也将活动打下良好的基础。

（二）游戏促进儿童语言和智力发展，并提高其对周围事物的认知能力

游戏中对游戏材料的操作和游戏活动中的人际交往等，将有效促进幼儿应用语言表达自己的观点和倾听他人意见的能力，从而促进其语言功能的进一步发展。

人的发展往往具有阶段性，学前期是幼儿认知发展的重要时期，幼儿经常通过游

戏的方式去认识和感受身边事物，从而进一步交换信息并提高对周围环境的认知。如鼓励和引导幼儿在垃圾分类游戏中去阐述和分辨有害垃圾、可回收垃圾、厨余垃圾，这将有效提高儿童的语言表达能力、逻辑思维能力等，并有助于其环保意识的建立和培养。

游戏中，儿童可以感受到不同物品的相似与不同，进而意识到物体间的联系和区别，提高对事物的感知。如从三角形联想到桥梁或铁塔的构造，从长方形联想到课桌或黑板的形状等。游戏是发展儿童想象力的有效途径之一，其通常以想象为核心活动，通过想象将游戏进程不断推进。另外，在游戏情景中产生的各种问题，也可有效激发他们积极思考并解决问题的意愿，是促进幼儿进行创造性思维和智力发展的重要源泉。如在"老鹰抓小鸡"的游戏中，可引导幼儿思考这些问题：老鹰和鸡都有翅膀，可为什么鸡不会飞？老鹰和鸡都住在哪里？为什么老鹰可以飞很高，鸡却只能从很矮的树上往下飞？进而引发幼儿的想象和分析。

（三）游戏促进儿童良好情感的发展

游戏是儿童身心健康发展和成长过程中不可或缺的元素。游戏不仅具有娱乐的作用，还会深刻影响儿童在语言、感官、性格、认知、情感等方面的发展。

游戏是自主自愿的活动，具有愉悦的情绪特征。游戏为儿童提供了学习理解和接纳他人情感、学会自我表达的途径。因游戏无外来的强制目标，无须"承担责任"，幼儿往往能够积极投入游戏本身，并伴有较好的情绪体验和情感满足。

如幼儿对打针的恐惧感可以在扮演"护士与病人"的游戏体验中得以克服或减弱。此类游戏可将生活中形成的负面情绪通过游戏加以缓解和克服。再如通过"警察抓坏蛋"一类游戏，可以帮助幼儿树立正确的价值观并在应对压力、冲突和攻击性等不良行为时对其进行有效控制。

（四）游戏促进儿童社会性的发展

幼儿社会性发展也称幼儿的社会化，是幼儿心理发展的重要内容和过程，是幼儿从"自然人"逐渐过渡到掌握一定社会道德行为规范与社会行为技能，最终成长为"社会人"的过程。

学前儿童游戏是儿童最常见、最有效的社会化途径。角色游戏、主题建构游戏、规则游戏等的共同特点均是儿童间的分工合作活动。在儿童生活游戏化或儿童游戏生活化的双向活动中，他们逐步学会了理解、适应、尊重、协商、合作等社会行为和交际技能，从而促进和发展了他们的社会性认知，也让儿童逐渐从以自我为中心中解脱出来，并逐渐较为客观地认识自我和了解他人，学会在群体中掌握人际交往的基本规则和技能，提高社会适应能力。

三、幼儿园以游戏为基本活动的属性及主要依据

游戏是幼儿探索、认识事物与环境的主要方式，并经常被其自然"带入"日常生活

中，是其模拟成人活动的常态行为。幼儿在游戏行为中会试图表现出自身对事物的感知并伴有体验性、愉悦性、非强制性等特点。

（一）游戏是幼儿最喜爱的活动方式，亦是其生活的主要内容

从某种角度讲，游戏是学前儿童生活日常的主导或主流活动，亦是他们最喜爱的活动方式。幼儿日常生活中的绝大部分时间都在游戏，可以说游戏是幼儿生活的常态或日常行为。幼儿常以游戏的方式将生活、学习、劳动等过程转变为游戏形态。

（二）游戏是学前儿童特有的学习方式

从广义的学习观来看，游戏是学前儿童特有的一种学习认知行为。根据皮亚杰的理论，游戏是儿童学习新事物的主要方式，是其积累和形成知识、技能、经验等的重要途径，是其将信息纳入原有知识经验结构的重要同化手段。他们在游戏中获得了直接的体验和经验，因此是其替代学习的重要活动，也是学龄前儿童智力发展阶段必然经历的重要过程。

（三）游戏是幼儿成长的适应方式，符合其身心发展的需求

幼儿身心发展受心理、年龄、环境等因素限制，在游戏活动中表现水平较低，但发展速度较快。因其年龄小、实践操作能力差，其在实际生活中的各种生长需求难以得到充分满足。为解决现实与实际能力间的差距与矛盾，幼儿往往表现出各种"创造"活动并投入游戏中，并在此过程中不断调适和满足自我的各种心理需求，积极适应成长。

四、学前儿童游戏的主要特点

（一）游戏是学前儿童自主自愿的活动

学前儿童的认知过程具有形象性、想象性、非随意性及情绪性等特点。游戏包含玩具、材料、动作、声音、情景、联想等因素，内容上具有丰富性，形式上具有多变性。学前儿童游戏的自主性、非强制性的特点是适应儿童的内部需要而产生的外在行为表现，因此要关注其内部动机和游戏意愿。

（二）游戏是以儿童视角反映社会现实的认知活动

游戏集中反映儿童对社会现实和周围环境的理解、认识和想象。不同的儿童在不同时期、不同地域、不同的成长环境与文化背景之下展现出的游戏内容和行为也有所差异。学前儿童的游戏活动多为对家庭或周边成人生活及活动的模拟和学习，是基于个体对周围生活的主观认识和反映。因此游戏具有一定的社会和现实属性。

（三）游戏是学前儿童虚拟与想象的活动

实际上幼儿游戏并非简单的复制和照搬。学前儿童的游戏通常是对成人或他人生活的模仿和加工，并在这些过程中产生新的形象，以新的方式去演绎和展示他人的生活。

在游戏过程中，他们往往不受实际环境与具体条件限制，而是通过想象创造新的情景，并根据游戏"剧情"的需要和想象，替换和改变物品功能和属性。如一根木棍，此时是美猴王的金箍棒，稍后又变成飞驰的火车和飞机，抑或又秒变成"战斗中"的枪支……

从幼儿的视角分析，他们相信虚构场景中的真实性。儿童往往会在虚拟的游戏中加入源于自身的一些真实情感，并从中体验游戏中的喜怒哀乐，甚至"入戏太深"。

（四）游戏是具有娱乐的趣味性和情绪的愉悦体验性的活动

游戏与社会劳动相比并不产生社会价值，没有严密的操作规范或流程制约。游戏的目的是游戏过程中的愉悦体验和想象，其价值在于游戏本身；游戏没有外在的强制性和功利性，因此幼儿游戏普遍具有趣味性。

游戏中的儿童通常能够在放松的状态下积极主动地参与其中。他们通过控制环境、操纵材料、改变规则等方式，体验自身的力量及主动表达自己的喜好和愿望等；并从自我营造的游戏环境中获取成功感、获得感等愉悦的情绪满足和心理体验，同时在创造力、想象力和思维品质等方面得到锻炼和提高。

某个具体的游戏不一定同时具备上述四个特点。不同的游戏在各个特点的体现程度上也不尽相同。自主自愿、无强制约束是幼儿游戏的本质，游戏的价值取决于其与儿童心理意愿和发展需求等方面的契合度与共鸣度。

五、幼儿游戏的种类

长久以来，有关幼儿游戏的分类存在诸多争议，至今仍没有形成一致的结论。研究者们根据不同的理论，从不同的维度和流派对游戏进行分类，并出现了各种各样的游戏分类。

19世纪下半叶，心理学家们提出了诸多游戏理论。早期理论侧重于从生物学角度将游戏视为本能和先天需要，当代游戏理论则更多地关注游戏对个体发展的重要价值。

（一）依据儿童认知特点分类

以皮亚杰的理论为主要代表，以认知发展为依据进行游戏分类。皮亚杰根据游戏与认知发展的关系，把游戏分为练习性游戏、象征性游戏和规则游戏等三种相互之间呈等级关系的游戏类型。

皮亚杰认为结构性游戏不是一种独立的关系，而是可明确划分发展阶段的游戏类型。但也有研究者提出不同看法。如以色列心理学家史密兰斯基认为结构性游戏是幼儿游戏的一个重要类型，应包括在认知型系列游戏之中。

1. 练习性游戏

练习性游戏是游戏发展的初始形式，也被称为感觉运动性游戏或机能性游戏，主要出现在0~2岁。练习性游戏的动因在于使用感觉或运动器官过程中所获得的快乐体验或感受。如婴儿在澡盆里不断拍打盆子里的水获得乐趣，或在婴儿床上以不停晃动铃铛的方式去引起父母的注意等。

此类游戏是儿童为了获得某种愉快的情绪体验而单纯重复的某种动作或活动，既可以是徒手游戏，也可以是操作性游戏。这类游戏往往以独自游戏的方式发生，随着儿童年龄的增长，此类游戏的比例会呈现出逐渐下降的趋势。

2. 象征性游戏

象征性游戏又被称为符号性游戏，通常以将知觉到的事物用替代物进行表现的游戏形式出现。象征性游戏的主要特征是"假装"和"想象"，以"假装"来模拟社会生活进行想象游戏，因此又被称为假装游戏、想象游戏或者戏剧游戏。即幼儿对事物的某些方面做"想象的改造或替代"，包括用一物代替想象中的其他事物。如把积木当做电话或枪械，把玩偶当作王子或公主。前运算阶段的幼儿通常喜欢进行此类游戏。此时幼儿已经发展出表象语言与功能，通过假装活动想象不存在的东西，因此这种游戏能够有效帮助他们解决希望参与成人生活但受身心发展水平较低制约的这一矛盾。象征性游戏是学前儿童的典型游戏方式，通常在两岁以后开始大量出现，四岁以后是比较成熟的发展阶段。

在这类游戏中，他们用某个假动作代表真实的动作。如张开双臂快速奔跑即是"开飞机"，用食指和拇指并晃动代表"射击"。在"扮家家"中假装自己是别人的爸爸、妈妈或虚构自己为其他角色等情形都是象征性游戏的具体表现。如妞妞最近热衷于"做妈妈"，每天妈妈下班后都要求与妈妈进行角色互换，让妈妈扮演她的宝宝。她会要求"宝宝"回家后去洗手，然后她假装用杯子倒水给"宝宝"喝，还会陪"宝宝"搭一会儿积木，给"宝宝"唱歌等。如果"宝宝"看手机超过一定时间，同样会受到限制。她还会问"宝宝"是不是饿了，想吃什么，然后用锅碗瓢盆等玩具材料或替代物假装给"宝宝"做饭吃等。妞妞的游戏活动基本上反映的是她对成人生活场景的模仿或自身生活场景的再现和想象。

象征性游戏是学前儿童的典型游戏，根据游戏水平来区分，大致可以分为装扮游戏和角色游戏。装扮游戏比较多地发生在幼儿早期，并因自身的意愿和好恶而出现忘记或破坏规则的现象。

3. 规则游戏

规则游戏是指为实现预定的教育、教学目的而专门编制出某些既定规则，然后让游戏中的成员共同遵守一种游戏。规则可以依据故事情节要求制定，也可以是儿童按照假想的情节自行规定。形式上有幼儿单独一人进行的单人规则游戏，幼儿之间有一定的联系但并不是真正的分工合作的联系性规则游戏，以及幼儿在进行规则游戏时有相互分工、彼此共同遵循游戏规则的合作性规则游戏三种。研究表明，幼儿中期的儿童能按一定的规则做游戏，但他们常常因外部刺激或自己的兴趣而忘记甚至破坏规则；幼儿后期的儿童能较好地理解并坚持游戏的规则，还能用规则约束所有游戏成员。这种游戏利于培养儿童遵守集体规则和既定社会道德规范的习惯，利于幼儿建立基本的时空观念及培养诸如做事要有必要的先后顺序之类的简单逻辑思维能力等。幼儿中后期经常开展的体育游戏和竞赛游戏等可以一直延续到成年，这对幼儿的"规矩或规则"意识养成具有较为积极的作用。

我国学者依据规则游戏达到的教育、教学目的等，把规则游戏分为以下几类。

（1）智力游戏：智力游戏也称为益智游戏，即根据一定的智育任务进行设计，是以智力活动为基础，反映规则约束性的游戏。如"走迷宫""摸箱""帮小动物回家"等。

（2）体育游戏：体育游戏根据一定的体育任务而设计，是以发展基本动作和技能为基础，锻炼幼儿在奔跑、跳跃及反应、协调等方面能力的规则游戏，也称运动性游戏或体能游戏。如"单脚跳""青蛙跳""二人三足往返跑"等。

（3）音乐游戏：音乐游戏根据一定的音乐教育任务而设计，是以唱歌、舞蹈、律动、欣赏等音乐活动为基础的规则游戏。如"抢凳子""老猫睡觉醒不了"等。

国外有学者依据游戏动作的特点，把规则游戏分为以下类别。

（1）瞄准游戏：游戏者拿东西瞄准目标后击打或投掷目标。如"保龄球""套圈""打地鼠"等。

（2）赛跑游戏：以奔跑为主的游戏。如"接力跑""端球跑""持缸运水"等。

（3）追击游戏：是游戏中有奔跑者和追击者，角色可以互补或互换，如"丢手绢""网鱼""猫捉老鼠"等。

（4）躲藏游戏：包括藏人的游戏和藏东西的游戏。如"捉迷藏""掘地雷"等。

（5）猜测游戏：以触觉、听觉、视觉、言语描述等为线索去猜测是"什么东西"或"是谁"的游戏。如"请你猜猜我是谁""我来比划你来猜"等。

（6）口令游戏：是指跟着口令做适当动作的游戏。一种是要求游戏者跟着口令做正确的动作，另一种是要求游戏者做出与口令相反的动作。如"大西瓜、小西瓜"等。

（二）依据游戏的社会性特点分类

根据参与游戏的幼儿之间所呈现出的相互关系，又可将学前儿童游戏分成四类。

1. 独自游戏

独自游戏是指儿童专注于自身并表现为独自玩耍、还没有玩伴意识的一种游戏状态。处于独自游戏阶段的儿童往往自顾自地玩着自己的玩具，自设"剧情"，自我对话，甚至无视周围的人和事物。独自游戏通常出现在两岁之前。

儿童摆弄的物品可能反映了该客体的功能及社会用途，也可能因为幼儿行为使该物品的外形、位置及其性质等发生变化。随着儿童年龄的增长，以物品为对象的游戏内容和方式越显复杂，儿童不但关心引起物品变化的行为，而且对物品本身逐渐产生好奇心和兴趣，动作的灵巧度与精确度也不断提高，逐渐能将自我与客体做出区分，并做出进一步的探究行为。

2. 平行游戏

平行游戏是一种两人以上在同一时间和空间里进行的游戏，主要表现是"各玩各的，互不干扰"，游戏过程相对独立、少干扰和交流。他们有基本相同的玩具或物品，游戏内容大致相同，但在游戏过程中表现为"独立游戏"形态，期间较少交流和互动。在平行游戏中，幼儿玩的玩具与周围儿童的玩具相同或相仿，儿童之间彼此靠近，能感觉到别人的存在，相互之间会有眼神接触，也会留意观察他人的操作方式，甚至有模仿别人的行为，但实际上彼此都无意影响或介入对方的活动。他们之间既没有共同的目的，又没有合作的行为。平行游戏通常发生在 2 ~ 3 岁的儿童身上，其集中反映出此年龄段儿童的社会性交往状态。

3. 联合游戏

联合游戏又称为分享游戏。儿童在此类游戏中往往会"各玩各的"，很少产生自身游戏之外的其它关联行为。从表面上看，儿童在活动期间产生了相互联系，但实际上在涉及游戏本身的内容或进程时，他们之间却缺少共同的意愿，儿童往往不会让个人的兴趣遵从小组或他人的兴趣，每个人仍然坚持按照各自的兴趣点来完成游戏。对于通常由多个儿童一起进行相同或差异不大的游戏，游戏过程中儿童之间没有明确分工和合作，其也没有遵从某个具体目标或预设结果去组织活动。儿童行为的社会性表现仅仅是停留在同伴交往层面，而非基于游戏本身的合作关系。儿童相互之间可能进行语言交流，并提供和分享、接受彼此的玩具，产生材料交换的情形，也对他人的活动做出肯定或否定表达，但有时会产生攻击行为。

4. 合作游戏

合作游戏是大龄幼儿出现的高级游戏形式，是带有共同计划和需要，并经过共同协商或协作完成的游戏类型。游戏参与者之间有较为明确的分工与协作，显著特点是游戏中有指挥者或领头者，其余是随从者。此类游戏具有较为明显的组织性和集体意识，有共同约定和遵守的规则。游戏需要参与者相互协作和配合，一般在 3 岁之后的儿童中才会产生此类游戏的雏形，其在 5 ~ 6 岁的儿童中得到快速发展，体现了儿童社会性发展逐渐成熟的趋势。游戏者之间分工较为明确，需要主动配合。

（三）依据幼儿游戏内容与性质分类

依据幼儿游戏的内容和性质，幼儿游戏可分为两人类，即创造性游戏和规则性游戏。目前国内幼儿园大多采用这种分类方式。

1. 创造性游戏

创造性游戏的显著特点是以"想象"为中心，并伴有明显的自主性行为。在此类游戏中，幼儿会较为积极主动地参与并创造性地反映现实生活。这是幼儿期儿童典型且特有的游戏类别。幼儿在游戏中所反映的现实和生活，绝非简单的照搬、重复和再现，往往是由幼儿根据自己的兴趣、爱好和所积累的经验等，创造性地进行游戏主题的设计和规则的制定。其中的具体情节和玩法多为幼儿按照他们自己的意愿进行约定或设置，幼儿可以通过特定的肢体语言、口头语言或标志性动作、夸张的面部表情等，自主和自由地表达与表现他们对周围环境、生活的认识和体验。

创造性游戏对幼儿语言表达、团队协调、想象与学习能力及创新型思维训练等具有较为重要的教育价值。

创造性游戏还包括角色游戏、结构游戏和表演游戏。

（1）角色游戏。角色游戏又称为主题角色游戏，是幼儿通过角色扮演的方式，运用想象，创造性地反映个人对周边生活的理解和认识。此类游戏通常具备一定的主题，如"娃娃家""商店""医院""学校"等。角色游戏是幼儿期较为典型和最具特色的一类游戏。

（2）结构游戏。结构游戏又称为结构性游戏、建构游戏，是指幼儿按照一定的计划或目的，利用积木、积塑、沙石、黏土、积雪、砂石、金属材料等各种自然或非自然物品、结构材料或玩具，进行一定程序组织后，使其呈现出一定的形式或结构的活动，是幼儿将现实生活与其想象结合起来并进行构造的一种游戏。结构性游戏发生在幼儿两岁左右。同其他类型的游戏一样，结构性游戏同样经历发展性的阶段变化。

史密兰斯基认为结构性游戏是介于功能性游戏（练习性游戏）与象征性游戏之间的一种游戏形态。但已有研究发现，结构性游戏和象征性游戏在学前阶段都有增加的趋势，因此结构性游戏应当是和象征性游戏同步发展的，而不是在象征性游戏之前开始发展。

进行建构活动的游戏对幼儿手指的精细动作训练，协调性、技巧性以及观察力、空间想象力、动手能力与思维能力等发展具有积极的作用，因此其也被称为"塑造未来工程师的游戏"。研究表明结构性游戏对儿童智力开发、潜能挖掘、模型建构、空间思维等方面具有重要作用和影响。

在结构性游戏中，特别需要关注的是积木游戏，这是幼儿发展与创造性地反映现实生活的重要方式，也是幼儿非常喜爱甚至是不可替代的游戏。

（3）表演游戏。表演游戏是儿童通过对童话、寓言等文学作品中的人物角色进行分工和情节表演等方式，再现和体验文学作品内容的一种游戏形式。表演游戏主要分为木偶表演、桌面表演、戏剧表演、影子戏表演等。传统民间故事、寓言故事、童话故事中的经典片段经过儿童的语言、动作和"演员"之间的彼此配合等行为呈现出来，其在训练幼儿语言表达能力、记忆力、专注力等方面具有积极作用。例如：三只小猪、大灰狼与小白兔、龟兔赛跑、狐狸和乌鸦等故事的表演游戏。

2. 规则性游戏

规则性游戏也称有规则游戏，是为发展幼儿的各种能力而设计的且有明确规则的游戏。规则性游戏包括智力游戏、体育游戏和音乐游戏等。如"找朋友""丢手绢""抢凳子"等游戏。

关于学前儿童游戏的分类还有其他很多种。无论何种分类，都是依照一定的标准和原则划分的。以上游戏的分类并不是绝对的，它们之间可能存在相互包含和交叉的情况。无论哪一种分类，学前教师应该遵循和坚持的原则是：科学地理解和把握各种游戏的分类、特点与游戏内在价值，把握儿童的游戏状态、心态及年龄特点，以更好地促进幼儿的身心健康发展。

第二节　教师对幼儿游戏的支持与指导

幼儿在游戏过程中需要得到教师的支持与指导。因不同年龄幼儿在不同游戏、不同场景、不同群体中的表现不同，其适用的指导方式也不尽相同。教师要积极关注各种影响幼儿游戏活动的因素，根据幼儿不同年龄段的发展水平做好游戏前的各种准备工作，并进行对应的游戏预设；游戏中宜根据幼儿实际和游戏类型与特点给予科学适当的指导；游戏结束后应及时总结经验，做好结束后的反馈与反思工作。教师要在支持和指导活动中努力做到"因地制宜、科学指导、据实而为"。

一、各年龄段幼儿游戏的特点

（一）小班

1. 社会交往率较低，以独自游戏居多

小班幼儿因年龄小、独立性弱、社会行为经验缺乏等原因，在游戏中表现出更多的自我行为，表现出在某种程度上类似于动物界的"幼崽行为"或"原始状态"：他们往往在自制力、独立性上表现较差，同时会表现出攻击性强、能力弱、缺乏耐心和合作意识、依赖父母、容易缺乏安全感等特点。

同时因幼儿入园时间比较短，环境变更后认识的新伙伴不多，在实际生活中往往不能清晰辨识或理解各种人际关系，导致其合作性水平不高，游戏活动在这一阶段多表现为独立游戏和平行游戏。

2. 对游戏材料认知不足，并缺乏创新性思考

小班幼儿在游戏时缺少对材料的认识和创造性，通常要在外围因素的影响下继续游戏，如在老师的指导或同伴示范下缓慢地进行游戏。他们在拿到新玩具时喜欢摆弄它，但几乎没有对玩具进行再度创新的举动和想法，游戏时的兴趣保持时间也较短，在对材料的摆弄或操作上基本停留于常规性操作。幼儿偶尔也有一些创造性的表现，但受限于其"思考力"和"经验值"，其创造表现一般是低水平和低层次的，大多数时候需要父母或教师帮助其发现游戏的其它表现方式和玩法。

3. 游戏自主性较差，需要成人引导

游戏过程中，幼儿能用自己喜欢的方式操作，但是他们在完成一项游戏后，受认知的局限，往往不能积极自主地进行后续的操作，而是出现观望或停滞的情形；或是

在游戏中遇到困难时，往往因为不能自主解决而直接停止游戏活动；又或是游戏时缺少规划性和前瞻性，目标性较差导致"随心所欲"的状态居多；遇到较大困难的时候，他们一般会出现怀疑的态度，此时就需要教师和家长的适时、恰当的指导才能顺利完成任务。

（二）中班

1. 幼儿的社会性交往逐渐增加，开始喜欢并尝试合作性游戏

随着年龄的增长和对环境的逐步适应，中班幼儿在和同伴一起玩游戏时，逐渐积累了一些人际交往经验和技巧，开始尝试与同伴共享快乐，并在此过程中获得一些引领同伴和服从同伴的体验和经验，逐渐了解和学会了一些人际交往和合作的方式与技巧。中班幼儿开始有自己熟悉并相对固定的游戏伙伴，在游戏中也表现出更多的坚持性和合作性。与小班幼儿相比，中班幼儿攻击性行为出现频率减少。在游戏活动中，幼儿逐渐领会并懂得了合作、分享、协商、服从等，其规则意识也在这一时期得以萌芽和较好发展。

在这一阶段，他们逐渐能控制自己的情绪和行为，有意性行为也逐渐增多，同时出现了更多的亲社会行为。他们在游戏中通过更多的人际交往和模拟体验，进一步拓展和加强了社会交际能力。

2. 幼儿会主动增加既定内容之外的游戏情节

中班幼儿的游戏主题尽管还不够稳定，但就其在游戏过程中表现出的自主性而言，与小班幼儿相比已得到明显增强。他们往往会主动增加一些既定内容之外的游戏情节。游戏内容及规则更多的是去满足他们自己的内心需求、设想和兴趣。

这一阶段的幼儿在游戏过程中，自我中心意识仍然较强，更多的是从自己的兴趣和愿望出发去关注和选择自己感兴趣的材料，并不在意同伴的想法或感受。

3. 幼儿游戏的自主意识增强，具备了一定的创造意识，开始创新探索

中班幼儿具备了一定的创造意识并能较好地开展游戏。对于同一材料，经过多次重复操作后往往不再满足于既定的常规玩法，更愿意去尝试更多新的游戏方法或手段，并积极自主地去思考和实践游戏的创新玩法，调动已有的知识和经验，不断地变换角度和方式进行新的探索和实验。

在这一阶段，由于他们有了更多的生活经验和认知积累，加之理解能力和环境适应能力较小班时得到了更为充分的提升，他们对各类游戏都感兴趣，更愿意去尝试。

（三）大班

1. 以合作性游戏为主，合作水平较前两个阶段已有较大幅度的提高

大班幼儿随着年龄和社交量的增加，更喜欢与同伴一起玩游戏，其注意力和专注度有了很大的提高，社交能力大幅增强。他们不仅开始关注自己的活动，还会有意识

地注意同伴或其他团队的活动。随着社会经验的不断丰富，大班幼儿对周围成人的社会活动的认识也更加丰富和完整，对生活的体验和理解也更为深刻。游戏以合作性游戏为主，幼儿会自行组成小组，围绕共同的活动目标，并在互助的同时共同完成任务。

2. 幼儿创造能力不断提高

大班幼儿在教师的启发和引导下，能够更好地迁移原有的经验并进行更多的创造性活动。在游戏中，对游戏材料的使用往往不会局限于单一的操作方式，会主动争取更多的玩法和操作。在有既定主题的游戏角色中，随着游戏情节的开展，大班幼儿不仅开始了丰富的想象，还会更充分地通过玩具材料和活动去展现自己的想象，在活动中表现出了更多的创造性。这些都说明大班幼儿在游戏中的想象活动更为丰富和自由，其想象空间和力度也较大，并在想象与游戏实践相结合的过程中逐渐提高创造能力。

3. 幼儿自主性逐渐增强

大班幼儿在游戏活动之前已经能对自己要做的事情有大致的构想和规划，其活动的自主性和主动性水平有了较明显的提高，行为上减少了更多的盲目性，增加了目的性和计划性。游戏的主题通常较为明确，综合性水平也较高。

由于身体成长，语言和身体活动能力进一步发展，其活动的强度和广度增加，普遍具备较强的求知欲望，更喜欢尝试和探索新的东西。他们会根据自己的喜好、特长及能力自主选择和参与游戏活动。由于已经有了自己的思考和认识，甚至有了一定的群组活动标准和规则，大班幼儿在游戏活动时不再满足于以往的听从或追随。

二、对幼儿游戏的支持

在对幼儿游戏的支持方面，教师要多作换位体验和换位思考，尽量以幼儿的身份和视角去认识和看待游戏。同时要尽量满足幼儿游戏的各种需求，并从物质和精神两方面对幼儿的游戏予以更多的支持和帮助，并应采取适宜的方式协助和推动游戏不断地朝着适合幼儿身心健康发展的方向和目标前进。

（一）满足幼儿的物质需求

游戏材料是幼儿游戏所使用的玩具和物品的总称。游戏材料是游戏的基本物质基础和要素，离开游戏材料，幼儿游戏活动将遭遇更多的局限和困难，甚至无法进行。因此教师要充分满足幼儿对游戏材料的物质需求。在投放游戏材料时应注意材料的功能、属性、数量、颜色等方面的丰富性、充足性及变化性，尽量避免因材料原因而阻碍游戏发展的情况。

在游戏材料的准备上教师应注意以下几点。

1. 为幼儿准备类别和数量充足的游戏材料

玩具材料是幼儿游戏活动的基本物质基础和介质。幼儿通常是通过使用或操作玩具材料而在游戏中产生对客体的感知和对周围事物的认知。不同的玩具及其材料具有不同的功能和属性，材料种类对幼儿游戏具有某种定向选择的引导和暗示，如果提供的材料过于单一，游戏情节的发展就可能会受到较大的限制。因此教师在游戏中要注意材料在数量和属性等方面的充足性和丰富性，同时也要根据游戏的供给需求和要求，在材料准备上兼顾适宜、适量和适度。

2. 根据幼儿的年龄和心理特点提供游戏材料

教师应根据各个年龄段幼儿的游戏活动特点及发展情况，兼顾班级幼儿的实际，综合考虑该年龄段幼儿心理、喜好等因素，有意关注幼儿的"最近发展区"，并综合上述因素提供相应种类和数量的材料。

3. 提供与阶段性教育目标及内容相匹配的游戏材料

教师要根据幼儿的不同年龄与心理特点，制定适合本班幼儿整体发展水平的阶段性教育目标和内容，并根据相应的目标和内容，在不同的活动区域和环境下，有计划、有目的地投放与之相适应的游戏材料。

4. 多提供无固定功能的游戏材料

游戏材料的特性与幼儿游戏行为有非常密切的关系。游戏材料在幼儿活动中通常具有暗示性和象征性，在实际游戏过程中，他们经常用材料去替代生活中的人与事物。材料特征的差异将引发和积累不同的游戏体验和经验。如果材料功能固定和单一，也将导致幼儿较为单一的行为或活动，游戏情节的发展和想象就会受到限制。而无固定功能的游戏材料往往可以使幼儿按着自己的想象创造出游戏的多种玩法，如玩具听诊器在更多情况下会单纯地对应它是医生治病的工具这一概念，而一根小木棒或一片树叶在不同场景的想象之下就可以指代和象征多种事物。

幼儿通过不断熟悉和探索材料，可以接收到直观和丰富的感官刺激，让肢体和肌肉得到锻炼和训练，继而又引发想象、思维和创造等。他们在与材料的互动和探究中能促进发散思维和想象力等的发展。

5. 多提供中等熟悉和中等复杂程度的游戏材料

游戏材料的复杂程度以及幼儿对材料的熟悉程度对幼儿游戏有较大的影响。当游戏材料对幼儿是完全陌生和较为复杂时，可引起其更多的深入探究行为；当游戏材料对幼儿来说是中等熟悉和中等复杂时，可引起幼儿更多的象征性游戏和练习性游戏。

因此教师要根据幼儿的年龄、心智特点、理解能力及教学环境等因素，多为他们提供中等熟悉和中等复杂程度的游戏材料，以便唤醒和激发他们的好奇心和注意力。这是因为过于简单的材料不易引起他们的关注和兴趣，过于复杂的材料容易引起他们的畏惧情绪，使用两者都不易达到预设的目的和效果。

6. 将游戏材料放在显著可见的位置

有实验表明，放在中央位置的游戏材料使用率较高，更容易引起幼儿的关注并使他们之间产生更多彼此相互作用的游戏。所以教师在准备和投放游戏材料的时候，应将其放在场地中央或幼儿能直接看到或方便得到的位置。

（二）教师与幼儿共同探索游戏的乐趣与奥秘

通过师生的共同探究、观察比较和协助与合作，使幼儿自然地获得更多的直接体验，并从中掌握技能，发展想象力、独立性、合作性、坚持性等，推动游戏不断向前发展。

当幼儿遇到困难并求助于教师时，教师不要急于直接给出答案或建议，而应以游戏伙伴的身份介入游戏，让孩子们更多地成为游戏的主角。可以用同伴的口吻与幼儿共同讨论和探究，并给予恰当的帮助和引导，帮助他们更多地去自己思考和决定游戏的方式和进程。

（三）充分满足幼儿游戏的心理需求

游戏是幼儿的常态化重要活动。教师应充分满足幼儿游戏的心理需求，并有效利用这一因素调动幼儿积极参与，使其在游戏活动中能达到比较理想的层面和目标，更充分地展示幼儿的综合能力，获得更多更好的愉悦体验和情绪。

（四）关心幼儿的游戏意愿

教师要善于观察和分析幼儿的游戏心理和意愿，多关注幼儿游戏的心理因素，可以根据幼儿的游戏心理、语言表达、面部表情、肢体动作等细节去揣摩幼儿的游戏意愿和心态，准确捕捉其内心真实想法，在游戏主体上做好"摸排与了解"。

（五）关注游戏的发展进程

教师要关注幼儿游戏的发展进程，并随着幼儿游戏的发展，给予其持续的支持和辅助，即教师要多从幼儿的角度和立场上去思考游戏的发起和开展，清楚地意识到幼儿什么时候可能会需要教师什么样的帮助。在游戏活动过程中，教师要善于把握时机、及时提出启发性的问题，激发幼儿的想象和思考，使游戏不断拓展或深入。当幼儿的游戏发生停滞或偏差时，教师应适当地给予提示或辅助，及时干预或提出适宜、合理的建议。

三、对幼儿游戏的总体指导

（一）对幼儿游戏指导的策略

不当的游戏方式可能成为幼儿发展的障碍。幼儿教师应该掌握适当和必要的游戏指导方法和策略，以更好地帮助和促进幼儿身心发展和健康成长。

1. 尊重幼儿天性，保护其游戏的自主性

（1）尊重幼儿游戏的兴趣和意愿。首先要将幼儿视为独立的人，要明白他们有着自己的意愿和兴趣，而不宜将成人的想法强加给他们。其次要明确幼儿是游戏的主体和主角，要尊重幼儿并让其按自己的意愿和兴趣活动，此时他们会对活动有更强烈的自主性。

（2）重视并营造幼儿游戏的氛围，关注和发展幼儿在游戏中的想象力、表现力和创造力。幼儿游戏时的氛围往往是幼儿积极自主参与游戏的结果，其间他们的思维是主动和积极的，也是游戏的"假想性"的特点在游戏中的具体呈现。教师不宜以成人的视角和标准过多干预并随意破坏游戏氛围和进程，否则游戏就缺少了天真的童趣和天然的意趣，甚至违背了儿童本身的意愿，导致他们丧失兴趣，觉得游戏索然无味。

2. 以间接指导为基本原则

（1）丰富和拓展幼儿的生活体验和经验。幼儿游戏是幼儿对生活和环境的大致反映和加工，其日常生活经验和知识是他们进行游戏的基本条件与认知进步的源泉。因此宜通过家校合作、家长陪伴、扩大人际圈等方式去丰富和拓展他们的生活经历。

（2）观察并合理参与幼儿游戏。在幼儿游戏活动的开展过程中，教师的身份是多重的：既是观察者、记录者，又是指导者、伴随者和干预者。教师要善于观察、积极应对和把握参与的时机、契机与力度，做到"合情、合理、合规"地参与和介入。

3. 遵循幼儿游戏发展的规律，科学指导游戏

幼儿游戏会随着幼儿身体发育、年龄增长及心智的发展变化而变化。教师对幼儿游戏的指导应以尊重幼儿意愿和兴趣为前提，以鼓励和促进幼儿发展为原则。除非遇到因幼儿自身原因阻碍游戏进一步发展的情况，教师通常不宜做过多或随意的干预和改变。

4. 按照各类型游戏的特点和规律指导游戏

由于不同类型的游戏具有不同的特点，教师对游戏的指导还要考虑到游戏的种类属性、该年龄段幼儿活动特点和游戏发展的规律。其间要慎用强制手段硬性干预或终止游戏的发展，应有意识地采用"尊重、商量、协助"和"儿童化"的指导方式。

（二）教师介入幼儿游戏

在正式介入之前，教师要用心观察和积极思考，做好各种情况的准备和预判，游戏中要注意对语言、表情、声音、动作等细节的观察、时机的把握、介入方式的选择等。

1. 把握好介入时机

教师对游戏干预的时机选择主要取决于主客观因素两个方面：一是教师的主观心态和意识，即教师希望幼儿在游戏中表现出的水平、态度、状态和情感，当然还包括教师在指导幼儿游戏的情绪、态度和精力等；二是要注意把握住幼儿游戏时的客观需要，即在游戏前充分了解幼儿游戏的内在需求，并在游戏中仔细观察和准确判断幼儿的游戏行为是否处于自然和流畅状态，准确辨识他们是否需要帮助或引导。

（1）幼儿游戏出现困难时介入。如果幼儿不清楚游戏的内容、方式、规则，那么教师的迅速与准确介入是引导幼儿顺利开展游戏的关键。此时教师应当注意语言表述、示范的准确性和游戏参与者的理解能力。

（2）必要的游戏秩序受到较大干扰时介入。当必要的游戏秩序或规则受到较大干扰或威胁时，教师可用游戏口吻果断并自然地制止个别幼儿的干扰行为，并提出合理的活动建议。此时要注意避免出现过激的语言和行动，要"巧妙地宽容、机智地化解、平稳地过渡"。如果是环境、材料等外界干扰因素，教师要及时果断地处置，保证幼儿在安全的情况下继续游戏。

（3）幼儿对游戏丧失兴趣或准备放弃时介入。当幼儿对游戏丧失兴趣或准备放弃时，教师的适时介入可以帮助幼儿拓展游戏的内容和玩法，提高游戏技能，进一步激发幼儿游戏的兴趣。其间要注意抓住继续游戏的关键点，注重新颖性和灵活性，找到激发兴趣的"刺激点"。

（4）游戏内容或过程发展以及技巧掌握等发生困难时介入。在此情况下教师可以作为游戏同伴介入游戏，给予幼儿准确的示范，或者让理解能力强的幼儿再次进行模仿示范来降低游戏难度，或者引导他们互相启发、互相帮助，可采用"小老师来帮忙""手牵手，一起走"等方式帮助其他幼儿克服困难，进一步让游戏继续下去。其间要有耐心，能够包容仍然不懂的孩子，不能出现语言伤害甚至侮辱行为。

2. 教师介入的方式

介入方式按照介入主体、介入物质等可以分为以下几类。

（1）以教师自身为媒介，主要有以下三种方法。

平行式介入法。平行式介入法指教师在幼儿周围和幼儿玩相同或不同材料的游戏，有意引导幼儿进行模仿，此时教师的示范起着隐性的暗示作用。当幼儿对教师新提供的材料不感兴趣或者不会玩、不喜欢玩、只会单一玩法时，教师可用这种方式介入并进行指导。

交叉式介入法。交叉式介入法一般是指以下两种情况：一是教师认为有必要进行指导时，可主动参与和带动游戏；二是当幼儿有希望教师参与的意愿或需求时，由幼儿邀请教师作为游戏中的某一角色或教师自己扮演某一角色参与幼儿的游戏，此时教师通过与幼儿的角色互动起到示范和指导的作用。

直接干预介入法。直接干预介入法也称为垂直式介入法。当幼儿游戏出现严重违反规则或有攻击性等危险行为时，教师要直接介入游戏，并对"违规"幼儿的行为进行直接干预。此时教师的指导是直接和显性的。如在游戏中幼儿因争抢玩具而发生打骂，或者是玩一些有暴力倾向或含有侮辱、歧视等内容的游戏时，教师应直接进行干预和引导，防止事态进一步扩大。但这种方式易破坏游戏气氛，甚至导致游戏中止，一般不宜多用。

（2）以游戏伙伴或交流体验为媒介。幼儿与成人的互动固然重要，但是不能直接代替或取代幼儿与玩伴之间的交流与互动。游戏是幼儿进行学习和交流互动、获得经验和知识的良好机会，因此教师要充分利用幼儿与玩伴互动这一利好因素，支持和引导幼儿进行学习。例如，可建议幼儿结成团队，共同面对游戏中的问题，进而分析和解决问题，增加幼儿探索新知的主动性和积极性。

（3）以材料为媒介。教师为儿童提供材料或者在原有基础上调整材料，以引发幼儿更多、更强烈的兴趣，将游戏拓展到新的内容、视角和范围，促进游戏的延续和提升。

3. 教师指导游戏的方法

（1）语言指导，主要包括以下方法。提问：提问主要是便于了解幼儿游戏的状态及幼儿的具体想法或对幼儿启发引导等，宜用亲切平和的口吻去了解幼儿的真实想法。如"你想做什么呀？""有什么问题啊？""需要老师做你的助手吗"等，目的是引起幼儿的思考，指导他们更好地游戏，并从中逐渐学会辨别是非或方向，做出明确的行为判断。

提示：提示主要是当幼儿遇到困难或不知所措、缺乏目的时，教师用一两句简单而具有建议性的语言或动作提示，帮助幼儿明确想法，促进游戏的顺利开展。

赞扬：赞扬主要是就游戏中幼儿表现出的创造性及正向的游戏行为或方式加以肯定，并适度放大幼儿的良好表现。如对幼儿在游戏中能自觉遵守规则、克服困难、坚持游戏等良好的规则意识和意志品质给予夸赞，有利于树立和培养他们的自信心。

（2）行为指导。行为指导指教师在具体的游戏过程中通过肢体语言、材料提供、环境布置、率先表演等进行指挥、引导、示范、纠正的一种指导方式。

肢体语言：肢体语言是指教师在指导游戏时，利用动作、表情、手势，并配以有亲和力的"儿童式"口语，适时对幼儿游戏行为做出适当的反馈，有利于他们对人际交往细节的感知，进而锻炼其理解与执行能力。

材料提供：教师一方面要提供丰富多样的材料，另一方面要根据情况增加新的材料或改变与拓宽材料的使用功能或属性，尽可能满足幼儿游戏的物质需求。

环境布置：可以通过场地布置和游戏环境的更改等去影响和改变幼儿行为及发展方向。例如，可利用灯光、颜色、大小、多少及材料功能拓展等将游戏环境或场地做出适当的改变，以营造更好的游戏氛围，让幼儿感受到变化和新鲜感，引导和吸引他们迅速进入游戏场景。

四、对幼儿园各类游戏活动的具体指导

（一）对角色游戏的指导

幼儿的游戏水平通常因年龄、认知水平的不同而产生差异性。在角色游戏中，小班幼儿以模仿为主，大班幼儿则以创造为主，中班幼儿则介于两者之间。教师应针对幼儿的年龄特点和游戏水平，有针对性地进行指导。

1. 小班角色游戏

特点：小班幼儿处于独自游戏和平行游戏的高峰期，他们的角色意识较差，游戏主要内容为重复操作或摆弄玩具，主题和情节较为简单；儿童之间交往互动少，其关注点主要集中在玩具和材料上；同伴之间玩相同或相似的游戏。

指导：由于小班幼儿的游戏内容主要是重复操作游戏材料，教师的指导重点应放在如何使用游戏材料方面，以满足幼儿平行游戏的需要。教师可根据其游戏特点和社会经验为幼儿提供种类少，但同类数较多的玩具，避免幼儿因相互模仿而争抢玩具。教师以同伴游戏者的身份介入游戏，有意引导幼儿的规则意识，让幼儿逐渐学会在游戏中进行自我管理，同时通过游戏评价手段等不断丰富其游戏经验。

2. 中班角色游戏

特点：中班幼儿认知范围和领域逐渐扩大，已经处于联合游戏阶段。中班幼儿角色意识较强，能够按照自己选定的角色开展游戏。其游戏的内容与情节较小班更加丰富，游戏主题更多但不稳定，幼儿在游戏中时常有更换主题或换场的现象。他们希望有更多的人际交往，但因欠缺交际技能和技巧，时有与游戏伙伴发生冲突的现象发生。

指导：教师应根据幼儿需要提供丰富的游戏材料，鼓励幼儿玩相同主题或多种主题的游戏；多注意和观察幼儿游戏的情节的变化及与同伴发生冲突的原因，多根据平行游戏或合作游戏的特点进行指导；通过丰富游戏主题、内容及评价鼓励和经验分享等方式，指导幼儿逐渐学会并掌握交往技能及规范，促进幼儿与同伴和周围环境的交往和互动，让幼儿获得一些解决简单问题的能力。

3. 大班角色游戏

特点：大班幼儿处于合作游戏阶段，喜欢与同伴一起游戏，能按自己的愿望主动选择并有计划地游戏。大班角色游戏通常主题更新颖、内容更丰富，能主动反映多种生活经验和稍复杂的人际关系，幼儿可以在游戏中获得更多解决问题的技能。

指导：教师应根据大班幼儿游戏的特点，引导他们一起参与游戏材料和场地的准备工作，甚至可以在某些情形下采取"示弱"行为，突出幼儿的优秀和能干。留意幼儿游戏的真实意图，搭建更多的支架，提供更多开展游戏的练习机会和必要帮助。教师在游戏中宜多采用语言方式去训练幼儿的听辨和理解能力。通过允许并激励幼儿对游戏项目进行改造和创造，有意培养幼儿的独立性、创新性、合作性、语言表达能力、思维能力等。通过鼓励和抚慰等评价手段，让幼儿获得更多相互学习的机会，不断提高角色游戏水平。

（二）对建构游戏的指导

建构游戏中的指导在于鼓励幼儿尝试进行图形建构的想象和设计，使其学会有目标地选择材料或组合使用材料，通过材料去了解、识别物体平面结构和空间形状等，初步培养幼儿粗浅的几何空间认知能力。

1. 小班建构游戏

特点：他们在材料选用上通常盲目而简单，容易受周围人或事物的影响；建构技能简单，方法单一；游戏过程易中断，坚持性较差；缺少主题和建构计划，目的性不够明确。

指导：第一是要引导幼儿多认识和了解建构材料的属性，引发其活动兴趣；第二是为幼儿准备好适宜的游戏场地并为其提供数量充足的建构材料；第三是在游戏中循序渐进地指导幼儿学习一些建构技巧，鼓励幼儿尝试独立建构简单物体或模型；第四是要在活动中引导幼儿理解和明确建构的目的，建立基本的游戏规则，激发其想象和思维，让主题逐渐趋于稳定和固定，以利于今后游戏的进一步开展。

另外，要教会幼儿整理和保管玩具的简单方法，通过让其参与部分收纳整理工作，培养其爱惜玩具的习惯。

2. 中班建构游戏

特点：中班幼儿大多能按建构物体的特点和属性来选择材料，其建构技能以"架空""堆高""成型"为主。他们的坚持性和与同伴的交流性有所增强，注意力也比小班幼儿更持久。中班幼儿具备一定的建构主题，但不够稳定，受到环境和他人的影响后易产生变化。

指导：第一是要在日常的活动中逐渐充实和丰富幼儿的生活经验和认知，为接下来的建构活动打下基础；第二是要重点指导幼儿掌握建构技巧，指导其联系平时生活中观察到的建筑造型、日用品等形态，助力其提升空间想象能力并运用于塑造各种物体的形状；第三是要积极组织幼儿进行建构评议活动，鼓励他们独立而主动地表达意见；第四是要积极为幼儿提供用途宽泛的建构物品，如大中小型积木、玩偶、磁力片（棒）、黏土、橡皮泥等各种建构物质，或提供各种动植物、交通工具模型，也可利用旧纸盒、纸杯、树枝树叶和其他辅助材料。

3. 大班建构游戏

特点：大班幼儿建构的目的性、计划性和持久性较小班和中班有了较大程度的增强。他们的建构技能日趋成熟，还能通过同伴合作等方式选取更加丰富多样的材料。他们能根据游戏情境和需要，不断产生新的建构主题。

指导：主要围绕建构能力的提高来进行指导。第一是要有层次、按计划培养幼儿独立建构的能力；第二是要让幼儿先围绕某个确定的主题进行建构，学习表现物体的形状、结构的细节和特征，能较为准确地展示游戏的构思和内容，逐渐熟练使用各种建构材料和辅助材料；第三是鼓励幼儿集体进行建构活动，并共同确定规划、讨论方案和分工细节，也可以开展较大规模的建构游戏；第四是引导幼儿在欣赏自己和同伴作品的过程中逐渐发展自我评价和评价他人的能力，并从中获得认知、赞美、欣赏等方面的知识积累与情绪体验；第五是尽量给幼儿提供各种类型的积木、平面板和更多形状的辅助材料，保障其不同的建构需求。

（三）对表演游戏的指导

1. 小班表演游戏

特点：小班幼儿往往因环境的陌生或交际能力的缺失而交往欲望较低、角色意识较弱、表演能力较差，他们更多的是关注和表演自己感兴趣的某个动作或重复自己认为有趣的话语等。

指导：第一是要了解和尊重幼儿的意愿，帮助其选择内容简单、主题明确、生动有趣的作品；第二是带领幼儿准备道具和材料，可适当指定或参与角色分配与分工；第三是指导方法要简单有效，指导行为要有耐心细致；第四是游戏前要考虑游戏难度并适当做示范，示范过程注意循序渐进，简单有效。

2. 中班表演游戏

特点：中班幼儿随着经验的积累和对环境的熟悉，其理解能力增强，能够独立进行角色分配，但进入游戏较慢；其游戏嬉戏性较强，目的性较弱。游戏中通常以动作表演为主要表现手段，幼儿综合性表演能力不强。

指导：第一是教师在指导中班幼儿进行表演游戏的过程中，要多为幼儿准备一定时间内固定的封闭或半封闭的空间；第二是提供难度稍大的材料，种类控制在 2～4 种为宜；第三是在初始阶段帮助幼儿做好小组分组、角色分配、任务分工、细节交代等工作，并在讲解中给予他们协商、讨论的机会，不急于示范或表演，并耐心等待和协助提醒其坚持游戏主题；第四是保证幼儿的游戏时间不少于半个小时；第五是在游戏的展开阶段，应有意刺激他们的表现意识，可通过"同伴参与"或视频示范、教师示范、师生同台等方式，为幼儿提供可借鉴、模仿或参考的范例。

3. 大班表演游戏

特点：大班幼儿已对各类游戏活动比较熟悉，游戏活动的经验积累已较为丰富；其独立性、自主性、自律性、计划性较强，通常能独立完成角色分配任务，坚持性也更好；已经具备很强的角色更换意识和执行能力；具有较强烈的表演意识，但还不够成熟；在游戏中能较自觉和主动地呈现故事内容；具备了一定的表演技巧，能够比较灵活地运用多样化方式及手段进行表演展示，但表现力存在不足。

指导：教师在指导大班幼儿的表演游戏时，第一是为幼儿提供多种类的游戏材料，鼓励和支持他们进行多样化、纵深化的探索和创新活动；第二是随着游戏的展开，有意识、有目的地通过帮助、建议和反馈提高其故事展现、角色塑造及模拟想象等能力，重点在于指导幼儿综合运用语气、语调、表情、动作及道具和材料等去表现和塑造角色；第三是通过总结、反馈及反思性谈话和小组讨论等去帮助幼儿丰富游戏情节和表现效果；第四是在游戏的各个环节中应"多放手、少干预"，尽可能以"引导者、同行者、辅助者"的身份出现并注意挖掘和培养幼儿的语言能力、表现能力、交际能力等。

（四）对规则游戏的指导

1. 规则游戏的特点

竞争性：竞争性是规则游戏的重要特征，但竞争性的表现强弱与不同的游戏参与者和指导方式相关，亲子之间和年幼的伙伴之间发生的规则游戏往往不具有竞争性。

传承性：很多规则游戏源于历史或民间传承，并常以代代相传的方式流传于民间，"口口相传"为其传播途径，如"踢毽子""跳绳""跳房子""掷骰子"等。

2. 指导

第一是要尽量让大多数幼儿参与到游戏中，避免幼儿出现旁观、等待的情形；第二是尽量让幼儿体验到游戏的快乐，避免挫伤幼儿的积极性，所以要选择适合幼儿年龄特点和发展水平的规则游戏；第三是在游戏过程中不宜频繁干预和"纠错"，给孩子静待花开的机会；第四是要注意把握规则的灵活性，由简单到复杂，由低端到高级，逐渐加大游戏的难度，其间如果有幼儿要求且都同意改变规则，应准许改变规则；第五是在幼儿年龄、技能、理解水平有较大差异的情况下，宜适当增加游戏的"幸运"因素，使每个幼儿都有获胜和体验成功的机会；第六是采用随机方式帮助幼儿分组，不要让幼儿因性别、能力、性格等的差异导致其受到来自同伴的"忽视"或"拒绝"；第七是降低游戏的竞争性，把重点放在游戏过程而非"赢"的结果上，不宜单纯为"赢家"提供奖品或奖赏，而应该把幼儿的注意力引导到"赢家"所用的有效策略上，指导他们学习游戏伙伴"赢"的策略和关注他人的想法和观点；第八是要注意幼儿的年龄特点，3～5的幼儿较喜欢非竞争性游戏，比如猜谜、拼图、匹配、棋牌、追跑等活动，指导要点要放在游戏规则和技能上。

内容摘要：对该模块内容的学习对幼儿教师形成有效的教育活动设计和组织技能具有重要的实践意义。该模块阐释了幼儿园教育活动设计的基本内容及要求并对幼儿教育各领域主题活动的开展作了示范分析。

学习目标：掌握幼教活动组织、实施的基本内容，学会设计幼儿教育活动的基本方案，初步具有组织各领域主题活动的能力，感受幼儿教育活动组织、实施的乐趣。

关键词：幼教活动　基本内容　活动方案　主题活动

第一节　幼儿园教育活动概述

案例导入

小班赵老师发现幼儿进餐时存在各种问题：有的幼儿情绪不稳定，吃饭时哭着找妈妈；有的幼儿不会拿勺子吃，一定要老师喂；有的幼儿挑食，不吃这个，不吃那个；还有的幼儿吃一会儿玩一会儿，饭凉了都还没吃完……

请设计一份解决上述问题的教育方案。

一、幼儿园教育活动的概念

《幼儿园教育指导纲要（试行）》指出，"幼儿园的教育活动，是教师以多种形式有目的、有计划地引导幼儿生动、活泼、主动活动的教育过程"。幼儿园教育活动具体包括游戏活动、教学活动和生活活动三大块。作为幼儿园教育的基本形式以及幼儿园课程的实施载体，它以幼儿为主体，在教师创设的多种形式的活动中，引发幼儿积极参与、主动探索，旨在促进幼儿全面、健康、和谐、整体的发展。

二、幼儿园教育活动的基本类型

（一）依据幼儿园一日活动的特征分类

1. 生活活动

生活活动是指幼儿园一日生活中的进餐、睡眠、盥洗、如厕等，它是培养幼儿良好的行为习惯的主要途径，也是培养幼儿社会性的主要途径。在生活活动中，教师要根据幼儿的身心特点，建立合理的生活常规，逐渐培养幼儿的自我服务能力。

2. 教学活动

幼儿园教学活动是指教师根据国家的学前教育目标和任务，结合社会的需要和学前儿童身心发展的规律而专门设计的、有目的、有计划地引导学前儿童主动活动的学习活动，它是引导学前儿童全面发展教育的重要手段。

3. 游戏活动

游戏是幼儿自发、自主、自由的活动，也是幼儿园的基本活动。幼儿园通过游戏活动让幼儿在游戏中学习、在学习中游戏。

（二）依据幼儿园教育活动课程组织形式的不同分类

根据幼儿园教育活动的课程组织形式的不同，可以将幼儿园教育活动分为学科领域的教育活动和主题单元结构的教育活动两大类。

学科领域的教育活动是以学科为单位开展的活动，强调各学科领域的内在逻辑结构，注重儿童的关键经验、学业知识和技能，具有比较强的可操作性。它通常包括六种类型：语言活动、数学活动、科学活动、音乐活动、美术活动和体育活动。

主题单元结构的教育活动是指将贴近儿童生活的某一中心内容，即主题，作为组织课程内容的主线来组织教育教学的活动。它打破学科领域的界限，根据主题的核心内容确定主题展开的基本线索，再顺着这些基本线索确定主题的具体内容，并创设相应的教育环境，组织开展一系列的教育教学活动。它强调多种教育因素和儿童发展领域的全面整合，有机地将不同学科领域的教育内容在不同程度上、以不同方式整合于一个（或若干个）教育活动中，体现了教育活动的综合性、整体性。主题单元结构的教育活动已经逐渐成为幼儿园教育活动的主要类型。

（三）依据幼儿园教育活动的内容分类

根据幼儿园教育活动的不同内容领域，可以将幼儿园教育活动分为健康领域教育活动、语言领域教育活动、科学领域教育活动、社会领域教育活动和艺术领域教育活动五大类。当然，幼儿园的教育内容应当是全面的、启蒙性的和相互渗透的，所以这种划分具有相对性。

（四）依据幼儿园教育活动的组织形式分类

1. 集体活动

集体活动是指全班幼儿一起参与的教育活动，它具有集中性和统一性的特点，即活动是全员参与的，并有统一的活动目标和活动要求。它要求教师在有限的时间和空间内，充分利用有限的教育资源，尽可能促进所有幼儿在原有水平上的发展，是一种高效的组织形式。同时，它的明显的缺点也在于教师难以关注到每个幼儿的个性差异，难以因材施教。

2. 小组活动

小组活动是指部分幼儿一起参与的教育活动。这种活动形式为幼儿提供了更多的交流与操作机会，有利于幼儿之间的相互交往与合作，有利于教师对幼儿活动情况的了解和指导，有利于教师因材施教。小组活动可按幼儿发展水平分组，也可按幼儿兴趣分组，还可按操作材料分组。

3. 个别活动

个别活动是指幼儿的自我学习活动或教师对幼儿的个别教育活动。这种活动形式可以满足幼儿的个人需要和兴趣，是教师有意安排的有目的、有计划的活动。

在幼儿园教育实践中，集体活动、小组活动和个别活动都是不可或缺的组织形式。教师要灵活运用以上三种不同的教育形式，以达到更好的教育效果。

三、幼儿园教育活动的方法

幼儿园教育活动的方法是指为了实现教育活动目标，完成教育活动任务，师生在共同的教育活动中使用的教育手段。幼儿园常用的教育方法有游戏法、实验法、操作法、观察法、参观法、谈话法与讨论法、讲解法和讲述法等。这些方法我们可以将其归纳为三大类：活动类、直观类、语言类。

（一）活动类方法

1. 游戏法

游戏法是把幼儿的学习寓于游戏活动中的方法。这种方法很贴合幼儿活泼好动及思维具体形象的特点。

2. 实验法

实验法是利用一些生活中常见的物品或材料，让幼儿通过自己的操作进行尝试和探索的方法。如幼儿进行"沉和浮"的实验时，为了帮助他们探索什么东西能沉下去，什么东西能浮起来，就必须提供各种不同密度的材料，让幼儿在实验中去发现和得出结论。

3. 操作法

操作法是提供给幼儿足够的实物材料，创设一定的环境，引导他们按一定的要求和程序，通过自身的实践活动进行学习的方法。幼儿的认知特点决定了他们在相当程度上依靠直觉行动进行思维，他们获得数、形的初步知识不能靠成人灌输，而要靠他们自身的操作活动。同时由于幼儿双手操作活动，促进了其大脑的积极思维。所以说，操作法也是发展幼儿智力的有效方法。

（二）直观类方法

1. 观察法

观察法是教幼儿学会运用视觉、听觉、味觉、嗅觉、触觉等感官去认识选定的观察对象的一种方法。

2. 参观法

参观法是教师根据教育目标的要求，组织幼儿到园外去学习知识、经验的一种方法。

（三）语言类方法

1. 谈话法和讨论法

（1）谈话法又称问答法，是教师按照一定的教学要求向幼儿提出问题，幼儿通过回答问题的形式来获取知识或巩固知识的一种教学方法，它强调师幼之间的互动交流。

（2）讨论法是指幼儿在教师指导下为解决某个问题进行探讨、辩论，从而获取知识的一种方法，它强调幼儿之间、师幼之间的交流沟通。

2. 讲解法和讲述法

（1）讲解法是运用口头语言向幼儿说明、解释事物或事情的一种教学方法。

（2）讲述法是运用语言向幼儿叙述事实材料或描绘所讲对象的方法。

第二节　幼儿园教育活动设计概述

一、幼儿园教育活动设计的概念

幼儿园教育活动设计是幼儿教师在尊重幼儿身心发展规律和学习特点、了解和掌握幼儿现有水平和发展需求的基础上，对教育活动的目标、内容、实施步骤等所做出的规划。

幼儿园教育活动的设计由两部分组成。一是对幼儿园教育活动的整体设计。幼儿园要根据《幼儿园教育指导纲要（试行）》的要求和本园的实际，统一安排幼儿园各年段的教育活动，如设计每学期、每月、每周、某一主题的教育活动计划。二是对具体教育活动的设计，即编写教案。一般由幼儿园教师根据幼儿园整体教育活动计划和本班幼儿特点，对某项具体活动的目标、内容、过程、方法等设计出具体的实施方案。

二、幼儿园教育活动设计的基本原则

（一）发展性原则

发展性原则是指在设计教育活动时，教师必须在幼儿的现有水平和最近发展区之间找到教育的切入点，并以此为依据着眼于促进儿童在身体、认知、情感、个性以及社会性等各个方面全面而整体的发展。它包括以下两层含义。

（1）教育活动的设计应以促进儿童的发展为出发点，应当适应儿童的发展水平，考虑儿童的原有基础。教育活动的目标和内容应以儿童的身心发展成熟程度及可接受水平为基础，既不任意拔高，也不盲目滞后。在教育活动的设计中，教师必须从儿童身心发展的现实水平和已有的"内部结构"出发，既照顾到儿童的现实需要、兴趣和能力水平，又考虑到儿童长远发展的需要和价值，以促进儿童在现有的基础上进一步发展和提升。

（2）教育活动的设计也应以促进儿童的发展为归宿，应当把"发展"作为教育活动设计的终极目标。教师在制定教育活动目标、选择教育活动内容、运用教学活动方式等各个层面都要以促进儿童的发展为准则。

（二）主体性原则

主体性原则是指教师必须坚持遵循和体现以幼儿为活动的主体，在活动内容的选择以及活动形式的安排方面注重激发儿童的能动性、自主性、创造性。同时，教师应当在重视儿童主体性的同时，适时、适地、适宜地发挥教师的主体性，即在活动设计中正确地认识和把握好教师的角色以及对儿童学习和活动的"指导"。

（三）渗透性原则

渗透性原则是指在设计教育活动时，教师要将各种不同领域的内容、各种不同形式的学习与方法有机地融合起来，使其成为一个相互联系而不可分割的完整体系。这一原则包含以下两层含义。

1. 教育活动内容的相互渗透和整合

幼儿园教育活动的内容涉及科学、艺术、语言、社会、生活等各个方面。我们要将这些不同领域的内容以一定的主题活动的方式加以整合，使其在一个或若干个教育活动中相互渗透、补充，使它既符合儿童的年龄特点、认知特点，又有利于儿童对活动的介入和参与。

2. 教育活动形式的相互渗透和整合

教育活动形式的相互渗透和整合：一方面是指将集体进行的、正式的教育活动形式与个别选择的、非正式的教育互动形式相互渗透和结合；另一方面是指在一个教育活动的设计中使不同的学习形式与方法相互渗透和组合，让儿童在操作、实验、游戏、体验、表现、创造等不同的学习形式下加深对活动内容的把握，更好地获得活动经验和学习经验。

（四）开放性原则

开放性原则是指在设计教育活动时，教师要在分析儿童的学习需要、学习环境和年龄特征的基础上，为儿童设计适当的教育目标，提供多元的教育资源，采用灵活的教育方式。它包括了教育目标、教育内容、教育形式的开放性。

三、幼儿园具体教育活动设计的内容及要求

（一）活动名称

活动名称即一次具体的教育活动的题目。设计活动名称时要注意两个问题：一是注意活动名称的完整性。一个完整的教育活动名称应包括年龄班级、活动领域（以各领域命名）、具体的活动内容。如"（中班）美术绘画活动：美丽的花蝴蝶""（中班）体育锻炼活动：蚂蚁搬家"等。二是考虑名称的儿童化特点。如"我升中班啦！""谁对谁不对"等。

（二）活动目标

幼儿园教育活动目标是幼儿园教育活动方案的"指南针"，是指幼儿教师通过某一次或某几次教育活动期望获得的教育结果。科学、合理的活动目标的确定要充分考虑幼儿的特点、活动内容的性质和要求以及教师自身的条件。

1. 活动目标主要包括三个方面

（1）认知目标。布卢姆认为，认知方面的目标包括识记、领会、运用、分析、综合和评价六级水平。认知目标分类的具体内容见表6-1。

表6-1 认知目标分类

学习水平	含义	举例
识记	事实性信息的回忆	回忆上一节课所学的儿歌
领会	理解的最低水平；领悟教材、观念、事实和理论的能力	用自己的话表述故事里的内容
运用	将所学原理、观点正确地应用于新的情境之中	学习了加减法之后，能到模拟商店自由购物
分析	区分和领会各种相互关系	区分狐狸和乌鸦的不同特点
综合	将所学的零碎知识整合为知识体系	能够将所学的元素运用到主题画中

学习水平	含义	举例
评价	对所学材料做价值判断的能力	评价其他幼儿的画作

在实际教学中，教师对于每一种活动内容都可以设置这些目标，甚至可以同时设置各级水平的目标。

（2）情感目标。情感方面的目标包括接受、反应、形成价值观念、组织价值观念系统和价值体系个性化这五个方面。情感目标分类的具体内容见表6-2。

表6-2　情感目标分类

学习水平	含义	举例
接受	专注于特定现象或刺激	如专注于课堂教学活动、活动用书、音乐等
反应	积极参与活动，以某种方式做出反应	对阅读产生兴趣
形成价值观念	对特定的对象、现象或行为的价值或重要性的认识	当讨论交通规则时，幼儿能积极表达自己不违反交通规则的观点
组织价值观念系统	组合不同的价值、解决价值间的冲突以及建立一种内部协调的价值体系等，其重点在于价值的比较、联系和综合	意识到自己有为小伙伴保密的责任
价值体系个性化	具有了一种价值体系，这一价值体系在相当长的时间内控制着他的行为，并使他形成独特的"生活方式"	对有困难的幼儿表现出乐于帮助和关心的态度，在课堂内外帮助有困难的幼儿解决问题

在设置一个具体的目标时，教师必须表述幼儿在接受和反应这两个方面学会了什么。

（3）动作技能目标。动作技能目标有知觉、模仿、操作、准确、连贯和习惯化六种。动作技能目标分类的具体内容见表6-3。

表6-3　动作技能目标分类

学习水平	含义	举例
知觉	幼儿通过感官对动作、物体、性质或关系等的意识能力，以及对心理、躯体和情绪等的预备调节能力	观看游泳的演示，能感知正确的游泳方法和正确的步骤
模仿	幼儿按提示要求行动或重复被显示的动作的能力，但幼儿的模仿性行为经常是缺乏控制的	在观看游泳的姿势之后，能以一定的精确度来演示这一动作
操作	幼儿按提示、要求行动的能力，但不是模仿性的观察	按照指示进行投球
准确	幼儿的练习能力或全面完成复杂专业的能力。幼儿通过练习可以把错误减少到最低限度	有控制地、正确地再现投球的动作
连贯	幼儿按规定顺序和协调要求去调整行为、动作等能力	准确而有节奏地演奏
习惯化	幼儿自发或自觉地行动的能力，也就是幼儿能下意识地、有效率地、各部分协调一致地操作	发生经常性的、自然和稳定的行为

在设置动作技能目标时，并不只针对体育活动和手工课，其他课也常常要设置动

作技能方面的目标。

2. 活动目标的设计与书写原则

（1）一致性原则。幼儿园教育活动目标的表述有两种方式：一种是发展目标，另一种是教育目标。发展目标是以幼儿的口吻表述，所述为幼儿通过该教育活动所应该达到的发展指标。教育目标是以教师的口吻表述，指明教师在该教育活动中应该做的事情，或者是努力达成的教育效果。在撰写活动目标时切忌将同一组目标中的陈述主体混合使用，要保持主体的一致性，即两个目标均为幼儿口吻或均为教师口吻。

（2）操作性原则。幼儿园教育活动目标要具有操作性，即在设计目标时，应将教育活动内容要到达的结果，到达结果的标准、条件准确地描述出来，使目标具有指导、调控教育活动中师幼行为的功能，而不是笼统地表述目标。

如有个教师这样描述中班的音乐教育活动的目标：

①熟悉游戏的音乐，学习游戏的基本玩法。

②加强对音乐节奏的把握。

这是一个典型的"万金油"描述法，在任何年龄阶段的音乐教育活动中都可以使用，其原因就在于活动目标没有明确什么音乐、什么节奏、什么游戏、怎么玩。这样的目标表述会使教师在开展教育活动时随心所欲，进而失去目标的导向作用。

针对以上目标存在的问题，我们可以将教师的目标描述作如下修改：

①初步熟悉游戏的音乐，用脚的踏动感受两拍子的节奏，并将动力脚踏在强拍子上。

②能够跟随音乐的强弱拍子自如地踏脚、拍手。

修改之后的目标，使教师更加明确在活动中应该把握什么、应该关注幼儿哪方面的表现，具有很强的操作性。

（3）整合性原则。幼儿身心发展的特点决定了幼儿的发展应是全方位的、整体的，而不是片面的、单一的。因此，幼儿园教师在设计具体活动的目标时，既要从幼儿的知识、技能、情感、态度等多个维度去考虑，也应在主要满足某个学习领域目标的同时，适当兼顾、融合其他领域的目标，善于将主要领域的目标与其他领域的目标有机融合在一起，最大限度地发挥教育活动的功效。

如一个教师设计的小班"认识小兔子"语言教育活动的目标：

①说出两种以上小兔子喜欢吃的食物。

②学习词汇："长长的""红红的"等。

从目标定位来看，两个活动目标将活动的价值定位在语言表达方面本是无可厚非的，但活动过分注重认知层面的目标，忽略了情感、动作技能层面的发展。对于小班的幼儿而言，激发幼儿呵护生命、爱护动物，进而引发幼儿探究小兔子的生长秘密是活动本身更为重要的内隐价值，而语言表达是一个外显价值。从对幼儿发展的持续性影响方面考虑，内隐价值对幼儿的发展更具有个体意义。因此，该活动目标可以调整为：

①触摸小兔子时轻柔，萌发对小动物的爱护之情。

②认真观察，并说出小兔子的典型外在特征。

③了解小兔子的生活习性，如小兔子喜欢吃的食物。

调整后的目标在完成语言领域主要任务（"说出"）的同时，也融合了艺术领域、科学领域需要完成的任务（"观察"），体现了幼儿教育目标综合性的特点。

（三）活动准备

准备工作是实施活动的前提，直接影响幼儿参与活动的积极性、活动的进程和实际效果。活动准备包括知识准备、材料准备、情感准备。

1. 知识准备

主要包括两个方面的准备：一是教师要具备开展教育活动所需的科学知识。教师除了平时积累知识，在开展某个活动之前，还应查阅相关的材料以准确了解施教知识。二是要了解幼儿具备哪些与该活动相关的知识、技能与能力水平，在活动过程中幼儿可能遇到并提出的一些问题，以便有针对性地开展教育活动。

2. 材料准备

幼儿较低水平的身心发展特征决定了幼儿园教育活动的开展需要准备诸多的活动材料，如实物、模型、挂图、照片、录像、图表、半成品作品等。因此，教师在组织教育活动前，应思考要准备哪些活动材料、材料的数量多少、如何分配和使用等问题，以保证教育活动的顺利进行。

3. 情感准备

幼儿的活动需要情感的支持，而幼儿的情感又容易受到成人的影响和感染。教师以什么样的情感投入教育活动中，会直接影响幼儿在活动中的情感体验，并影响活动的效果。为此，教师应以饱满、积极的情感引导幼儿参与教育活动，以期让幼儿获得健康的情感。

（四）活动重点、难点

活动重点是指教育活动中举足轻重的、关键性的、最基本的、最重要的内容。它对幼儿巩固旧知识和学习新知识起着决定性作用。活动难点则是从幼儿实际出发，幼儿难于理解或领会的内容，或较抽象，或较复杂，或较深奥。难点不一定是重点，但也有一些内容既是难点又是重点。难点有时又要根据幼儿的实际水平来定，同样一个问题在不同班级里不同幼儿中，就不一定是难点。教师要准确确定活动的重难点，需要熟悉纲要，深入钻研教材，全面了解幼儿情况，虚心学习别人的有益经验。教师只有找准重难点，才能达到突出重点、突破难点的目的。

（五）活动过程

一般来讲，教育活动的实施可以大体分为开始部分、基本部分和结束部分三个阶段。由于每个阶段的任务、功能不同，各个阶段有不同的要求。

1. 活动的开始部分（活动导入）

（1）导入要求。导入是教育活动的起始环节，其目的是引发幼儿对所学内容的兴趣，所需时间不宜过长，应精练、巧妙、准确。

（2）导入方式。教师以什么方式导入活动，应视活动的任务和活动的时间而定，并没有固定的模式。从幼儿身心的特点来看，下列方式比较常见：

①游戏导入。游戏是幼儿活动的生命，是幼儿最常见、最喜欢的活动形式。游戏能迅速把幼儿的注意力集中到活动中。

②趣味导入。兴趣是幼儿加入活动最直接、最真实的理由。因此，教师运用激起幼儿兴趣的方式导入活动或探究主题是十分常用和有效的教学策略。

③情境导入。情境对幼儿具有很好的情绪感染作用，因此，教师创设活动情境以引发幼儿积极主动地学习是一种重要的活动引入方式。

④悬念导入。悬念可以引发孩子的好奇心，激发幼儿追根问底的热情，培养幼儿主动探索的精神，它也是教师导入活动的一种教学策略。

除以上导入方式外，谈话、谜语、故事、直观、回忆等都是行之有效的一些方式。

2. 活动的基本部分（活动展开）

这部分主要思考以下问题：活动分为哪几个步骤？每个步骤用多少时间、用什么方式、完成哪些内容？如何突出重点、突破难点？步骤之间如何进行有效衔接？教师和幼儿在活动中各自扮演什么角色？活动的设计是否围绕着目标的完成进行？

3. 活动的结束部分

（1）结束的策略要求。一是首尾照应，结构完整；二是水到渠成，适可而止。

（2）结束方式。在幼儿教育活动中，教师常用的结束方式有总结归纳、自然结束、游戏表演、操作练习等。

（六）活动延伸

活动延伸有狭义和广义之分。狭义的活动延伸，是指教师基本完成本次活动的内容，初步达成目标后，根据剩余时间的多少而灵活开展的一些活动。广义的活动延伸，是指在具体活动结束以后，教师为巩固幼儿所学内容，更好地实现活动目标所设计的一切活动。

延伸方向：可以延伸到游戏活动中，使半日活动或者一日活动成为一个有机联系的整体；可以延伸到区域活动中，使区域活动成为教育活动的自然延伸；可以延伸到家庭和社会活动中，真正实现幼儿园与家庭、社会的密切配合。

（七）活动评价

活动评价即活动后小结，它既包括教师对自己组织本次活动的行为的反思，又包括对活动中幼儿的行为表现的评价。它是教师教育活动中不可缺少的一个重要环节，教师可以通过自我诊断、对幼儿活动情况的分析，找到自己设计或组织过程中的优势或不足，以便及时调整和改进工作、促进每一个幼儿的发展、提高教学质量。

第三节　幼儿园各领域教育活动设计

一、幼儿园健康教育

（一）幼儿园健康教育的目标

1. 幼儿园健康教育总目标

见《幼儿园教育指导纲要（试行）》。

2. 各年龄班具体的健康教育目标

幼儿园健康教育的年龄阶段目标是总目标在各阶段上的具体体现，是总目标的具体化。

（1）小班目标。小班目标目标具体包括以下六个方面：

①了解盥洗的顺序，初步掌握洗手、刷牙的基本方法；学习穿脱衣服；会使用手帕或纸巾；坐、站、行、睡的姿势正确；能及时排便；有良好的作息习惯。

②进餐时保持愉快的情绪，愿意独立进餐；认识最常见的食物；爱吃各种食物，主动饮水。

③了解身体的外形结构，认识并学习保护五官；能积极配合疾病的预防与治疗。

④知道过马路，乘坐交通工具，玩大型运动器械时要注意安全；了解日常生活中的安全常识。

⑤知道自己的性别。

⑥喜欢并愿意参加体育活动；能自然地走、跑、跳、爬、投掷；学习听口令和信号并做出相应动作；玩滑梯，爬攀登架、转椅等大型体育活动器械时能注意安全；能合作收拾小型体育器材。

（2）中班目标。中班目标具体包括以下七个方面：

①会穿脱衣服，学习整理衣服；学习整理活动用具，能保持玩具清洁；有初步的生活自理能力。

②结合品尝经验，进一步认识各类常见食物，在爱吃各类食物的同时，懂得要科学合理地进食，逐步形成良好的饮食习惯。

③进一步认识身体的主要器官，逐步形成接受疾病预防与治疗的积极态度和行为；知道快乐有益于健康。

④认识常见安全标志，能够在成人提醒下遵守交通规则；不接触危险物品；遇到危险时能告诉成人，有初步的自我保护意识。

⑤愿意与父母分床而眠。

⑥喜欢并较积极地参加体育活动；能听信号按节奏协调地走和跑；能按要求跳、投掷、抛接，能左右手拍球；能随音乐节奏做徒手操和轻器械操。

⑦能注意活动中的安全与合作；爱护公物；能及时收拾小型体育器材。

（3）大班目标。大班目标具体包括以下七个方面：

①保持个人卫生，关心周围环境的卫生；进一步提高独立生活能力，初步形成良好的学习习惯。

②初步理解不同的食物有不同的营养，身体需要各种营养；会使用筷子；进一步养成独立进餐的习惯。

③进一步认识身体的主要器官及重要功能，并懂得简单的保护方法；了解有关预防龋齿及换牙的知识；注意用眼卫生。

④获得应付意外事故（如火灾、雷击、地震、台风等）的常识，具有粗浅的求生技能。

⑤知道男女厕所，初步理解性别角色的不同。

⑥喜欢锻炼身体并感到体育活动的有趣；能轻松自如地走、跑、跳、攀登、滚爬；会肩上挥臂投掷轻物并投准目标；能熟练地听取多种口令和信号并做出相应的动作；能随音乐节奏精神饱满地做徒手操和轻器械操，动作有力、到位。

⑦能注意安全，自觉遵守体育活动规则，合作谦让；体验到克服困难取得胜利的愉悦；能独立收拾各种小型体育器材。

年龄阶段目标的制定便于教师操作，使教师较好地把握各年龄阶段幼儿园健康教育的要点。但在具体运用时，教师还要根据本园、本班幼儿的情况，进行相应的调整。

（二）幼儿园健康教育活动的具体内容

1. 身体保健活动的主要内容

（1）生活习惯和能力。包括盥洗的有关知识、方法和技能，穿脱衣服的有关知识和技能，保护个人和周围环境清洁卫生的有关知识、技能及情感态度，生活作息的有关知识和习惯，学习习惯，饮食卫生的习惯，坐、行、站、立的正确姿势等。

（2）饮食与营养。包括饮食的有关知识和技能，常见食物的名称及其营养知识，营养与健康的关系，膳食平衡的简单知识等。

（3）人体认识与保护。包括身体的主要器官及其主要功能，保护器官的基本知识和技能，预防接种的有关知识和态度，常见疾病的预防和治疗知识，常见外伤的简单处理知识和方法，预防龋齿的有关知识，心理健康的有关知识等。

（4）保护自身安全。包括生活安全常识、活动安全常识、药物安全常识、应付和处理意外事故的简单知识与技能、自我保护能力等。

2. 身体锻炼活动的主要内容

（1）身体活动的知识和技能。包括走、跑、跳、投掷、平衡、钻爬、攀登等基本动作及有关知识，体育运动的有关知识与技能等。

（2）身体素质练习。包括平衡、协调、灵敏、柔韧、力量、速度等身体技能练习的有关知识和技能等。

（3）基本体操和队列队形练习。包括模仿操、徒手体操、轻器械体操，口令、信号与动作，列队，变化队形等。

在选择和确定各年龄班的健康教育活动内容时，由于各年龄班幼儿身心发展的特点不同，发展目标不同，健康教育活动内容的侧重点和具体的教育活动内容会有较大的差异。

（三）幼儿园身体保健活动的组织

1. 幼儿园身体保健活动的组织途径

（1）专门的健康教育活动。专门的健康教育活动是指教师专门为幼儿设计并组织的、以维护和促进幼儿身心健康为目的的教育活动。专门的健康教育活动通常是围绕某一个健康主题开展的，这些健康主题主要涉及幼儿的卫生教育、生活教育、安全教育、身体锻炼、心理健康教育等方面。

（2）生活活动。幼儿健康意识及健康行为的获得与形成，单靠专门的健康教育活动是无法达到目标要求的，教师还应注意在日常生活中对幼儿进行相应的健康指导与帮助，并创造条件给予幼儿健康实践的机会。这是不断增强幼儿健康意识，将健康认知转化为健康的行为和习惯的重要环节。系统的、有计划的健康教育活动与渗透在日常生活中的健康教育有机地结合起来，可以互相补充、相互促进。

（3）家园合作。幼儿园身心保健教育内容与家庭生活密切相关。有的幼儿在家和在园表现出不一样的行为，这在一定程度上削弱了幼儿园教育的力度。家园合作就是老师和家长对幼儿生活习惯、生活自理能力、心理健康教育等各个方面的要求保持一贯性和连续性，避免家园教育相冲突，使幼儿的大脑皮层能形成固定的条件反射，建立起良好的动力定型，使幼儿身心保健教育成为一个长期的、连续的过程，以取得更好的教育效果。

2. 幼儿园身体保健活动的组织方法

（1）动作和行为练习法。动作和行为练习法是指让幼儿对已学过的生活技能、健康行为等进行反复练习，加深理解，形成稳定的技能和良好的行为习惯的方法。

（2）讲解演示法。讲解演示法是指教师边讲解、边结合动作演示，或以实物、模型演示，具体而形象地向幼儿传授粗浅的有关健康的知识和技能，提高幼儿对健康的认识水平。

（3）情境表演法。情境表演法是指教师或幼儿就特定的生活情境加以表演，或通过录像向幼儿展示生活情境，让幼儿观察和分析情境中所涉及的健康问题。情境表演的主题源于幼儿的现实生活，因而能激发幼儿的兴趣，较好地帮助幼儿认识生活中可能遇到的同类问题和冲突，树立正确的、健康的态度和行为。

（4）讨论评议法。讨论评议法是指在幼儿参与健康教育的过程中，让他们提出问题，发表自己的意见和看法，最后得出结论，形成共识。这种方法能有效地帮助幼儿表达自己的真实想法，在讨论、评议中提高他们辨别是非的能力和对健康的认识水平。

（5）感知体验法。感知体验法是指让幼儿通过各种感官来认识和判别事物的特性。这种方法能有效地激发幼儿参与活动和在活动中探究的兴趣，加深他们对事物认识的印象。

（四）幼儿园身体锻炼活动的组织

1. 幼儿园身体锻炼活动的组织途径

（1）专门的体育课。体育课是一种有目的、有计划、有组织的体育活动，是正规性教育活动，也是身体锻炼的基本途径。

（2）早操活动。早操是幼儿园在早晨开展的一种身体锻炼活动的组织形式。它是幼儿园作息制度中不可缺失的一部分，是非正规性教育活动，是正规性教育活动的延伸，也是实施幼儿身体锻炼的重要途径。

（3）户外体育活动。户外体育活动是幼儿园身体锻炼活动的重要组织形式之一，是指除幼儿早操活动外的其他户外体育活动形式。它具有活动内容丰富、活动时间经常、灵活性大、幼儿自主性强等特点。

（4）其他形式的锻炼活动。除以上几种主要的身体锻炼活动外，还有远足活动、短途旅行、运动会及体育节等其他形式的身体锻炼途径，它们在激发幼儿锻炼的兴趣、拓展幼儿的体育视野、培养幼儿的集体意识上都有重要的作用。

2. 幼儿园身体锻炼活动的组织方法

（1）讲解示范法。讲解是指教师用语言组织幼儿的活动，指导他们理解和掌握活动的名称及练习内容，领会动作的要领和做法的一种方法。示范是指教师以个体（教师或幼儿）的动作为范例，使幼儿看到所要练习和掌握的动作或技能的具体形象、结构和完成的先后顺序等。在具体的活动中，讲解和示范应合理结合，并根据幼儿的年龄特点和幼儿对身体练习内容熟悉的程度确定讲解和示范的多寡。示范能弥补讲解的不足，而讲解又能补充示范不易表达的内容。因此，边示范、边讲解、边组织幼儿练习，是适合幼儿的有效方法之一。

（2）语言提示和具体帮助法。语言提示是指在幼儿进行身体练习时，教师用简短明确的语言提示和指导幼儿正确完成动作或进行活动的方法；具体帮助法是指教师直接而具体地帮助幼儿改正错误、掌握正确的练习要求和方法。这些方法往往结合使用，多用于重复练习。由教师帮助幼儿防止和纠正错误，也是实施个别指导的有效方法。

（3）练习法。练习法是指通过讲解示范后，在幼儿初步建立与活动有关的表象或概念的基础上，让幼儿在教师的指导下进行各种身体练习，以实现身体锻炼活动目标的一种方法。它是体育活动中最基本、最重要的方法。幼儿园常用的练习法有以下几种。

①重复练习法。它指在固定的、不变的条件下反复练习的方法。如重复做某节体操或练习某个游戏等。

②循环练习法。它指依次做几个不同类型和性质的动作，或依次进行几项活动内容的锻炼方法，多用于早操和户外体育活动。

③完整练习法和分解练习法。前者是指把整个动作或活动过程完整地进行练习的方法；后者是指将动作或活动过程分成几个部分，按部分逐次进行练习，最后再组合成完整动作或活动全过程进行练习的方法。如练习跑的动作，可让幼儿先原地练习摆臂动作，然后结合下肢动作，完整练习整个动作。

④条件练习法。它是指设置一定的具体条件或在改变先前练习条件的情况下，让幼儿进行练习的方法。如在规定高度的条件下让幼儿练习纵跳触物，或在改变平衡木的练习高度、练习动作或难度后，让幼儿按改变要求练习等，都采用了这种方法。

（4）游戏法。游戏法是指以游戏的形式组织幼儿进行锻炼的方法。这种方法能将幼儿难以理解或枯燥的动作和身体素质等练习变成有趣的模仿活动或具体的游戏情节，提高他们练习的兴趣。

除此以外，幼儿身体锻炼还有一些其他方法，如比赛法、领做法等。教师在开展活动时，应根据具体情况灵活运用不同的方法。

（五）案例示范——中班健康课"树叶运动会"

1. 活动目标

（1）通过游戏了解树叶的特点并掌握正确的游戏方法。

（2）有一定的团队精神，能够鼓励同伴坚持到最后。

（3）能够听口令活动，有初步的规则意识。

2. 活动准备

（1）经验准备：对幼儿园里的树有一定的认识和了解，喜欢和大树做朋友。

（2）物质准备：幼儿在观察树朋友时捡到的叶子；长绳两根；每人一本书。

3. 活动过程

（1）做好准备活动，进行热身游戏。

①说说我的小运动员——叶子朋友。

请看看你旁边的同伴的树叶和你的树叶，你发现了什么？

②游戏：比比谁的叶子先落地。

小结：我们的叶子都不一样，有的落下来快，有的落下来慢。

（2）树叶运动会。

①教师讲解"吹树叶"游戏的方法和规则。

②幼儿分组进行第一次游戏。

③总结吹树叶的方法，请第一名的幼儿示范如何吹既省时又省力。

④幼儿练习好方法后再次进行吹树叶比赛。

（3）比一比——谁是"叶子王"？

①教师示范，并说明游戏规则。

②幼儿比赛扇树叶。

③引导幼儿找出最简单有效的方法进行试验，并再次尝试。

（4）总结：说一说和树叶做游戏的感受。

二、幼儿园语言教育

（一）幼儿园语言教育的目标

1. 幼儿园语言教育总目标

见《幼儿园教育指导纲要（试行）》。

2. 各年龄班具体的语言教育目标

幼儿园语言教育年龄阶段目标是幼儿园语言教育总目标的具体化。幼儿期的语言学习主要是口语的学习。

（1）小班目标。

①喜欢听普通话并愿意学说普通话，逐渐发准易错音。

②能认真安静地听别人讲话。

③愿意和别人交谈，能用简短完整的语句表达自己的请示和愿望；学会礼貌用语。

④喜欢听教师讲述故事和朗诵儿歌，能初步理解作品的主要内容；能独立地朗诵儿歌。

⑤喜欢阅读，爱护图书；养成正确的看书姿势，学会按顺序看图书，逐页翻阅；能看出画面的主要变化，在成人的帮助下能看懂图书的内容。

（2）中班目标。

①继续学说普通话，学会正确发出困难的、容易发错的音，尤其注意方言对正确发音的影响。

②集中注意倾听别人说话，围绕提出的问题正确回答。

③乐于在集体中大胆回答问题，喜欢与人交谈。

④能用完整的语句连贯地讲述。

⑤理解故事、儿歌的内容，记住故事的主要情节；喜欢听故事、朗诵儿歌，喜欢创编、表演和复述故事与儿歌。

⑥喜欢看图书，能按顺序翻阅图书，理解图书的主要内容。

⑦对文字感兴趣，愿意学认常见的文字。

（3）大班目标。

①养成积极地运用普通话与人交流的习惯，并且能从中获得快乐的体验。

②提高倾听能力，能准确地理解语言内容，把握语言信息的重点和要点。

③发展语言表达能力，能运用交谈、讲述、讨论等多种表达方式和表达技巧展开语言交流活动。

④了解和欣赏文学作品，能感知不同风格、不同体裁的文学作品的特点，并能尝试性地运用艺术语言。

⑤喜欢看图书，有初步的文字书写的兴趣，了解文字和标记与日常生活的关系。

3. 幼儿园各类语言教育活动的具体目标

幼儿园语言教育领域的活动总目标和年龄阶段目标一般是由专门的机构制定的，而具体活动目标则是由教师自己制定的。幼儿园语言教育领域的具体活动有不同的类型，每类活动开展的意图各不相同，现将各类活动的目标分述如下。

（1）听说游戏活动目标。听说游戏是采用游戏的方式开展的语言教育活动类型。其目标主要包括以下几点：

①提高幼儿积极倾听的水平。

②帮助幼儿按照一定规则进行口语表达练习。

③培养幼儿在语言交往中的机智性和灵活性，锻炼幼儿迅速领悟语言规则的能力、迅速调动个人已有的语言经验编码的能力以及迅速以符合规则要求的方式表达的能力。

（2）讲述活动目标。讲述活动是以幼儿语言表述行为为主的语言教育活动类型。其目标主要包括以下几点：

①帮助幼儿掌握语言交流的情绪调节技能。

②培养幼儿感知、理解讲述对象的能力。

③培养幼儿独立构思与清楚、完整表述的能力。

（3）谈话活动目标。谈话活动是培养幼儿在一定范围内运用语言与他人进行交流的语言教育活动类型。其目标主要包括以下几点：

①帮助幼儿学会倾听他人的谈话，并及时从中捕捉有效的语言信息。

②帮助幼儿学习围绕一定的话题谈话并充分表达个人见解，培养幼儿口语表达能力。

③帮助幼儿学习运用语言进行交流的基本规则，提高幼儿的语言交往水平。

（4）早期阅读活动目标。幼儿园的早期阅读活动是帮助幼儿接近书面语言的教育活动类型。其目标主要包括以下几点：

①提高幼儿学习书面语言的兴趣。

②帮助幼儿掌握早期阅读的技能。

③帮助幼儿初步认识书面语言和口头语言的对应关系，懂得书面语言学习的重要性。

（5）文学作品欣赏活动目标。文学作品学习活动是通过欣赏文学作品来学习语言的教育活动类型。其目标主要包括以下几点：

①帮助幼儿感受文学作品的语言美，培养他们对艺术语言的敏感性。

②要求幼儿积极参加文学活动，愿意欣赏文学作品，知道文学作品有童话故事、诗歌和散文等体裁。

③要求幼儿根据文学作品所提供的线索进行创造性想象，并用口头语言表达自己的经验和想象。

④要求幼儿理解文学作品内容，学习用语言和非语言的表现方式表达自己对某个文学作品的理解。

（二）幼儿园语言教育的内容

根据幼儿园语言教育的目标和有关幼儿语言习得和学习语言的理论，将幼儿园语言教育活动分为五类。

1. 听说游戏活动

听说游戏是指由教师设计组织，有明确的语言学习指向目标，有明确的语义内容的语言教学游戏。听说游戏的主要目标在于培养幼儿的倾听和表述能力，活动内容主要集中在幼儿对听和说的理解和表达方面，具体内容包括巩固难发的音和易受方言干扰的音，练习声调和发声用气，扩展、丰富词汇量，练习词的用法等。

2. 讲述活动

讲述活动是指教师为幼儿创设正式的口语表达情境，让幼儿通过在集体面前表达自己对某一事物的认识、看法等，来学习表述的方法的活动。讲述活动的主要目标在于培养幼儿认真倾听的习惯和完整、连贯、清楚地表达的能力。

3. 谈话活动

谈话活动是指教师创设日常口语的交往情境，调动幼儿已有的经验，让幼儿围绕一定的话题进行交流、讨论的活动。谈话活动的主要目标在于培养幼儿运用口头语言与他人交际的意识、情感和能力。

4. 早期阅读活动

早期阅读活动是指教师利用图书、绘画，为幼儿创设一个学习书面语言的环境，让幼儿接触书面语言，培养幼儿对书面语言敏感性的活动。早期阅读活动的主要目标在于培养幼儿对书面语言的兴趣，丰富他们的前阅读和前书写经验。

5. 文学作品欣赏活动

文学作品欣赏活动是指教师从某一具体文学作品入手，为幼儿提供一个全面学习语言的机会，使他们在理解、感受作品的过程中学习运用文学作品语言的活动。文学作品欣赏活动的主要目的在于培养幼儿欣赏文学作品的能力以及利用文学语言表达想象、表达生活经验的能力。

（三）幼儿园语言教育的方法

幼儿园语言教育的方法是指幼儿教师为发展幼儿语言能力、实现语言教育目标而使用的教育手段。常见的方法有以下几种。

1. 示范模仿法

示范模仿法是指教师通过自身的规范化语言为幼儿提供语言学习的样板，让幼儿在良好的语言环境中自然地模仿、学习语言的一种方法。语言的示范有时也可由语言发展较好的幼儿来进行。运用这一方法要注意以下几点：

（1）规范的语言应包括形式、内容、运用三个方面，教师在任何时间、地点、场合都要使用规范语言，主动为幼儿创设良好的语言环境，以便幼儿模仿。

（2）教师要善于发现语言发展好或语言能力提高快的幼儿，让他们做示范者，为同伴提供模仿学习的榜样。

（3）对幼儿不易掌握的新的学习内容，教师应重点示范。

（4）教师要妥善运用强化原则，对幼儿正确的语言行为和习惯给予及时强化；对错误的语言用语给予及时纠正。

2. 视听讲做结合法

"视"是指教师提供具体形象的讲述对象，让幼儿充分地观察；"听"是指教师用语言描述、启发、引导、暗示、示范等，让幼儿充分地感知与领会；"讲"是指幼儿在感知理解的基础上，充分地表述个人的认识；"做"是指教师给幼儿提供一定的想象空间，通过幼儿的参与或独立的操作活动，帮助幼儿充分构思，从而组织起更加丰富、连贯、完整、富有创造性的语言进行表述。"视""听""做"都是为"讲"服务的，四个方面必须有机结合，在"讲"的过程中促进幼儿语言能力的发展。这一方法的运用要注意以下几点：

（1）教师提供的讲述对象应该是幼儿经历过的、熟悉的、符合幼儿认识特点的。

（2）教会幼儿观察讲述对象的方法，给幼儿留存一定的观察时间。

（3）教师的提问要有顺序性、启发性，能启发幼儿思考，帮助幼儿构思，有利于幼儿组织语言、进行连贯讲述。

（4）根据不同年龄幼儿的水平，提出独立讲述或创造性讲述的要求，但讲述内容要紧扣主题，想象要合乎情理。

3. 游戏法

游戏法是指教师运用有规则的游戏，训练幼儿发音、词汇和句式的方法。使用这一方法要注意以下几点：

（1）根据幼儿语言教育的目标和内容，选择和编制游戏。

（2）在运用游戏法的同时，可配合使用教具或学具。随着幼儿年龄的增长，应逐渐减少直观材料。

（3）对于个别发音不清的幼儿，可运用游戏进行重点帮助，使他们在感兴趣的活动中轻松地进行强化训练。

4. 表演法

表演法是指在教师的指导下，幼儿学习表演文学作品，以提高口头语言表达能力的一种方法。使用好这一方法要注意以下问题：

（1）教师必须在幼儿理解故事内容、熟悉人物对话及体会角色心理的基础上，指导幼儿正确地运用语言、表情、动作等扮演角色，进行故事表演（有的故事的叙述部分也可由教师讲述）。

（2）鼓励幼儿在故事表演中创新内容和增加对话。

（3）教师必须在幼儿理解诗歌内容，并能熟练朗读的基础上，指导幼儿正确地运用声调、韵律、节奏速度等进行诗歌朗诵表演。

（4）要为全体幼儿提供参与表演的机会。

此外，还有提问法、练习法、评价法等。各种方法只有综合运用，才能共同促进幼儿语言的发展，以达到理想的教育效果。

（四）幼儿园各类语言教育活动的设计与指导

1. 幼儿园听说游戏活动的设计与指导

（1）设置游戏情景。其目的在于设置游戏氛围，引发幼儿参与游戏的兴趣。在听说游戏开始时，教师需要调动一些手段去设置游戏情景。

①用物品创设游戏情景。教师使用一些与听说活动有关的物品，如玩具、日用品等，布置游戏情景，营造游戏氛围，使幼儿产生游戏的兴趣。

②用动作创设游戏情景。教师通过动作表演，让幼儿想象游戏的角色、游戏的场所，进而进入游戏情景。

③用语言创设游戏情景。教师通过自己所说的话，直接描述或指出游戏中的角色以及所处的环境。

（2）交代游戏规则、玩法。在创设游戏情景之后，教师接着就要向幼儿交代游戏的规则。教师可以通过讲解和示范相结合的方式，告诉幼儿游戏的规则、步骤和要求。

教师在交代游戏规则时，要注意以下几点：

①进行讲解的语速要慢。

②语言讲解要简洁明了。

③要讲清楚规则要点和游戏顺序。

（3）教师引导游戏。教师在游戏中充当主导角色，引导游戏开展的进程。教师可用两种方式让幼儿参与游戏：一种是幼儿分组参加游戏，实行轮换，以便另一部分幼儿有观察学习的机会；另一种是全体幼儿参加游戏的一部分活动，待幼儿熟悉、掌握游戏后再完整参加游戏。

（4）幼儿自主游戏。这一阶段，教师应从主导者的角色退出，放手让幼儿自己开展活动，教师处于旁观位置即可。自主游戏的形式可以根据每个游戏的具体目标来确定。到底采用何种游戏形式，取决于幼儿参与活动的效果。

2. 幼儿园讲述活动的设计与指导

（1）讲述活动目标的确定。讲述活动是以幼儿表述行为为主的教学活动，其目标包括如下几点：

①感知理解方面的目标。幼儿要清晰、完整、连贯地进行表述，首先就要正确地感知并理解讲述的对象和内容，这就要求幼儿要充分调动自己的观察能力，观察要讲述的凭借物，然后运用分析、综合和判断能力理解讲述的对象。

②表述方面的目标。此目标是讲述活动重点要完成的内容，其主要目的有：培养幼儿清楚、完整、连贯地表达自己意思的能力；培养幼儿根据听者的反应调整讲述内容的能力；有顺序地进行表达的能力；培养幼儿敢于大胆地在集体面前表达自己的想法和意思的态度。

③倾听方面的目标。主要有：能安静、耐心地在集体中倾听他人讲述，不随便打断别人的讲述；能在集体中专注地听他人讲述，并将倾听的主要内容记忆下来。

④其他方面的目标。在讲述活动中除了上述目标，还渗透其他一些目标，如情感方面的目标、动手能力方面的目标（主要体现在拼图和绘图讲述活动中）、生活能力和劳动教育的目标。

（2）讲述活动的步骤与指导。讲述活动的设计与组织可以按照以下四个步骤来进行。

①感知、理解讲述对象。感知、理解讲述对象主要是通过观察进行，大部分是通过视觉获取信息，也可以通过触觉、听觉途径让幼儿去感知、理解讲述对象。教师在这一步骤中重点指导幼儿充分、具体地观察、感知、理解讲述对象，以便为讲述打好基础。

②运用已有经验讲述。在幼儿感知、理解讲述对象的基础上，教师指导幼儿运用已有的经验进行讲述。组织幼儿自由讲述的方式很多，基本上归纳为三种：幼儿集体讲述、幼儿分小组讲述、幼儿个别交流讲述。

③引进新的讲述经验。通过前两阶段的铺垫，教师可以根据本次活动的目标要求，为幼儿引进新的讲述经验。其方式多种多样，归纳起来有三种：教师示范新的讲述经验、教师通过提示引进新的讲述经验、教师与幼儿一起讨论新的讲述经验。新的讲述经验是每次讲述活动的学习重点，它主要包括讲述的思路、讲述的全面性和讲述的方法等。

④巩固和迁移新的讲述经验。在讲述活动中，巩固和迁移新的讲述经验为幼儿提供了实际操作新经验的机会，以便于他们更好地获得这些经验，具体做法有以下几种：

一是由 A 及 B。当幼儿学习了一种新的讲述经验后，教师立即提供同类不同内容的事物，让幼儿用讲述 A 的思路去讲述 B。

二是由 A 及 A。在教师示范新的讲述经验并帮助幼儿厘清思路后，让幼儿尝试用新的讲述方式来讲同一件事、同一个情景。

三是由 A 及 A1。在教师示范过新的拼图和讲述经验后，进一步要求幼儿自己拼图添画后讲述。如拼图讲述"小动物的家"，教师添画小鱼和池塘后，示范新的讲述经验，再要求幼儿自己拼图添画，然后讲述。

3. 幼儿园谈话活动的设计与指导

（1）谈话活动目标的确定。幼儿园谈话活动的目的在于着重培养幼儿运用口头语言与他人交往的意识、情感和能力，具体表现在以下三个方面：

①帮助幼儿学会倾听他人的谈话，培养其有意识的、辨析性的和理解性的倾听能力。

②帮助幼儿学会围绕一定的话题谈话，并充分表达个人见解。

③帮助幼儿学会运用语言进行交谈的基本规则，提高其语言交流水平。

（2）谈话活动内容的选择。

①幼儿感兴趣的、熟悉的、与生活紧密相关的话题。

②有一定新鲜感的话题。

③与幼儿近日生活中共同的关心点有关。

④以前交谈过的、幼儿仍有极大兴趣的话题，有趣的话题。

（3）谈话活动的步骤与组织指导。

①创设谈话情境，引出谈话话题。谈话情境的创设主要有以下三种方式：

一是用实物或直观教具创设情境。即教师利用活动角布置、墙饰、桌面玩具、实物摆设、图片，向幼儿提供与谈话主题有关的可视现象，启发幼儿谈话的兴趣与思路。

二是用语言创设情境。教师通过自己说一段话、提一些问题来唤起幼儿的记忆，调动他们的经验，以便进入谈话情境。

三是用游戏或表演的形式创设谈话情境。教师通过生动直观、具体形象的游戏或表演的方式让幼儿进入谈话情境。

无论采取哪种方式创设谈话情境，都应注意以下三个问题：一是谈话情境的创设必须以有利于幼儿谈话为前提；二是注意创设的情境与谈话话题之间的关系；三是时间不宜过长，3 ~ 5 分钟即可。

②引导幼儿围绕话题自由交谈。这一步骤进行时，可参考以下三个基本原则：

一是放手让幼儿围绕话题自由交谈。这时，教师不需要做示范，不给幼儿暗示，不纠正幼儿说话、用词、造句的错误，让幼儿运用已有的经验说出自己想说的话。

二是鼓励每位幼儿积极参与谈话，真正形成双向或多向的交流。可以让幼儿自由选择交流对象，可以是一对一个别交谈，也可以由幼儿与邻座结伴交谈，或三三两两分成小组交谈，还可以是全体幼儿集体交谈。一个谈话活动可以灵活采用几种交谈方式，不管采用何种方式，重要的是要保证幼儿谈话气氛的融洽。

三是适当增加幼儿"动作"的机会，以调动幼儿的兴趣，提高他们谈话的积极性。如让幼儿边吃糖果边谈论糖果的内容。

当幼儿进入话题自由交谈时，教师可以采取轮番巡视的方式参与幼儿的谈话。

③引导幼儿逐步拓展谈话范围。经过让幼儿围绕话题自由交谈的活动阶段之后，教师要集中引导幼儿逐步拓展谈话范围，逐层深入谈话内容，帮助他们学会运用新的谈话经验，以使幼儿的谈话水平得到进一步提高。

在此阶段，教师特别要注意思考自己应"说什么"和"怎么说"，因为此时教师说话的内容和方式直接关系到幼儿有关新的谈话经验的学习。

4. 幼儿园早期阅读活动的设计与指导

（1）早期阅读目标的确定。

①早期阅读情感和态度目标。兴趣、习惯和态度是影响幼儿早期阅读教育成败的关键因素。培养幼儿高尚的道德情操、激发幼儿浓厚的阅读兴趣、树立幼儿爱书的积极态度、养成幼儿良好的阅读习惯，是早期阅读教育的最终目标。

具体目标有：喜欢阅读，感受阅读的乐趣；表现出对图书和阅读的兴趣；喜欢和父母、老师或同伴一起阅读图书；爱惜书籍，看完后能将书放回原处；与同伴分享自己的阅读知识；喜欢阅读浅显的童话，向往童话中美好的情境；喜欢诵读儿歌，获得初步的情感体验，感受儿歌中语言的优美。

②早期阅读技能目标。让幼儿掌握正确的阅读方法、具备阅读能力，是幼儿早期阅读教育的最基本目标。只有教会幼儿正确的阅读方法，才能培养其独立阅读的能力，这样幼儿自己可以通过阅读获取更多的知识。在早期阅读中应让幼儿掌握以下学习方法：拿书、翻书、指读、浏览，查阅资料，使用工具书和阅读时的思考、分析归纳、总结等，形成包括观察能力、认读能力、理解能力、评价能力、创造能力和记忆能力在内的幼儿早期阅读能力。

理解技能是幼儿阅读最基本的技能。在阅读图书时，幼儿通过有顺序地翻看图书以理解画面的意思，如幼儿要理解一个画面上有什么、在什么地方、人们在干什么等。更主要的是幼儿不但要理解单页画面的主要内容，而且要对画面上和画面间各种角色的表情、动作及角色之间的关系进行观察、分析、判断，从而厘清画面与画面、画面与整个故事间的联系，使阅读活动顺利地开展下去。

具体目标举例有：能从封面图文了解该书内容；能够指认书本上的物体；能一页一页地翻书，从上而下地阅读；能通过目录较快地查找自己需要的内容、书页；能分辨常见图示、标记、符号代表的意思，并能在实际生活中运用；能根据图文提示完成某件事；能观察到画面细微的变化。

③早期阅读认知目标。幼儿早期阅读教育虽不是以知识的传授为主，但幼儿的早期阅读中知识的传递是贯穿全过程的。在幼儿阅读教育中，认知目标强调的是与幼儿的生活紧密结合的知识，如认识交通标志、掌握生活安全常识等。早期阅读的认知目标主要在于帮助幼儿获得丰富的语言知识、社会科学知识和自然科学知识，提高幼儿

的语言水平和文化素养。

具体目标举例有：能够将故事里的人和事与自己的真实生活经验联系起来；能理解阅读材料的主题；知道书店、阅览室藏着许多书；能用日常生活中的简单符号标记解决简单的问题；能用适当的词汇，正确表达阅读材料的内容。

（2）早期阅读活动的步骤。

①阅读前的准备性活动。在正式阅读活动开展之前，教师可以让幼儿先熟悉一下图书内容，获得与图书内容相关的一些知识经验，对阅读内容有一个大概的了解。教师在指导这个阶段活动时应注意：第一，阅读前准备性活动只是为正式阅读做好铺垫，它并不能代替正式的阅读活动，不要让幼儿对图书的内容过于熟悉，否则幼儿在正式阅读时就会对图书失去兴趣，影响正式阅读活动的质量；第二，准备活动中可以让幼儿从头到尾翻看图书一两遍，或让他们边看边讲述图书的内容；第三，对幼儿理解不正确的地方，教师可以给予提示。

②幼儿自由阅读。这是正式阅读活动的第一个阶段。每次阅读时人数不宜过多，以便教师进行个别指导。这个阶段，教师在指导时应注意：第一，要用具有启发性的问题提问、引导幼儿，使幼儿能带着问题边阅读边思考，以帮助幼儿理解或解决图书内容中的重点和难点；第二，要注意观察每个幼儿的表现。

③师生共同阅读。师生共同阅读是阅读活动的一个重要步骤。这个步骤又可以分为以下三个阶段：师生一起阅读，了解和理解图书大致内容；围绕阅读重点开展活动；归纳图书内容。

当幼儿对图书的主要内容有较深入的理解后，教师要鼓励幼儿将主要内容总结、归纳出来，从而巩固、消化所学的内容。归纳图书内容可以有三种形式。一句话归纳法：这种形式要求幼儿用一句话将图书的主要内容总结出来。一段话归纳法：这种形式要求幼儿用一段话将故事的主要内容讲述出来。图书命名法：要求幼儿用简练的词或短句给图书起个名字，实际上是让幼儿学习归纳图书内容的主题。

师生共同阅读是阅读活动中的重点内容，教师在指导时要注意以下两个方面的问题：一是这个阶段提问使用的频率较高，因此，教师要谨慎对待提问法的使用，以免陷入一问一答的俗套中；二是在这个阶段，教师在指导不同年龄的幼儿进行阅读时，侧重点应有所不同。

④幼儿讲述阅读的主要内容。这个阶段是幼儿将图画符号转化为语言符号的阶段。幼儿可以在小组内自由讲述，可以在集体中讲述，也可以同伴间合作讲述。教师在指导这个阶段时应注意：第一，幼儿讲述的内容是他们经过思维的加工后所理解的图书的主要内容，因此只要他们基本上将图书的主要内容讲述出来就可以了，而不必就每个画面反复斟酌与认知，否则会降低幼儿对阅读的兴趣。与此同时，教师还要鼓励幼儿大胆想象，将与情节有关的人物、动作、对话和内心体验讲述出来，当然这并不是要求幼儿用规范的语言将每个画面的意思都彻底讲清楚，而是培养幼儿围绕图书重点，将主要情节尽可能讲得生动、详细。第二，在讲述时要注意幼儿的个别差异。当幼儿

在集体面前独自或与小组合作讲述时，教师一定要注意兼顾对语言能力强弱不等的幼儿的学习和指导。教师可以让语言能力较弱的幼儿选择较简单的阅读内容进行讲述，从而使这部分幼儿也能从讲述中获取乐趣、增强自信。

（3）早期阅读教育活动的指导要点。

①幼儿园阅读活动的指导。

尊重个体差异。不同幼儿在阅读活动中有不同的需要，教师可通过为幼儿准备多样化的图书，鼓励幼儿根据自身的需要、爱好，选择适合自己的阅读材料开展阅读活动。

激发幼儿阅读兴趣。激发兴趣是至关重要的指导方式。教师应利用不同情境来激发幼儿的阅读兴趣，让幼儿喜欢阅读，积极、主动、自觉地参与阅读活动，保证阅读活动的顺利进行，从而取得应有的阅读效果。

加强教师、家长和幼儿三者之间的交流。通过教师引读、师生共读、幼儿自读、亲子阅读、幼幼共读等活动，不断提高幼儿的阅读能力。

结合生活，学以致用。帮助幼儿通过阅读活动积累相关生活经验，教师可采用自然阅读法，如带幼儿去春游、野炊时，引导幼儿根据自己的观察理解，给农作物挂上自己设计、制作的爱护植物的提示或环保标志。

②家庭亲子阅读活动的指导。

直接指导。定期培训：通过举办家长会、讲座等方式，让家长全面了解和认识早期阅读教育活动，明确早期阅读的目标、途径、内容和方法及其对幼儿发展的重要性。材料展示：向家长展示幼儿早期阅读的材料，帮助家长了解幼儿在园的阅读情况。经验交流：组织家长进行家庭阅读经验交流，丰富家长教育孩子的方法。

间接指导。通过家园联系栏、家长信箱或家长开放日、印发阅读资料等方法帮助家长了解和学习亲子阅读。

个别指导。针对幼儿的阅读兴趣、习惯、态度和能力等方面的差异性，让每位幼儿都能有所发展，教师可对不同的家长做具体的个别辅导。如引导家长经常与幼儿一起看书，经常带孩子上图书馆、逛书店或图书超市；指导家长与幼儿共做亲子活动材料。

5. 幼儿园文学活动的设计与指导

（1）幼儿园文学活动的目标。

①文学作品的认知目标：丰富作品相关的社会知识；知道文学作品有童话、诗歌、散文等体裁，了解语言的丰富性和多样性；理解文学作品内容，学会标准发音，扩展词汇，了解各种语言句式的表达。

②文学作品的技能目标：学会倾听，提高语言的理解能力；会说、能说好普通话；感知文学作品语言和结构的艺术表现特点，能创造性地运用语言，扩展个人经验和想象，具有尝试艺术性结构语言的能力。

③文学作品的情感态度目标：对书面语言有浓厚的兴趣，喜欢文学作品，积极参加文学活动，乐意欣赏文学作品；体验文学作品中人物的真善美，感受文学作品的情感脉络和语言美，发展幼儿的艺术想象力和审美能力。

（2）两种常见文学活动的设计与指导。

①幼儿故事活动的设计与指导。

创设情境，引出故事。教师常见的几种导入方式有直观教具导入、猜谜导入、表演导入、提问导入等。

初步感知故事内容。让幼儿感知、欣赏故事的方式有很多，教师的讲述是用得最多、最直接的方式。教师在激发幼儿听故事的兴趣后，辅以适当的直观教具，用生动有感情的语言完整地讲述故事，让幼儿对故事内容有基本的了解和认识。

理解故事内容。通过挂图、教具、故事表演和提问等方式，帮助幼儿理解故事的主题、情节、人物性格特征等。帮助幼儿理解故事可采用三个层次的提问，即描述性提问、思考性提问和假设性提问。

围绕故事开展相关语言活动。为帮助幼儿理解、掌握故事内容，教师可以在理解或延伸环节安排活动，如故事表演游戏、复述故事、创编故事和续编故事等围绕故事主题开展的各种语言活动。在幼儿故事编构教学中，小中班应以续编为主，大班以创编为主。

②幼儿诗歌、散文活动的设计与指导。

创设情境，引出作品。诗歌和散文是以其优美的语言和情感来感染幼儿的。因此，营造欣赏作品的良好氛围对培养幼儿对作品的感受和体验非常重要。良好氛围的营造可以借助图片、生动的语言描述将幼儿带入作品的意境；也可以借助美术、音乐等艺术手段，布置一个与作品意境吻合的场景，便于幼儿进入作品意境，理解作品。

初步感知作品内容。呈现诗歌、散文内容的方式有很多种，一般来说，教师可以在创设好的情境中引出诗歌、散文，以教师的朗读或放录音等形式，声情并茂地为幼儿示范朗诵。教师的示范朗诵一定要有情感、有节奏、有起伏、有音韵美，才能深深打动幼儿。

深入理解作品内涵。在幼儿初步感知作品内容之后，教师应进一步引导幼儿深入理解和体验作品内涵，具体可以通过以下几种方式来帮助幼儿理解作品：一是出示挂图等教具。教师将语言所描绘的意境转化成具体直观的画面，把画面做成挂图，组织幼儿通过观察挂图理解作品的优美意境。二是采用提问方式。教师通过描述性提问来帮助幼儿理解作品的基本内容。三是朗诵诗文。教师应开展形式多样的朗诵，通过反复诵读，让幼儿不断品味、领悟作品，加深作品在幼儿脑海中的印象。多变换形式，避免机械记忆、枯燥乏味，既可以通过集体、分组、个人等形式朗读，又可以分角色或对答式朗读。

围绕诗文主题开展相关活动。在幼儿理解作品内容之后，教师应考虑围绕诗文主题开展相关活动，让幼儿亲身参与，更好地体验作品。不同特点的作品可以采用不同的活动形式，常见的活动形式有诗歌表演游戏、配乐朗诵、绘画、教师与幼儿一起简单谱曲演唱、诗歌仿编活动等。对于一些有一定格式、多重复的结构，事物之间关系为幼儿所熟悉的作品，教师可以组织幼儿进行仿编活动。

（五）案例示范——中班语言课"幼儿园里的树"

1. 活动目标

（1）通过故事，引导幼儿知道树木的好处，懂得树木是需要爱护的，从而激发幼儿爱护树木的情感。

（2）幼儿能用完整的语句大胆、响亮地表达。

2. 活动准备

（1）经验准备：幼儿有爱护大树的欲望，喜欢和大树做朋友。

（2）物质准备：有关故事的PPT，劳动小工具及"爱护树木"的木牌。

3. 活动过程

（1）以故事形式引入，引导幼儿安静地倾听，并认真思考。

①教师："幼儿园里飞来了三只鸟妈妈，它们来干什么呢？请小朋友们听完故事《幼儿园里的树》之后来告诉大家。"

②教师讲述完整的故事。

③引导幼儿说一说自己听到了一个什么故事、故事里讲了些什么。

（2）播放PPT，再次欣赏故事，幼儿根据故事内容回答问题。

①鸟妈妈为什么不愿意在幼儿园里的树上做窝？它们是怎么说的？

②你们愿意鸟妈妈们飞走吗？我们可以想什么办法留住它们呢？（幼儿讨论）

③故事里的小朋友是怎么关心和帮助小树的？

教师小结："幼儿园里的小朋友很喜欢小树。春天，小朋友帮小树松土；夏天，小朋友帮小树浇水；秋天，小朋友帮小树捡落叶；冬天，小朋友帮小树穿稻草衣。小树在小朋友们的关心下长成了大树。"

（3）引导幼儿说一说故事里的鸟妈妈为什么飞回来了。

①鸟妈妈现在喜欢幼儿园里的树了吗？为什么？

②鸟妈妈都喜欢我们幼儿园里的大树，真好！小朋友们喜欢大树吗？为什么？

教师小结："树的本领真大，可以制造新鲜的空气，创造美丽的环境，还能挡住风沙、遮太阳、抗洪水，提供各种原料，果树还能结果。"

（4）活动延伸："老师为小朋友们准备了一些小工具，我们一起去帮小树松松土、浇浇水、拔拔草，让小树快快长，长成漂亮的大树吧！"

三、幼儿园社会教育

社会教育的核心在于发展幼儿的社会性。个体社会性发展主要包括社会认知、社会情感和社会行为技能三个方面。社会认知主要是指幼儿对自己、对他人、对社会环境和社会活动的认知，以及对社会行为规范和社会文化的认知；社会情感主要是指幼儿在进行社会活动时表现出来的依恋感、自尊感、同情心、羞愧感、是非感、爱憎感等；社会行为技能主要是指交往、分享、合作、谦让、助人等方面的技能。社会认知、社会情感和社会行为是相对独立的，在不同的教育活动中侧重点有所不同：有的活动目的主要在于增长幼儿的社会知识，有的活动重点在于激发幼儿的情感，还有的活动重点在于培养幼儿的行为习惯。

（一）幼儿园社会教育的目标

1. 幼儿园社会教育总目标

见《幼儿园教育指导纲要（试行）》。

2. 幼儿园社会教育分目标

（1）人际关系。

①培养幼儿的自信心、自尊心、独立性，以及最基本的自我控制和应变的能力。

②逐渐了解父母、老师、同伴及其他社会成员，引导幼儿逐渐学会同情、关心他人，并乐于帮助他人，激发幼儿初步的爱父母、爱长辈、爱老师的情感。

③积极地同他人交往，并培养幼儿合作、交往、分享、谦让等方面的基本社会技能。

④初步了解自己所在的集体，使幼儿逐步适应并喜欢集体生活，初步产生对集体的关心、喜欢之情。

⑤培养幼儿的诚挚、勇敢、守纪律等基本品质，培养幼儿活泼、开朗的性格。

（2）社会环境和社会文化。

①了解家庭、幼儿园，初步认识主要的生活场所和设施及其与人们生活的关系。

②观察和感受周围的主要自然景观，初步激发幼儿热爱家乡的情感。

③初步了解自己所在地的名称。

④感知我国的国名、国旗、国歌、国徽，初步了解我国几个主要的民族及几个主要的风景名胜区。

⑤初步了解重大的节日和重大的社会事件。

⑥知道世界上有许多国家和民族，激发幼儿爱和平的情感。

⑦初步了解我国主要的人文景观、文化精品和民间节日等。

⑧初步感受世界著名的人文景观及优秀的艺术作品，引发幼儿对世界文化的兴趣。

（3）社会行为规范。

①初步了解并掌握基本的公共卫生规则，初步养成讲卫生的习惯。

②初步了解并逐步掌握基本的公共交通规则。

③初步了解并逐步掌握与人交往的基本规则。

④初步了解并逐步掌握生活中的各种规范。

⑤初步懂得要保护环境。

⑥初步养成爱劳动、爱惜劳动成果的习惯，激发幼儿初步的热爱劳动的情感。

⑦初步懂得正确与错误，培养幼儿初步的是非观念。

（二）幼儿园社会教育的内容

通过对《幼儿园教育指导纲要（试行）》的分析，社会领域课程内容大致地、相对地可以划分为四个板块：人际关系、社会环境、社会行为规范和社会文化。

1. 人际关系

（1）自己。使幼儿建立良好的自我意识，学会自我认识、自我调控和自我体验。

（2）同伴及与同伴交往。知道同伴的姓名、性别及年龄；知道同伴的外貌特征；了解同伴的爱好；了解同伴的优点和缺点；与同伴愉快地从事共同的活动；与同伴友好地讨论和商量事情；同伴间轮流游戏、阅读、玩玩具；同伴间分享食品、玩具、图书及高兴的事；关心有困难的同伴或比自己小的同伴；能用礼貌的语言与同伴交谈，注意倾听同伴的讲话；与同伴产生矛盾和冲突时会讲道理，会寻找解决问题的办法；同伴之间相互学习、相互帮助；会帮助同伴改正缺点。

（3）集体。知道自己所在的小组、班级及幼儿园的名称；知道小组成员的姓名、性别及年龄；知道小组长及值日生的姓名及职责；了解小组经常进行的集体活动；了解自己小组的优点和不足；知道班级的环境特点；知道幼儿园的环境特点；知道幼儿园其他班级的名称；了解幼儿园里工作人员的称呼以及他（她）们的活动。

2. 社会环境

（1）家庭。知道自己家庭的住址、电话；了解有关自我安全保护的知识；知道家里主要的生活用品、娱乐工具和学习用品；知道家庭成员与自己、邻里的关系。

（2）幼儿园。知道幼儿园的名称、地址，幼儿园的环境和设施；了解集体活动的基本规范；了解自己的班级和小组，幼儿园的工作人员及其与自己的关系。

（3）社区。知道社会主要机构（如银行、商店、邮局、政府部门、消防站、体育馆、文化站、图书馆、农贸市场、学校、敬老院等）的名称、工作人员、主要活动及其与人们生活的关系；知道社区的交通设施，包括码头、桥梁、车站等。

（4）行政区划。知道所在省（市）、区（县）、街道（乡、镇）、街（村）的名称，知道家庭和幼儿园的门牌号。

（5）祖国。知道国名、国旗、国歌、国徽、首都；我国的人种特征；主要的民族，如汉、藏、蒙古、维吾尔、回、满族等；一些主要的风景名胜，如长江、黄河、黄山、长城、故宫、兵马俑等；一些主要的特产，如茶叶、文房四宝等；中国人民解放军海、陆、空三军等。

（6）世界知识。知道国家与国家之间的交往，有关世界和平的最粗浅的知识。

（7）重大节日和重大社会事件。知道一些重大节日的名称、时间、意义及庆祝方式，如元旦、劳动节、儿童节、教师节、国庆节以及植树节、世界环境日等；了解一些重大的社会事件及其影响，如抗洪救灾，大型运动会等。

3. 社会文化

（1）社区人文景观。知道所在社区著名人文景观的名称、特征及有关的故事、传说。

（2）民间节日。知道一些重要的民间节日，如春节、元宵节、端午节、中秋节等，以及它们的名称、时间、主要特点。

（3）民间艺术。知道本地的一些主要工艺品以及它们的名称、用材及简单的制作方法；本地的一些天然工艺品；本地主要的地方剧种；一些健康有益的民间歌谣、故事等。

（4）文化精品。知道本民族的文字，中国书法；我国的 1 ~ 2 个主要剧种；有关中国民乐、国画等方面最基础的知识。

（5）世界文化。知道世界主要著名的地方，如敦煌莫高窟、金字塔、凡尔赛宫等；世界上流传最广的乐器，如钢琴、小提琴等；世界上流传最广的艺术形式，如油画、雕塑等；世界有名的儿童文学作品，如格林童话等。

4. 社会行为规范

（1）公共规则。知道公共惜物规则，如爱护公共财物，节约粮食和水电，保护植物、动物及环境等；公共卫生规则，如不随地乱扔杂物，不随地吐痰等；公共交通规则，如走人行道，看红绿灯等。

（2）集体规则。知道集体活动的一般规则，如服从集体意见、遵守集体指令、愿意为集体服务等；知道学校活动规则，如保持安静、不影响他人、会同他人合作、勇于发表意见、注意倾听他人的意见等。

（3）交往规则。知道使用礼貌用语；对老师、长辈行鞠躬礼；礼貌待客，礼貌做客；注意倾听他人说话，不无故打断他人说话，会合作谦让。

（4）基本道德准则。知道别人的和集体的东西不能占为己有；能分清是非；诚实、守信；能改正自己的缺点和错误等。

以上四方面内容，大部分被系统地组织在社会教育课程中，也有一部分渗透在语言、音乐、美术等其他领域的教育内容中。

（三）幼儿园社会教育的方法

1. 语言类方法

（1）讲解法。讲解法是指教师用口头语言向幼儿讲解社会教育的内容，使幼儿掌握正确的行为准则和方法，以指导幼儿行为的一种教育方法。讲解法是社会教育活动中运用得非常普遍的方法，无论是幼儿对人际关系的了解，对社会环境的认知，还是对社会行为规范的学习和社会文化的汲取，都需要教师用生动浅显、富有感染力的语言进行讲解、启发和引导。使用这一方法时应注意：

①讲解的实用性。教师讲解的内容应针对幼儿能体验和实践的内容，要避免啰嗦。

②讲解的直观性。教师讲解应具体、形象，将抽象的概念具体化。

③讲解的趣味性。教师讲解应生动有趣，具有感染力，语速适中，富有变化。

（2）谈话法。谈话法是指教师与幼儿相互提问、对答。谈话法的运用可以使教师借助恰当的问题，帮助幼儿分析、提炼原有的社会知识经验，使之明确化、系统化。

谈话法中幼儿的提问与回答是其真实思想活动的反映，有利于教师把握其思想实质。

运用这一方法应注意：

①教师应选择重点核心内容组织谈话。

②谈话主题应在幼儿经验范围内。

③谈话中提出的问题应具体、明确、难易适度。

④要注意调动全体幼儿参与活动的积极性。

⑤要为幼儿提供充分的思考和发言的时间。

⑥谈话要与讲解相结合。

（3）讨论法。讨论法是指教师在幼儿社会教育中，对某些具有社会性的问题、观点及认识相互启发、交流看法的一种教育方法。这种方法的运用，有利于幼儿自由发表意见和感受，帮助幼儿养成独立思考的习惯和能力，懂得不同的人对待问题的看法不同，有利于幼儿摆脱自我中心。

使用这一方法时应注意：

①幼儿有足够的社会知识经验，并已具备交谈的基本技能。

②教师要创设宽松平等的气氛，让幼儿大胆发表自己的看法并使讨论不偏离主题。

③在讨论的过程中，教师不要轻易、简单评价，而要鼓励幼儿对问题以及其他幼儿的意见发表自己的看法。

④讨论结束时，教师简明阐述正确的观点，引导幼儿对问题做出正确的小结。

2. 行为类方法

（1）参观法。参观法是指在社会教育过程中，教师根据一定的社会教育目标组织幼儿到幼儿园外观察社会现象，让幼儿在对实际事物或现象的观察、思考中获得新的社会认知和社会规范的教育方法。

使用这一方法时应注意：

①做好参观前的准备。

②做好参观中的现场指导。

③做好参观全过程的幼儿安全组织工作。

④做好参观后的总结工作。

（2）行为练习法。行为练习法即组织幼儿按照正确的社会行为规范进行实践的一种方法。这种方法能使幼儿明白正确的社会行为规范，帮助幼儿形成和巩固社会行为习惯。行为练习法的形式是多种多样的，既有教师人为创设特定的情境，又有教师组织的多种实践活动，如修补图书、做值日生、劳动等，还有在各种生活情景中教师组织的幼儿行为练习，如入园和离园的礼貌行为练习、文明用餐的行为练习等。

使用这一方法应注意：

①明确行为练习的目的和要求。

②让幼儿真正成为行为练习的主人，体验行为练习的快乐。

③练习要循序渐进，反复进行。

④运用各种适合幼儿特点的练习方法，提高练习的效率和质量。

3. 情感类方法

（1）环境陶冶法。环境陶冶法即通过优美的自然环境、良好的社会环境和教师有意识创设的教育情境，对幼儿进行社会化培养的一种教育方法。幼儿由于其年龄特点，对事物、问题尚未形成积极、稳定、正确的认识，容易受外界环境的影响，所以教师有必要引导幼儿感受与体验外部环境的熏陶，并有意识地创设良好的教育环境，使幼儿社会性情感、社会习惯得到良好的培养和陶冶。

运用这一方法应注意：

①创造良好的班风，使幼儿在集体环境中积极向上。

②创造良好的人际关系，使幼儿在和谐的氛围中愉悦身心。

（2）艺术感染法。艺术感染法即利用音乐、绘画等艺术形式的感染力，渗透幼儿心灵，使幼儿得到心灵的感染与熏陶，激发幼儿的情感，并使之化作行动的一种教育方法。艺术感染法主要运用于社会领域教育的社会文化教育活动中，因为社会文化中的人文景观、文化精品、优秀的艺术作品等本身就体现了较高的艺术性。

运用这一方法应注意：

①根据教育目标选择适宜的艺术作品和活动。

②引导幼儿在感受、体验、理解和表达艺术作品的过程中产生知识与情感的共鸣。

（四）幼儿园社会教育活动的组织和指导

1. 幼儿园社会教育活动的组织指导原则

（1）目标性原则。目标性原则是指组织实施社会教育活动，要体现我国教育的总目标及社会教育各层级的活动目标。贯彻这一原则应注意：一是选择教育内容、确定教育方式要有目标意识；二是教育活动的开展要紧紧围绕目标推进。

（2）活动性原则。活动性原则是指组织社会教育活动时，要引导幼儿在活动中积极主动地发展社会性。贯彻这一原则应注意：

①要激发幼儿活动的动机。

②要为幼儿创设活动的空间。

③要给幼儿提供自由活动的机会和时间。

（3）实践性原则。实践性原则是指在幼儿社会教育中，教师既要对幼儿进行社会认知方面的教育，又要指导幼儿进行社会实践，把幼儿的社会认知教育和社会行为教育结合起来，使幼儿的社会性得到整体、和谐的发展。贯彻这一原则应注意：

①帮助并教给幼儿具体的行为方式。

②组织幼儿参加多种实践活动。

③引导幼儿自己解决问题。

④教师要以身作则。

（4）强化性原则。强化性原则是指通过言语、动作或表情等方式，对幼儿的行为给予评价，使之形成良好行为习惯的原则。贯彻这一原则应注意：

①注意采取明确、适宜的强化方式。

②注意激发幼儿的内在动机。

③强化要及时、恰当。

（5）一致性原则。一致性原则是指在幼儿社会教育过程中，教师应有目的、有计划地对来自各方面的教育影响加以组织和调节，使其互相配合、协调一致，使幼儿的社会性按教育目标健康发展。贯彻这一原则应注意：

①教师要保持教育态度的一致性。

②幼儿园内各方面的教育要统一。

③社会各方面的教育影响要统一。

2. 正规性和非正规性社会教育活动的组织和指导

（1）正规性社会教育活动的组织和指导。正规性社会教育活动是指教师依据我国幼儿园社会教育领域的课程标准有目的、有计划地实施幼儿社会教育的专门的教育活动。组织、指导这类社会教育活动应注意：

①教育应紧密结合幼儿的生活实际选择活动的内容、确定活动的主题、创编活动的素材、运用直观生动且让幼儿有真情实感的活动形式和方法。

②教师应选择恰当的形式导入活动，激发幼儿参与活动的积极性。

③在活动的基本部分，教师应始终围绕活动目标进行，提问要明确，避免成人化语言，尊重幼儿，调动幼儿参与活动的积极性。

④在组织活动中，教师要以情感人，营造热烈、有序的学习氛围。

（2）非正规性社会教育活动的组织和指导。非正规性社会教育活动是指该活动的本来目的不是要向幼儿进行社会教育，但在客观上又有引导幼儿按照社会价值取向、社会道德规范行事的作用。这类教育活动具有随机性和潜移默化的特点。组织、指导这类社会教育活动时应注意：

①要重视一日生活活动中的社会教育。

②要重视其他学科领域中的社会教育。

③要重视游戏及区角活动中的社会教育。

④要重视环境在幼儿社会发展中的潜移默化作用。

（五）案例示范——中班社会课"认养树朋友"

1. 活动目标

（1）知道关心幼儿园里的树木，关注周围的环境。

（2）通过选择、认养"树朋友"的活动，体验相互合作的乐趣。

2. 活动准备

（1）经验准备：有观察幼儿园里的树的经验，对它们有简单的认识。

（2）物质准备：自制的树木认养牌、双面胶、彩色笔等。

3. 活动过程

（1）引导幼儿说一说幼儿园里的树，启发幼儿的认养欲望。

①说一说之前看到的树是什么样子的。

②说一说自己喜欢的树，并说明为什么。

③教师出示认养牌，导入主题。

（2）引导幼儿按自己的意愿认养。

①教师："你记得幼儿园里有哪些树吗？"

②幼儿自由分组，自主选择一棵树认养。

（3）制作认养牌。

①教师出示认养牌，引导幼儿了解认养牌的内容。

②小组商量树朋友的昵称和给树的祝福语。

③制作认养牌，画上自己喜欢的图案并进行装饰。

（4）幼儿到户外进行认养树朋友的活动。

①将自己的认养牌贴到想要认养的树朋友身上。

②教师："我们需要为树朋友做些什么呢？"

（5）教师总结："小朋友们要经常关心树朋友，给树浇水等，像照顾朋友一样照顾它。"

四、幼儿园科学教育

（一）幼儿园科学教育的目标

1. 幼儿园科学教育总目标

见《幼儿园教育指导纲要（试行）》。

2. 幼儿园科学教育的年龄阶段目标

（1）小班。

①日常生活中引导幼儿喜欢动物，愿意参加饲养小动物的活动，爱护花草树木，愿意给植物浇水。

②日常生活（如散步、出行）中，引导幼儿感知四季最明显的特征以及下雨、下雪等自然现象，体会天气冷了多穿衣服、热了少穿衣服等人与自然的关系。

③在日常生活和游戏中，引导幼儿初步了解物体能滚、转、停以及人们的推、拉对物体的作用。

④通过组织幼儿玩沙、玩水，初步感知沙、水的特性。

⑤结合日常生活活动，认识白天、黑夜、早晨、晚上。

⑥引导幼儿观察喜欢的常见事物、现象，对认识它们感兴趣。

⑦在操作活动中，引导幼儿了解感官的作用，积极运用多种感官进行感知和探索。

⑧鼓励幼儿用语言简单地表达感知、操作活动中的感受和发现。

⑨在操作活动中，引导幼儿按物体名称或某一特征归类。

（2）中班。

①引导幼儿喜欢参加饲养小动物的活动，在活动中感知动物的生长现象，学习为小动物收集饲料和喂食，和小动物有亲近感。

②引导幼儿喜欢参加种植活动，在活动中感知植物有生命、会生长，学习给植物浇水、锄草，知道应爱护植物。

③在日常生活中，引导幼儿感知四季的明显特征，说出四季名称；比较晴、阴、雨、雪等天气现象，体会人们通过增减衣服适应气候的变化。

④在日常生活和游戏中，引导幼儿感知磁铁、石头、泥土、空气等特性及颜色的变化，物体的溶解、沉浮等现象。

⑤在日常生活中，引导幼儿理解昨天、今天、明天的含义，正确辨认前、后方位。

⑥引导幼儿主动观察、探索周围的常见事物、现象，并从中体会到愉快。

⑦在日常生活中，引导幼儿有目的、有顺序地观察周围事物；能对某些事物进行连续的观察，发现事物或现象之间存在的差异及变化。

⑧在日常生活和游戏中，引导幼儿比较事物（人、动物、植物等）的不同点或物体间量的差异，会按某些外部特征、发展变化或某一简单规律对某些事物进行排序。

⑨在日常生活和游戏中，引导幼儿学会按一个维度将常见物体分类。

⑩在操作活动中，引导幼儿用各种常见材料进行简单的实验，并根据某些现象进行初步的猜想。

（3）大班。

①在日常生活和游戏中，引导幼儿细心、专心地观察，能从不同角度观察或在一段时间内对某一物体进行连续观察并找出事物变化的简单原因，学习简单的推理。

②在日常生活和游戏中，引导幼儿能从不同角度对物体进行分类，学习同时按两个维度对物体进行分类，有初步的概括能力。

③在日常生活中，引导幼儿感知适宜的环境对动植物的重要意义，特别关注水、空气、土壤的清洁，感知它们对动植物生存的重要性，理解环境保护的意义，有相应的环保行为。

④在日常生活中，引导幼儿感知四季对动植物生长变化及人们的衣着、生活的影响，观察不同的天气现象（风、雨、雪等），发现它们与四季的关系，主动想方法适应天气变化。

⑤在日常生活中，引导幼儿了解风、电、水、太阳对人的益处和危害，初步体会事物的两面性，感知简单的物理现象，喜欢玩声、光、磁、颜色的变化、沉浮等游戏，

体会事物的发展与变化。

⑥以游戏方式引导幼儿学习用多种方法对感兴趣的事物进行记录、统计和自然测量。

⑦在日常生活中，体会交通工具、通信工具等现代化手段给人们生活带来的方便和快捷，并对未来世界进行大胆想象。

⑧在日常生活和游戏中，引导幼儿认识钟表，会看整点、半点，体会时间的不可逆性，知道应该珍惜时间。

⑨在日常生活和游戏中，引导幼儿学会辨别自身的左右，体会空间方位（含上下、前后）的相对性。

⑩引导幼儿体会大自然的美与奇妙，热爱大自然。

⑪引导幼儿养成喜欢探索周围事物、爱思考、爱提问、积极回答问题等习惯，在观察过程中细心、专心，并以客观的态度发表自己的看法。

⑫引导幼儿主动参加科学小实验，喜欢动手操作，会初步地选择和使用材料与工具，在实验中积极思考，对实验结果感兴趣。

3. 幼儿园科学教育活动的目标

（1）情感态度：有好奇心和探索热情，有初步的科学精神和态度。

（2）科学的思维方式和方法：观察、动手操作、动脑思考、表达等。

（3）科学知识经验：获得有关周围事物及其关系的知识经验，并有使用倾向。

（二）幼儿园科学教育的内容及选择要求

1. 幼儿园科学教育的内容

（1）了解自然环境和人们生活的关系。

①自然界常见动植物和环境的关系：了解动植物之间的关系，了解动植物和人类之间的关系；了解动植物与气候、季节变化之间的关系，探索和初步发现动植物和环境的关系；观察常见动植物的主要用途及其典型特征，认识其外形特征与结构，了解它们的生活方式和繁衍方式，探索动植物的多样性。

②非生命物质及其与人与动植物的关系：知道空气是看不见、摸不着的，动植物和人类的生存都离不开空气等。知道水是无色、无味、透明的，了解水在日常生活中的用途，知道有许多物质能够溶解于水，知道地球上的可以供人们饮用的水资源是有限的，懂得保护水资源、节约用水的重要性等。知道石、沙、土之间的关系、用途、与人类的关系，了解土壤对动植物的作用，了解土壤污染对人类健康的影响，初步了解植树造林对人类的重要意义，懂得保护森林的重要性等。

③人与自然环境的关系：人与自然环境关系的教育，特别要体现人与自然的和谐关系，可以渗透和体现在认识自然界的动植物和非生物的内容中。

（2）探究身边事物的自然科学现象和变化规律。

①认识各种物理现象，如感知多种多样的光、美妙的声音，感受冷、热的现象，

探究力、磁铁、电等物理现象。

②认识各种安全、有趣、简单的化学现象，如牛奶发酵成为酸奶。

③认识气候与季节变化；观察雨、雷、闪电、彩虹、冰、霜、露等自然现象；辨别春、夏、秋、冬的四季特征；了解气候变化与人类活动之间的关系等。

④认识宇宙中的日月星辰，知道为什么白天有太阳、夜晚没有太阳，观察什么时候月圆，什么时候月缺；适当向幼儿介绍人类在宇宙中的活动等。

（3）感受科学技术及其对生活的影响。

①认识各种家电（如电视、电话、电冰箱、洗衣机）等及其用途和安全使用方法。

②初步了解各种通信工具、科技产品等。

③认识各种常见的海、陆、空交通工具并体会它们和人们生活的关系。

④认识到科学技术的发展对环境造成的负面影响。

2. 幼儿园科学教育内容选择的要求

（1）科学性和启蒙性。科学性和启蒙性是学前儿童科学教育内容选择的首要要求。幼儿科学教育选编的内容必须符合科学的原理，根据客观规律，正确解释幼儿周围生活中的一切自然现象，不能违背科学事实。同时，科学性又应和启蒙性相结合，即提供给幼儿的科学内容应符合幼儿的知识经验和认知发展水平，并以此激发幼儿的好奇心和科学探索的欲望。

（2）广泛性和代表性。幼儿科学教育的内容应是丰富多彩的，以反映幼儿日常生活中所接触的物质世界的多样性、多变性和自然科学知识本身的广泛性；应是有代表性的，能代表自然科学各个领域的基本知识结构，为幼儿今后系统地学习科学知识打下基础。

（3）地方性和季节性。幼儿科学教育内容的选择应联系当地的自然环境、文化背景和季节变化来选编内容。我国幅员辽阔，地跨寒、温、热三带，各地的自然资源和气候条件差异很大。因此，要根据当地的特点选择科学教育的内容，还可以自行编制一些乡土教材，以保证幼儿直观地感受本地区的自然特点。

（4）时代性和民族性。幼儿科学教育的内容既应体现时代发展和科学技术的进步，又应注重弘扬民族传统文化，在幼儿的心灵中播下民族自信心和自豪感的种子，从而激励幼儿学习科学。

（三）幼儿园科学教育的常用方法

1. 观察法

观察法是指幼儿在直接接触事物的过程中，运用多种感官直观、生动、具体地认识事物，以提高幼儿感官的综合活动能力，培养其运用感官探索周围环境的习惯。

（1）个别物体和现象的观察。个别物体和现象的观察是指幼儿对特定的某一自然物、自然现象或科技产品进行观察，从而有目的地运用多种感官与周围某一事物或现象直接接触，了解它的外形、特征、属性和习性。如观察小兔子、石头等单个或一类事物。

（2）比较观察。比较观察是指幼儿对两种或两种以上的自然物或自然现象、科技产品进行观察和比较，使幼儿在观察中更正确地认识自然物，并进行分析和比较，为概括分类奠定基础。例如，鸡和鸭的比较性观察、自行车和摩托车的比较性观察等。

（3）长期系统性观察。长期系统性观察是指幼儿在较长时间内持续对某一自然物或自然现象进行系统的观察，它的特点是观察的时间长、对幼儿观察的持久性要求高。如对青蛙进行的长期系统性观察，是对卵—蝌蚪—青蛙的整个生长过程的系统的、比较持久的观察。

2. 实验法

科学实验是在人为控制条件下，利用一定的仪器或设备，通过操纵变量来观测相应的现象及其变化的方法。它能够排除干扰因素，揭示事物的因果关系。

（1）儿童操作实验。儿童操作实验是指儿童亲自动手操作、参加全过程的实验，实验的性质比较简单，常带有游戏性。例如，在沉与浮的实验中，教师只需提供各种材料，然后让幼儿进行自由的探索活动——将各种东西一一放入水中，观察不同材料的东西放入水中的沉浮情况。

（2）教师演示实验。教师演示实验是指教师操作实验的全过程，儿童观察实验的过程、现象、变化和结果的一种形式，主要用于难度大、较为复杂的实验。

3. 劳动与实践法

劳动与实践主要有种植、饲养、科学小制作和协助成人劳动等活动。

（1）种植。种植是指通过在班级自然角种植花卉、蔬菜和农作物等，让幼儿认识各种植物的播种、管理、收获等全过程。

（2）饲养。幼儿通过在饲养角里喂养和照管习性温顺的动物来认识动物。饲养主要包括收集饲料、喂养，并观察小动物的外形特征、动作和生活习性，培养爱护小动物的情感。例如，幼儿园可以饲养乌龟、金鱼等动物。

（3）科学小制作。科学小制作是指幼儿采用各种自然材料（如树叶、石头、瓜子壳等）和废旧材料（如木块、包装纸、废塑料盒等），制作一些简单的科学玩具和装饰品，如"不倒翁"。

（4）协助成人劳动。幼儿协助成人参加一些力所能及的劳动，如摘菜、剥花生等，从中获得有关科学的感性经验。

4. 测量法

测量是指幼儿运用目测或简单的工具，对物体进行简单的、初级的测定活动。幼儿的测量包括大小、长短、高矮、粗细、轻重等内容。

（1）观察测量。观察测量，即目测比较，通过眼睛（目测）来测定物体的大小、粗细、长短等，通过手的感觉来测量物体的温度，用手掂量物体的轻重等，从而获得有关物体的特征。

（2）自然测量。自然测量是不采用通用的量具，而是用一些自然物，如木棍、绳子、手指、步长等作为量具对物体进行测量。如让幼儿用手指量一量桌子的长度等。

（3）正式量具测量。正式量具测量是以通用的标准量具对物体进行测量。适合幼儿用的有尺、天平、温度计、钟表、秤等。例如，可以让幼儿用尺测量不同长度的绳子。

（四）幼儿园科学教育活动设计的基本原则

1. 科学性原则

科学性原则是指在设计和组织科学教育活动的过程中，为幼儿选择的科学教育内容必须是客观的、实在的、符合科学发展方向的，使用的教学方法必须是符合科学规律和幼儿认知特点的。

2. 发展性原则

发展性原则是指在设计和组织科学教育活动的过程中，应着眼于促进幼儿的全面发展。它包括两层含义：一方面要求科学教育的目标、内容、方法及手段等应随科学与人的发展而不断发展和完善；另一方面要求科学教育应该促进幼儿的全面发展。

3. 趣味性原则

趣味性原则是指设计和组织科学教育活动时，应充分考虑幼儿的兴趣和需要，并能激发幼儿学习的兴趣。

4. 整合性原则

整合性原则是指教师在设计和组织科学教育活动时，将科学领域不同的内容、目标、活动形式有机整合，同时科学活动还要与其他教育活动相互渗透，协调利用各种有利于幼儿学习科学的教育因素，开展系统化的教育。

5. 活动性原则

活动性原则是指在设计与组织科学教育活动时，应以活动为基本形式，尊重幼儿的主体地位，为他们提供丰富的活动材料，保证充足的活动时间和空间，让他们在丰富的实践活动中进行主动的探索，从而获取科学知识、发展科学能力、培养科学精神。

（五）幼儿园科学教育四类活动的设计与指导

科学教育活动最主要的有四种类型：观察认识类、实验操作类、技术操作类、科学讨论类。

1. 观察认识类活动的设计与指导

观察认识类活动是指在教师指导下，幼儿通过有目的地观察实物，了解物体的各种特征和物体之间的区别，获得对事物的感性认识和观察技能的一种活动。它是幼儿园科学教育活动的一种常用方法。

（1）活动目标设计。一般来说，观察认识型活动的目的主要是借助于感知观察的

模块六　幼儿园教育活动的组织与实施

215

方法，达到对事物特征的认识。通常来说，观察认识型活动的目标主要包括以下三个方面，即观察技能、表达技能、有关观察对象的科学认识。

对于不同的活动内容以及不同年龄段的幼儿，可提出更为具体的目标，见表6-4。

表6-4　观察认识类活动的教学目标

教学目标		适用年龄段	举例
观察技能	运用多种感官感知事物特征	小班或以上	运用多种感官——看、摸、听、闻、尝等感知西瓜的特征（小班："认识西瓜"）
	对不同的对象进行比较观察	中班或以上	通过观察，比较自行车和摩托车的不同（中班："认识自行车和摩托车"）
观察技能	有顺序地观察事物的特征	中班或以上	观察月季花的各个部分及其特征（中班："观察月季花"）
	对事物进行长期系统的观察	中班或以上	学习观察并记录小蝌蚪身体的变化（大班："观察小蝌蚪"）
	观察事物的变化和现象的发生	小班或以上	观察气球充气后的变化（小班："多变的气球"）
表达能力	运用语言大胆讲述自己在观察中的发现	小班	能大胆地说出小兔子的名称，和同伴交流小兔子的外形特征（小班："可爱的小兔子"）
	运用完整的语言讲述并交流自己在观察中的发现	中班或以上	能用完整的语言交流自己收集来的蛋，讲述蛋的特征及用途（大班："各种各样的蛋"）
	用图画、数字等多种方式记录	中班或以上	学习用图画记录收集来的各种蛋（大班："各种各样的蛋"）
	认识观察对象的显著特征	小班	观察小兔子的头、躯干、尾、腿等显著特征（小班："可爱的小兔子"）
	认识到观察对象的多样性	小班或以上	在观察的基础上知道蛋是各种各样的（大班："各种各样的蛋"）
	认识到各个观察对象的不同和相同之处	中班或以上	观察各种蛋的特点，知道它们都是动物的卵（大班："各种各样的蛋"）
	探寻观察对象的变化规律	大班	在观察的基础上探寻种子发芽和水分的关系（大班："种子发芽的条件"）

（2）活动过程设计。一般的教育活动过程由四部分构成，即导入（开始）部分、基本部分、结束部分、延伸部分。无论哪种类型的观察活动，在导入部分应交代清楚本次观察活动的任务。在活动过程设计中要根据观察的类型设计活动流程，落实活动目标。同时，活动过程中应有幼儿交流观察结果的交流过程。结束部分对活动要有小结。延伸部分是活动的进一步扩展。

根据观察对象的不同特点，各种观察认识活动的设计思路、要点如下。

①物体观察活动。设计思路：教师出示观察对象—幼儿自由观察—表达与交流—教师引导幼儿观察—表达与交流—教师总结。物体观察活动适用于个别物体观察、同类物体观察及比较观察。教师可引导幼儿在观察的基础上进行表达和交流，并通过指向性问题引导其认识物体的显著特征，或比较两个物体间的异同，或总结同类物体的

共同特征。

②展示观察活动。设计思路：收集物体—布置展览—共同参观—表达与交流—教师总结（或开放性结束）。展示观察活动一般适用于观察、认识物体的多样性。其中收集展品、布置展览是渗透性的幼儿自由观察活动。参观展览是在教师引导下对各类物品的集中观察、表达交流的活动。

③现象观察活动。设计思路：引出对象或问题—观察现象—观察中的交流与个别指导—教师组织讨论和交流—教师总结。现象观察活动适用于观察变化的发生。教师可将观察、指导和交流相结合，可在观察之后引导幼儿对观察到的现象加以讨论，形成科学经验。

④长期系统观察活动。长期系统观察活动不能仅仅通过一次集体教学活动来进行，而应该以主题活动的形式进行，或者将集体教学活动和日常生活中的教育活动结合起来。设计此类观察活动时，教师或家长应引导幼儿养成定时定点观察事物与现象变化的习惯，并做好观察记录。如观察动植物的生长过程、观察季节特征的变化等。

（3）观察认识类活动的指导要点。

教师在指导幼儿观察时，要注意以下几点。

①利用各种方式激发幼儿对观察对象的兴趣。如用游戏、听该物发出的声音、出示实物等方式开始观察活动，也可用生动简洁的语言、儿歌、谜语开始观察活动，或以讲故事、提问题和启发性谈话等方式开始。

②引导幼儿运用多种感官感知事物的特征以获取全面的观察信息。一般通过观察，要求幼儿获得有关物体和现象的信息包括如下几个方面：

观察物体的外形特征。如形状、颜色、大小、气味、味道、软硬、光滑、轻重、弹性等不同特征。

观察物体的外部结构和功能及两者之间的关系。

观察物体相对的静止状态和运动状态。

观察物体的存在与周围世界的关系。

③通过提问引导幼儿发现和思考并掌握观察事物的方法。教师通过提出启发性、开放性问题，引导幼儿全面、系统、有序地观察。如"它是什么样的？""它像什么？""它们一样吗？有什么不一样？"等，这样的问题能够引起幼儿对认识对象、探索对象的特征的描述，以及对不同对象特征的比较，每个幼儿都可以从自己的角度来观察和思考。

④将观察和幼儿对观察对象的操作活动结合起来。教师要尽可能地让幼儿有自己动手操作的机会，以使其全面地观察事物，并了解观察对象的变化。

⑤要鼓励幼儿用语言表达、交流观察中的发现。表达可以帮助幼儿回忆观察印象、整理自己的观察结果，还可以促进幼儿之间的交流。教师既要鼓励幼儿用自己的语言来表达，以发现幼儿观察的独到之处，又要注意纠正其语言表达与观察不符的地方。

⑥指导幼儿学习用各种方法记录观察结果。观察记录就是幼儿以形象化的绘画、图表，表达对自然物、科学现象的观察结果。记录的方式：笔录、磁带、绘画、表格、

泥塑、剪纸、粘贴（树叶）、收集制作标本。记录是幼儿观察活动中的一个方面，也是一种表达方式，同时还是重要的评价幼儿的资料。

2. 实验操作类活动的设计与指导

实验操作类活动是指幼儿通过动手操作实物和材料，以发现客观事物的变化及其关系的科学活动。它强调幼儿在实验操作中的动手能力。这类活动强调实验和操作的结合。

（1）实验操作内容的选择。教师可根据幼儿科学教育目标结合幼儿的兴趣和经验水平等，选择实验操作活动内容。

（2）实验操作目标的设计。实验操作型活动目标的制定应符合幼儿科学教育总目标和年龄阶段目标，应根据实验操作活动的具体内容和幼儿园的实际情况制定出具体的活动目标。通常实验操作型活动涉及的核心目标有科学好奇心及科学探究能力。

（3）实验操作过程的设计。幼儿的实验操作型活动是一个开放的、动态的过程。根据幼儿知识经验的不同及实验内容上的差异，可采用不同的设计思路。

①演示—操作式。即先对实验内容进行演示，然后让幼儿进行对应的实验操作，通过观察，获得发现。实验演示可以是教师操作，也可以是教师指导幼儿操作。这一设计思路便于教师组织活动，但是教师的演示对幼儿的自主探究学习有一定的限制。该设计思路一般适用于幼儿年龄较小、无法独立探究，或者实验难度较大、幼儿操作困难的实验。

②自由—引导式。即教师提供材料让幼儿自由探究，然后在组织幼儿交流经验的基础上，引导幼儿进一步有目的、有计划地探究。这一设计思路能较好地将幼儿的自主探究和教师的引导结合起来，并将教师的指导建立在幼儿自由发现的基础之上。这一过程在幼儿科学实验活动中的应用较为广泛，主要用于操作比较容易、简单、带有游戏性质的实验操作活动。

③猜想—验证式。即针对某一问题，教师让幼儿先猜想可能会得到的结果，然后进行实际的探究活动，来验证原先的猜想是否正确。这一设计思路能教会幼儿科学探究的基本过程和方法，让幼儿学习做科学记录，形成实事求是的科学态度。该设计思路适用于幼儿已有类似生活经验，但答案并不明确的实验。

（4）实验操作类活动的指导要点。教师在指导幼儿开展实验操作型活动时，应注意以下问题：

①创设宽松、和谐的心理氛围。教师应理解幼儿的探究行为，尊重和接纳每一个幼儿的观点、探索发现和解释，给予每一个幼儿以激励性的评价和具体的反馈，从而激发幼儿内在的探究动机，使其乐于探索。

②提供充足、多样的实验材料。充足、多样的实验材料能保证幼儿反复操作、与客体相互作用，在实验过程中去探索、发现、判断，自己找出问题的答案，获得丰富的科学经验。

③积极引导、鼓励幼儿主动参与活动。在活动中教师要给幼儿充足的操作时间，当幼儿有新的发现和想法时，教师应鼓励幼儿大胆尝试，支持幼儿的探究行为。

④引导幼儿仔细观察。引导幼儿注意实验材料在操作过程中的变化，学习实验操作技能及记录实验结果。

⑤鼓励幼儿用语言表达与交流，分析实验中观察到的现象，解释实验结果。当幼儿的解释出现错误时，不要急于纠正，可组织幼儿一起来讨论。

⑥鼓励幼儿提出问题，并和幼儿共同探究问题。

3. 技术操作类活动的设计与指导

技术操作类活动是指学习制作产品、使用科技产品或掌握某些工具的操作方法的科学活动，是幼儿科学教育的一种重要活动类型。

（1）技术操作类活动的目标设计。技术操作类活动中涉及的最重要的目标是技术操作能力，它包含三个方面，即正确使用科技产品的能力、掌握简单工具的使用方法、自行设计并开展科技小制作的能力。

（2）技术操作类活动的过程设计。技术操作类活动可以具体地划分为以下两种使用科技产品或工具的活动和科技小制作活动。活动类型不同，具体的设计思路也有所不同。

①学习使用科技产品和工具。引导幼儿学习现代科技产品的操作方法，如小班"打电话"。这类活动的设计通常可采用"观察—尝试操作—交流讨论—正确操作"的模式。即先让幼儿通过观察、了解操作对象的结构，然后在尝试性的操作中了解其特性。在交流讨论不同的操作方式的基础上，帮助幼儿分析操作错误的原因，了解正确的操作方法。

②科技小制作活动。引导幼儿在运用工具和材料进行小制作时，掌握制作的技巧，同时进一步发现科学现象，体验其中蕴含的原理。这类活动的设计可分为两种模式：如果是简单的科技小制作，需要幼儿自己设计的，可采用"设计—操作—交流讨论—展示分享"模式；如果是需要幼儿按照一定的程序规范学习制作的，可采用"演示—操作—交流讨论—展示分享"的模式。

（3）技术操作类活动的指导要点。教师在组织幼儿开展技术操作类活动时，应注意以下问题。

①为幼儿选择合适的活动内容。在活动之前，教师要考虑和尊重幼儿的年龄特点及已有的经验水平、善于抓住孩子的兴趣点，选择的活动内容既要符合幼儿现实的需要，又要对幼儿有一定的挑战性，能让幼儿获得更多的经验。

②为幼儿提供适当的制作材料。这里的材料包括制作的原材料、制作中必需的或可能需要的工具。

③引导幼儿明确科技制作的目标、方法和评价标准。在活动开始时，教师可以通过出示、演示制作的成品，引导幼儿对该内容与现象进行积极的思考，明确制作的目标和评价标准，让幼儿知道自己要做什么。在科技制作活动中，教师也可以向幼儿讲

解或演示制作的步骤和方法，让幼儿知道怎样做，然后按这个步骤去做并得出结果。

④要让幼儿自己探索制作方法和技巧。幼儿的科技制作活动需要一定的自由度，他们需要在各个方向上都做一些探索，需要熟悉制作的材料，主动参与制作的过程，通过获得的结果（即使是失败的结果）来学习。

⑤鼓励幼儿运用各种方法表述自己的制作过程和结果。活动中，幼儿需在教师的指导下与同伴进行交流与讨论，提出不同的见解，表述自己在活动中的发现。同时，教师还应尽量帮助幼儿总结发现以获得新的经验。

⑥活动结束时要对活动情况进行总结和评价。活动结束前，在幼儿表达、交流信息的基础上，教师要对幼儿的制作过程及表现进行总结和评价。活动结束后，教师要对活动进行反思，以便在以后的活动中加以改进提高。

4. 科学讨论类活动的设计与指导

科学讨论类活动是指在收集资料、整理资料的基础上，通过集体的讨论交流等手段获取科学知识的活动。尽管它不是一种直接的探究活动，但它是幼儿获取科学知识的一种非常重要的手段，是幼儿科学教育实践中一种较为普遍的活动类型。

（1）活动目标设计。在科学讨论类活动中，主要是通过幼儿围绕某一主题的表达交流，来达到分享知识经验的目的。通常科学讨论类活动涉及的重要教学目标有：收集与整理技能、表达交流技能和获取科学知识与经验。

（2）活动过程设计。科学讨论类活动是建立在幼儿直接或间接的经验基础上的科学交流学习活动。因此，应把幼儿的讨论交流活动和他们获取经验的求知活动结合起来设计。通常，我们可以把科学讨论类活动的内容设计成系列活动的形式，也可以在一次活动中包含这两个不同的环节。设计思路大致分为以下三种。

①参观调查—汇报交流式。这类活动通常是在参观、调查的基础上获取直接经验，再进行汇报交流，分享经验。

②收集资料—共同分享式。有些活动需要幼儿通过收集资料的方式积累知识经验。

③个别探究—集中研讨式。对于幼儿共同感兴趣但认识可能出现不一致的问题，可以先让幼儿进行个别的探究，在个别探究的基础上进行集中讨论。如"蚯蚓有没有眼睛"这个问题是幼儿自己提出来的，幼儿都感兴趣，但是出现认识不一致的问题。教师可以鼓励幼儿进行探究，提出自己的看法和理由，然后通过集中讨论使不同的观点进行"碰撞"，让幼儿在相互交流的过程中获取知识经验。

（3）科学讨论类活动的指导要点。教师在开展科学讨论类活动时应注意以下几点：

①激发幼儿讨论兴趣。讨论话题应具有开放性，涉及讨论的事物是幼儿感兴趣的、贴近幼儿的生活并富有丰富感性经验的。

②创设"宽松、民主"的讨论氛围，既要有教师与幼儿之间的对话，又要有幼儿与幼儿之间的相互交流。当幼儿有不一样的观点时，教师应该注意倾听，不要预设结论，应把充足的时间留给幼儿。教师既要鼓励幼儿大胆讲述自己的经验，又要培养幼儿尊

重他人、善于倾听的习惯，使科学讨论成为真正的"社会建构"学习。

③帮助幼儿利用多种手段特别是艺术的手段（如游戏、绘画、艺术表演、图画展览等）表达他们的科学认识，使讨论的形式丰富多彩。

④可以利用视听媒体进一步丰富幼儿的知识经验，扩大幼儿的眼界。

⑤师幼共同归纳小结，帮助幼儿明确概念，进一步激发幼儿探索的兴趣和欲望。

（六）案例示范——中班科学课"常绿树和落叶树"

1. 活动目标

（1）提升对自然界的浓厚兴趣并喜欢探索自然奥秘。

（2）进一步加深对常绿树和落叶树的认识，能通过树叶的不同区分常绿树和落叶树。

（3）有细致观察、比较、判断的能力。

2. 活动准备

（1）经验准备：对幼儿园里的树有一定的认识和感知经验。

（2）物质准备：常绿树和落叶树的树干各一根、树叶若干，"小树叶"磁带。

3. 活动过程

（1）音乐"小树叶"引入主题。

（2）认识落叶树。

①"秋天，天气渐渐变冷了，小树叶会怎样？树妈妈变成什么样子了？"

②教师小结："冬天过去，天气会变得渐渐暖和起来，春天来了，树妈妈就会长出新的叶子来。像这样春天树叶发芽，秋天树叶变黄，冬天树叶全部落光的树，叫落叶树。"

③"你见过的落叶树叫什么名字？"

（3）认识常绿树。

①"小朋友见过这么多的落叶树，是不是所有的树都是落叶树呢？"

②教师小结："对！除落叶树之外，还有一种树一年四季都有绿叶，它在落叶的同时长出新叶子，叫——常绿树。"

（4）区分常绿树和落叶树的树叶的不同。

①引导孩子观察树叶的不同（常绿树的叶子是硬硬的、光滑的、厚厚的、有水分的，表面有蜡质。落叶树的叶子是软软的、粗糙的、薄薄的、没有水分的）。

②魔术盒（内有各种叶子），引导幼儿判断哪些叶子是常绿树上的、哪些叶子是落叶树上的。

（5）游戏："树叶找家"。

五、幼儿园数学教育

（一）幼儿园数学教育的目标

1. 幼儿园数学教育总目标

（1）对周围环境中事物的数量、形状、时间和空间等感兴趣，有好奇心和求知欲，喜好参加数学活动和游戏。

（2）能从生活和游戏中感受事物的数量关系，获得有关数、形、量、时间和空间等方面的感性经验，体验到数学的重要性和趣味性。

（3）学习用简单的数学方法解决生活和游戏中某些简单的问题，能用适当的方式表达、交流操作和探索问题的过程和结果。

（4）会正确使用数学活动材料，能按规则进行活动，有良好的学习习惯。

2. 幼儿园数学教育活动目标

数学教育活动（包括教学活动）目标是指某一具体教育活动的目标，其目标表述具体，可操作性较强，所期望的教育成果基本上是可以观察到或测量到的。同时，数学教育活动目标大多是从幼儿获取哪些数学经验这一角度提出的，有的活动对幼儿认知能力的发展也提出了相应目标，而对幼儿兴趣、情感和态度方面的发展往往没有提出相应的目标。这主要是因为幼儿在这方面的发展是一个循序渐进的过程，在一两个教育活动中很难观察到幼儿在这方面的发展变化情况。因此，一般数学教育活动在这方面提出的目标较少。教师应该了解幼儿在探索和学习某一数学经验的过程中，他们的认知能力、情感和态度、动作和技能是否获得了相应的发展。因此，教师在教育活动中应很好地观察、了解幼儿的认知能力、情感和态度、动作和技能的发展变化情况。

（二）幼儿园数学教育的内容

1. 幼儿园数学教育内容选择的原则

（1）启蒙性。启蒙性是指应让幼儿在操作的层面上对数学教育内容获得较丰富的感性经验，而不是让幼儿在此阶段对数学的某一内容形成科学的概念。

（2）生活性。生活性是指数学教育活动内容应与幼儿的生活实际紧密联系。

（3）可探索性。可探索性是指幼儿数学教育的内容应具有可探索、可猜想的因素，应提出需要幼儿解决的问题。

（4）系统性。系统性是指在数学教育内容的选择和安排上，应遵循数学知识的逻辑和幼儿学习的逻辑顺序，体现先易后难、循序渐进、前后联系的特点。

2. 幼儿园各年龄班数学教育的内容

（1）小班数学教育内容。

①学习按物体的一个特征（颜色、大小、形状等）进行分类。

②学习按物体量（大小、长短）的差异进行4以内物体的排序，学习按物体的某

一特征进行排序。

③认识"1"和"许多"及其关系。

④学习用一一对应的方法比较两组物体的数量，感知多、少和一样多。

⑤学习手口一致地从左到右点数5以内的实物，能说出总数，能按实物范例和指定的数目取出相应数量的物体，学习一些常用的量词。

⑥认识圆形、正方形、三角形。

⑦初步理解早上、晚上、白天、黑夜的含义，学习正确运用这些时间词汇。

⑧学习区分和说出以自身为中心的上下方位；学习判断两个物体之间明显的上下关系，说出什么在什么上面、什么在什么下面。

⑨在教师引导下能注意周围环境中物体的形状和数量。

（2）中班数学教育内容。

①认识10以内数字，了解其含义，会用其表示物体数量。

②学习目测数群；学习不受物体空间排列形式和物体大小等外部因素干扰，正确判断10以内的数量；学习10以内序数；感知和体验10以内自然数列中相邻两数的等差关系。

③认知长方形、梯形、椭圆形。

④学习用各种几何体（积木或积塑）进行拼搭和建造活动。

⑤学习概括物体（或图形）的两个特征；学习按物体的某一特征和数量进行分类。

⑥学习按量（粗细、高矮等）的差异进行7以内的正逆排序；学习按一定的规律排列顺序。

⑦观察、比较、判断10以内的数量关系，逐步建立等量观念；运用已有的知识、经验解决新问题，学习新知识，促进初步的推理和迁移能力的发展。

⑧初步理解昨天、今天、明天的含义，知道它们之间的关系，学习正确运用这些时间词汇。

⑨学习区分和说出以自身为中心的前后方位；学习区分和说出物体之间的上下、前后位置关系；学习按指定方向运动。

⑩能注意和发现周围环境中物体量的差异、物体形状及它们在空间中的位置等。

（3）大班数学教育内容。

①学习10以内单、双数和相邻数；学习顺着数和倒着数。

②学习10以内数的分解和组成，体验总数与部分数之间的包含关系，部分数与部分数之间的互补与互换关系。

③学习10以内数的加减，认识加号、减号，初步理解加减法的含义；学习用加减法解答生活中的一些简单问题。

④能理解符号"+""−""="表示的意义。

⑤学习按物体的两个或两个以上特征进行分类、按某一特征的肯定与否定分类、层级分类和多角度分类。

⑥学习按物体量的差异和数量的不同进行 10 以内正、逆排序，初步体验序列之间的传递性、双重性和可逆关系。

⑦认识几种常见的几何体图形（正方体、长方体、球体、圆柱体），能根据图形特征进行分类。

⑧学习等分实物或图形；学习自然测量。

⑨学习以自身和客体为中心区分左右，会向左、向右运动；在日常生活中能注意自己（或物体）在空间中的位置和运动方向。

⑩认识时钟，学会看整点、半点；学习看日历，知道一星期中每天的名称和顺序；学习一些表示时间的词汇；在日常生活中感受和注意时间的长短和更替，知道要珍惜时间。

⑪认识小面额的人民币，能说出它们的单位名称，知道它们的面值不同。

（三）幼儿园数学教育的主要方法

1. 操作法

（1）概念。操作法是指提供给幼儿合适的材料、教具和环境，让幼儿在自己的摆弄、实践过程中进行探索，获得数学感性经验和逻辑知识的一种方法。操作法是幼儿学习数学的基本方法。

（2）分类。

①按其性质可分为示范性操作、验证性操作、探索性操作、发散性操作。

②按其组织形式可分为集体操作和个人操作。

（3）注意点。

①明确操作目的。应明确操作的目的在于激发幼儿学习的兴趣，促进其思维的发展。因此，不仅要重视操作的结果，还要重视操作的过程。

②创设操作条件。创设操作条件包括为幼儿提供数量足够的操作材料、给予幼儿充分的操作空间和时间、允许幼儿有与同伴进行交流的机会。

③交代操作规则。教师应在幼儿动手操作前向幼儿说明操作的目的、要求和具体的操作方法，以保证幼儿的操作具有一定的方向性，减少其盲目性和随意性。

④评价操作结果。教师要重视对幼儿操作过程的归纳、评价，帮助其形成比较完整、正确的数学概念，对幼儿操作中表现出的合理性、新颖性和创造性给予充分肯定，以激发其进一步探索和学习的积极性。

⑤体现年龄差异。各个年龄班在运用操作法的过程中应根据幼儿的实际水平和年龄特点有所区别。

⑥与其他方法有机结合。操作法的优势要在与其他方法的有机结合、相互配合下才能显现出来，应使每种方法的长处得到充分发挥和体现，共同促进幼儿数学概念和思维的发展。

2. 游戏法

（1）概念。游戏法是根据幼儿好动的天性、具体形象的思维特点，将抽象的数学知识寓于幼儿感兴趣的游戏中，让幼儿在轻松愉快的游戏活动中学习数学的一种方法。

（2）种类。在幼儿数学教学中，游戏法的运用一般有以下两种方式。

第一种是教师为幼儿创设符合教学目标的数学环境，为幼儿提供多层次、多样化的数学活动材料，引起、支持和促进幼儿的数学学习行为，让幼儿在与材料的相互作用中、在与同伴的交往中，获得丰富的数学经验。这一般称作操作游戏。

第二种是教师直接组织和带领幼儿玩各种数学游戏。数学教学活动中采用的游戏一般有以下几种：

①引导幼儿运用多种感官进行的数学游戏。例如，在学习认识、区别几何图形中，可以玩"奇妙的口袋"游戏，通过触摸来感知、区分图形的不同特征。

②引导幼儿玩竞赛性的数学游戏，一般在大班进行。如"比赛谁找到的七星瓢虫最多"。

③结合音乐、体育活动的形式进行的数学游戏。比如，通过投沙包等运动性游戏来记录某一总数中不同的投掷结果（投中几个、未投中几个……），再根据对投掷结果的归纳来学习数的组成。

3. 比较法

（1）概念。比较法是指通过对两个或两个以上物体的比较，让幼儿找出它们在数、量、形等方面的相同和不同。

（2）种类。

①按比较物体的数量，可分为简单比较（对两个或两组物体的数或量比较）、复杂比较（对两个或两组以上物体的数或量比较）。

②按照比较的排列形式，可分为对应比较和非对应比较两种。对应比较又可分为重叠比较和并放比较，非对应比较可分为单排比较和双排比较。

4. 讨论法

（1）概念。讨论法是引导幼儿有目的、探讨性地主动学习数学的一种重要方法，能够起到相互交流、互相启发、共同探究的作用。

（2）种类。

①按讨论时机可分为随机性讨论和有计划的讨论。

②按讨论功能可分为辨别性讨论、修正性讨论、交流性讨论和归纳性讨论。

（3）注意点。

①以操作体验作为讨论的基础。儿童通过操作有了一定感性认识，才能对要讨论的内容做出积极反应，才能接受讨论的最终结果。

②注重讨论的过程。鼓励幼儿积极参与讨论、开动脑筋。促进幼儿思维能力的发展才是讨论的目的所在。

③体现因人而异、因材施教。教师应以激励者的身份鼓励能力弱的幼儿参与讨论，帮助他们克服自卑感、紧张感，树立自信心，当幼儿有了一定基础后，再渐渐增加问题的难度。

5. 发现法

（1）概念。发现法是指在教学过程中，教师不直接讲解数学知识和概念，而是引导幼儿依靠已有的数学知识和经验去发现和探索并获得初步的数学知识和概念的一种方法。

（2）注意点。

①为幼儿创设合适的探索、发现环境。要让幼儿在宽松、自由、充分享有时间和空间的环境中，主动、自信地去尝试发现问题，进而解决问题。

②充分相信幼儿，放手让其探索、发现。教师要学会等待、观察，不要急于暗示答案，而应适时、合理地给予启发。对通过探索、发现找到解决问题办法的幼儿，教师应多给予肯定和鼓励。

6. 寻找法

（1）概念。寻找法是让幼儿从周围环境中寻找数、量、形及其关系，或在直接感知的基础上按数、形要求寻找相应数量的实物的一种方法。

（2）分类。

①在自然环境中寻找。如在引导幼儿认识区别"1"和"许多"的过程中，可以运用寻找法让幼儿在自然环境中寻找"1"和"许多"。

②在已准备好的环境中寻找。如教师让幼儿找一找教室里哪些是长方形的东西、哪些是圆形的东西。

③运用记忆表象来寻找。启发幼儿在直接感知的基础上，运用记忆表象寻找出相应的物体。

（3）注意点。

①应根据具体的教学内容和幼儿的年龄特点适时、适宜地选用，避免追求形式。
②可与游戏法结合，或用游戏口吻、情节和场景启发幼儿寻找。
③对幼儿的寻找给予必要的启发和引导。

（四）案例示范——大班数学课"找邻居"

1. 活动目标

（1）通过游戏活动认识6、7、8、9的相邻数。
（2）提高思维的敏捷性，乐意运用迁移的学习方法探索相邻数的关系。

2. 活动准备

（1）1~10的数字卡片幼儿人手一套。
（2）歌曲《找朋友》、玩具花片若干。

3. 活动过程

（1）口头游戏：复习 1～5 的相邻数。

玩法：教师和幼儿一问一答，巩固相邻数多 1 和少 1 的关系。

师：小朋友们，我问你，2 的相邻数是几和几？

幼：老师，老师，我告诉你，2 的相邻数是 1 和 3。

师：小朋友们，我问你，比 2 多 1 的数是几？

幼：老师，老师，我告诉你，比 2 多 1 的数就是 3。

（2）摆一摆。教师用玩具花片摆出 6 的排列图，幼儿则摆出比它多 1 和少 1 的两组花片并分别用数字卡片 5 和 7 表示出来。

小结：比 6 少 1 是 5，比 6 多 1 是 7。6 的相邻数是 5 和 7。

用同样的方法分别找出 7、8、9 的相邻数。

（3）找一找。请幼儿将手中的数字卡片按顺序摆好，然后找一找 6、7、8、9 的相邻数。

小结：6 的相邻数是 5 和 7、7 的相邻数是 6 和 8、8 的相邻数是 7 和 9、9 的相邻数是 8 和 10。

（4）游戏："找朋友"。

①每个幼儿选择一张数字卡片后围成一个圆圈，每次请出几名幼儿，在音乐《找朋友》的伴奏下，找到自己所持数字的相邻数。

②数字宝宝找朋友：老师出示一张数字卡片，请小朋友举起这个数的相邻数。

③找多 1 或少 1。老师出示一张数字卡片，请小朋友举起比这个数多 1 的数字卡片；老师出示一张数字卡片，请小朋友举起比这个数少 1 的数字卡片。

4. 活动延伸

（1）带回家的活动。

①爸爸妈妈写出数字，每两个数字之间留出空格，让幼儿写出相邻的数字。

②摆物体，根据已给的物体数量，摆出比这个物体多 1 和少 1 的物体，并说出是几个物体。

（2）教师除了提供花片，还可以提供其他图形、卡片等系列材料供幼儿操作。

六、幼儿园音乐教育

（一）幼儿园音乐教育的目标

1. 幼儿园音乐教育总目标

幼儿园音乐教育是指通过音乐这一媒介来促进幼儿在身体、认知、情感、个性、社会性等方面的整体和谐发展。

《幼儿园教育指导纲要（试行）》中对艺术领域的目标做了明确规定，根据规定精神，结合音乐的学科特点以及幼儿的年龄特点，我们确定了幼儿园音乐教育的总目标：

（1）感受周围环境和音乐作品中的美，发展幼儿对音乐美的敏感性和审美能力。

（2）初步学会操作一些简单的材料和道具，通过歌唱、韵律活动、欣赏音乐和乐器演奏等音乐活动，培养幼儿言语的和非言语的思维能力、想象能力和创造能力。

（3）在集体音乐活动中进行自我表达和人际沟通、协调，体验音乐活动的乐趣，发展健全、和谐的人格。

2. 幼儿园音乐教育活动目标表述

（1）音乐教育活动目标表述必须遵循行为化原则：强调目标包括音乐知识、技能的获得与音乐感的发展，学习技能、策略的获得与学习能力的发展，情感智能与积极的个性、社会性的发展三方面的内容。要克服单一强调音乐知识、技能目标的旧观念，努力做到在考虑审美情趣目标的同时，将音乐知识、技能获得的目标摆在一个适当的能够起积极配合作用的位置上。

（2）音乐教育活动目标表述必须固定将幼儿或教师作为行为发出的主体。陈述时主语可以不出现。如歌唱活动"大鞋和小鞋"的活动目标：感受和表现音乐的强弱，感受和表现音乐的节奏，初步认识节拍；探索用不同的方法敲击椅子，以表现音乐节拍的强弱；乐于参加探索和表演并能按要求合作。这三个目标均以幼儿为行为发出的主体，这样容易使教师在组织活动时清楚地把握目标，调整自己的教学节奏，有利于目标的实施。

（3）音乐教育活动目标表述必须陈述可见的行为，必要时可补充说明该行为属于哪一类发展目标。如活动"大鞋和小鞋"中清楚地表明了要求幼儿感受和表现的是音乐的强弱和节奏；要求幼儿探索的是用不同的方法敲击椅子，表现音乐中节拍的强弱等。

（4）音乐教育活动目标表述可补充说明该行为发生的附加条件和行为反应水平的限定语。如"在老师的启发下""在教师的引导帮助下""在自由空间表演时"等，表明幼儿在活动中的表现可能是缺乏自信心、独立性和熟练性的，有的动作发生需要一定的空间或情景等。

（二）幼儿音乐教育的内容

1. 歌唱活动

歌唱是人类表达、交流思想感情的最自然的方式之一，也是幼儿表达自己思想的一种方法。歌唱活动在幼儿音乐教育中居于重要地位，是幼儿音乐教育的主要内容。

2. 韵律活动

韵律活动是指在音乐的伴奏下以协调性的身体动作来表现音乐的活动。

3. 打击乐演奏活动

打击乐器是幼儿最容易掌握的乐器之一。打击乐演奏活动是以身体大肌肉动作参与为主，运用一定的节奏和音色，通过打击乐器的操作来表现音乐的活动。

4. 音乐欣赏活动

音乐欣赏活动是让幼儿通过倾听音乐对作品进行感受、理解和初步鉴赏的一种审美活动。

（三）幼儿园歌唱活动

1. 幼儿园歌唱活动的教育内容

（1）歌唱内容的选择。国内外优秀的儿童歌曲是幼儿主要的学习内容之一，除此之外还有民间童谣、地方童谣和儿童自己创作的歌谣、节奏与歌谣的结合等。幼儿园歌唱内容的选择应注意以下几点。

①歌词选择。为幼儿选择的歌曲，其歌词的内容与文字要有趣并易于幼儿记忆和理解；要富于爱、富于美、富于想象、富于教益；还要适于用动作表现。

②曲调选择。为幼儿选择的歌曲，其曲调一般应具有如下特点：音域较狭窄；节奏较简单；旋律较平稳且以五声音阶为骨干；结构较短小工整；词曲关系较简单。

③歌曲的总体选择。为幼儿选择的歌曲，总体上应该具有纯真性、思想性、艺术性，以及内容、形式、风格等方面的丰富性和多样性。

（2）歌唱的简单知识技能。在幼儿园中，幼儿可以掌握的与歌唱有关的简单知识技能主要有正确的歌唱姿势；正确的发声方法；正确的呼吸方法；准确唱出歌词、节奏和曲调的技能；自然、恰当地用歌声表达感情的技能；正确、默契地与他人合作的技能；正确运用和保护嗓音的知识和技能。

2. 幼儿园歌唱活动的表演形式

在幼儿园歌唱活动中，常用的歌唱表演形式主要有独唱、齐唱、接唱、对唱、领唱齐唱、轮唱、合唱、歌表演等。

（1）独唱：是指一个人独立地唱歌或独自表演。

（2）齐唱：是指两个或两个以上的人在一起整体地唱同一首歌曲。它是幼儿园集体歌唱活动最主要的一种形式。

（3）接唱：是指将一首歌曲分成几个乐句，由幼儿分组轮流一句句接唱。

（4）对唱：是指个人与个人、小组与小组之间以问答的方式各自歌唱歌曲中的问句和答句。

（5）领唱齐唱：是指由一个人（或几个人）歌唱曲中比较主要的部分，集体歌唱曲中配合的部分。

（6）轮唱：是指两个声部按一定间隔先后开始唱同一首歌曲。

（7）合唱：是指两个不同声部相配合的集体演唱形式。

（8）歌表演：是指边唱边表演动作（或两个人合作边唱边表演动作）。

3. 幼儿园歌唱活动的设计与指导

（1）介绍新歌，用多种方法激发幼儿的兴趣。教师在介绍歌曲时，要选用多种方法使幼儿对歌曲感兴趣。教师可根据歌曲特点和幼儿水平，灵活选择语言、教具等。

教师的范唱决定着幼儿学唱的水平，应注意：面对幼儿范唱；范唱要富有感情，精神饱满；用多种方式重复范唱；适当欣赏录音范唱。

幼儿园歌唱活动的导入方式主要有以下几种：

①动作导入。该方法适用于词曲简单、多重复，歌词内容直接描述动作过程的或比较富于动作性的歌曲。

②歌词创编导入。该方法适用于歌曲内容简单、多重复，歌词的语法结构清晰、单纯，具有某种语言游戏性质的歌曲。

③情境表演导入。该方法适用于歌词内容所表现的是可以"一目了然"的情境或事件的歌曲。

④故事讲述导入。该方法适用于歌词内容稍偏重表现情境或事件发展的细节，更适合使用讲故事的方法来让儿童接受的歌曲。

⑤歌词朗诵导入。该方法适用于歌词中的词语及逻辑顺序比较细致、复杂，而情境性、故事性又不够明显，不适合儿童整体、直觉把握的歌曲。

（2）帮助幼儿熟悉、记忆歌词。

①填充提问法。教师说歌词的前半句，请幼儿填说后半句。如果幼儿回答的具体词有误，教师应把正确的歌词重复一遍，或让幼儿跟说一遍，以使其熟悉正确的歌词。填充提问法只适合部分歌词齐整的歌曲。

②逻辑提问法。教师按照歌曲内容的逻辑提问，也可以请幼儿自己讲述歌曲内容，然后由教师把幼儿讲述的内容根据歌词组织起来。

③直观教具提示法。教师可以选用与歌曲内容相关的图片、玩具、实物等直观教具，配合范唱。生动的教具可以提示、帮助幼儿记住歌词。

④节奏朗诵法。教师指导幼儿按照歌曲节奏朗诵歌词，这有助于他们记忆歌词、旋律和节奏。配合有节奏的拍手动作，可以使歌词朗朗上口、充满节奏感。这种方式也是一种简单的韵律活动。

（3）教唱新歌。

①教唱新歌的两种方法。教唱新歌有整体教唱法和分句教唱法。整体教唱法是指教师范唱后，幼儿从头至尾学唱整首歌曲。这种教唱方法使幼儿能够感受歌曲完整的艺术形象。运用这一方法，应注意多为幼儿提供欣赏歌曲的机会，在此基础上教师和幼儿一起唱。这种唱法要求幼儿的记忆、思维处于一种积极状态，以促进幼儿学唱的主动性。分句教唱法是指教师范唱一句，幼儿跟学一句。这种形式比较容易学唱，常用于歌曲中的重点和难点乐句。在实践中，两种方法一般结合运用。其中小班幼儿的理解力较差，歌曲比较短小，故宜以整体教唱法为主。中、大班的幼儿学唱新歌时，教师可以综合运用两种方法，在分句教唱后，再将一首歌曲整体教给幼儿，以使其正确把握歌曲所表达的思想感情。

②教给幼儿初步的唱歌技能。教给幼儿初步的唱歌技能，就是让幼儿掌握一些初

步的表现手法，使幼儿能有感情地唱歌，能理解、感受歌曲所表达的感情。幼儿唱歌时有呼吸不正确的现象，该吸气的地方不吸气，气息不够时又任意中断词意换气，原因是其未能理解歌曲的结构（乐句、乐段），教师要及时加以纠正。教师可以在范唱和教唱时，引导幼儿认识歌曲的句、段落结构等，并注意正确示范；也可以做一些游戏性的练习，如闻花香、学汽笛，锻炼幼儿的深呼吸。另外，幼儿发声器官尚未成熟，各器官功能不协调，不易唱出准确的音高，尤其是小班幼儿音准较差。其纠正的方法主要是多给幼儿听音高准确的范唱，也可以让其听准确的单音旋律，或者让幼儿跟着老师的范唱轻声唱。教师在指导时，可以加进手势动作来表示旋律的高低变化，使幼儿对声音的高低有一种形象化的感受，帮助幼儿控制声音的高低。

（4）复习歌曲。复习学习过的歌曲，目的是让幼儿牢固地掌握歌曲，提高幼儿在原有歌唱水平上的表现力。

复习歌曲的关键是坚持原有教学要求。实际上，在教歌的过程中有反复练习的成分，在复习歌曲的活动中有继续学习、不断提高、增加新要求的成分。教师在复习过程中，应采用各种方式方法，使幼儿保持新鲜感和积极性。组织形式有全体唱、部分幼儿唱和单独唱。复习方法有表演唱、分组唱、分句接唱、边唱边打节奏等。

教师要根据具体的复习要求和幼儿特点，综合运用多种方式方法，使复习活动取得良好的效果。

（5）注意对幼儿创造能力的培养。在唱歌教学活动中，教师应尝试培养幼儿的创造能力。设计这一类活动时，要多采用小组活动和个别活动的形式，不必要求每个幼儿达到同一目标。实践表明，我们可以从下面两个方面展开对幼儿创造能力的培养。

①幼儿自己为歌曲配动作。边唱边做动作是幼儿的特点，他们喜欢在唱歌的同时用动作来补充歌曲的内容和情感。而3岁的幼儿已经有了一定的生活经验，能够用自己的动作表达对歌曲的理解。这些动作都带有幼儿的想象和创造。中、大班幼儿的生活经验和动作经验则更丰富，能做出更复杂的动作，表达更深的内涵。幼儿自己创编的动作逼真、自然，因此，教师要多设计一些幼儿自编动作的活动，引导启发幼儿多观察、多思考，学会为歌曲编配动作。

②幼儿为歌曲增编歌词。让幼儿给部分歌曲增编新歌词或改编部分歌词，既能提高幼儿唱歌的兴趣，发展幼儿唱歌能力，又有利于对其创造力的培养。

增编歌词的难处在于新编歌词和原有歌词应基本押韵、对称，内容相对吻合，字数大致相同。教师应选择那些歌词结构整齐、重复较多的歌曲进行练习，由易到难，由少到多，逐步培养幼儿增编歌词的创造性能力。

（四）幼儿园音乐欣赏活动

1. 幼儿园音乐欣赏活动的教育内容

（1）倾听周围环境中的声音。在我们周围的环境中，无论是自然界，还是社会生活中都充满了各种声音：鸟叫声，暴风的呼啸声，雨水的滴答声，汽车的鸣笛声，火车、飞机的隆隆声等。日常生活中可随时引导幼儿进行倾听的活动。

（2）欣赏音乐作品。音乐作品有歌曲和器乐曲两种，主要包括以下内容：

①优秀的中外少年儿童歌曲，包括创作歌曲和广泛流传的民歌、童谣，如《铃儿响叮当》《捉泥鳅》《种太阳》等。

②由歌曲改编的器乐曲，包括由中外优秀儿童歌曲及优秀民歌改编的器乐曲，如《洋娃娃和小熊跳舞》等。

③专门为儿童创作的简单器乐曲，如《扑蝴蝶》《兔兔跳》等。

④专门为儿童创作的音乐童话的片段，如《龟兔赛跑》《彼得和狼》等。

⑤中外著名音乐作品或其中的片段，如《牧童短笛》《金蛇狂舞》《土耳其进行曲》《梁祝》等。

（3）掌握音乐欣赏的简单知识和技能。

①了解音乐作品的名称、主要内容和常见表演形式。

②了解常见乐器的名称。

③能听出并理解作品的主要情绪、内容、形象及作品的主要结构。

④能分辨常见人声和乐器的音色。

⑤能根据音乐作品的音响展开想象、联想。

⑥能运用一定的媒介表达对音乐的感受，例如用身体动作、语言、绘画等方式表达感受。

2. 幼儿园音乐欣赏材料的选择

（1）音乐作品。

①总的考虑。每一个作品是否适合于特定幼儿的感知、理解能力发展的实际需要，是否符合其他基本的教学要求，所有被选入课程的作品的内容、形式和风格是否丰富多样，比例、结构和布局是否合理。

②歌曲的考虑。歌曲的内容、形象、情绪应为幼儿所熟悉、喜爱和接受的；歌词应为幼儿所理解的；歌曲是将来幼儿会再接触到并会给幼儿以长久性的美好感觉的。

③器乐曲的考虑。器乐曲内容、形象、情绪应为幼儿所喜欢和接受的；音响应该是美好和刺激有度的；篇幅是比较短小的，必要时可以对一些作品进行节选或缩编。

（2）辅助材料。在音乐欣赏活动中使用辅助材料，其目的是帮助幼儿更好地感受和理解音乐作品。音乐欣赏的辅助材料一般有动作材料、语言材料和视觉材料三种。

3. 幼儿园音乐欣赏活动的设计与指导

教师在指导各阶段活动时，要根据所欣赏作品的特点和幼儿对作品的反应，灵活组织和指导，避免枯燥单调、一成不变的形式。

（1）第一阶段：初步欣赏作品。在第一阶段，教师可以设计一些方法，提高幼儿最初的欣赏效果。

①引导性谈话。教师设计谈话可以集中幼儿的注意力，将其思想感情引入欣赏作

品的情景。唤起幼儿有关想象的谈话方式较多，一般先介绍欣赏作品的名称，然后简单介绍作品的主要内容和情绪性质，应避免与欣赏内容无关的话题。教师的语言引导是否恰当直接影响幼儿对音乐的理解和感受。

②运用直观教具。教师初次给幼儿欣赏音乐时，辅之直观教具，可以帮助幼儿形象地感受音乐。例如，欣赏二胡曲《赛马》，若配上一幅大草原的背景图，以及牧民、骏马的活动教具，可以诱发幼儿对草原、赛马的无限联想。

在这一阶段，教师运用语言、教具时都应注意准确、恰当，避免限制幼儿的想象力，或者分散其对欣赏作品的注意力。

（2）第二阶段：重复欣赏音乐作品，深化审美的效果。幼儿在掌握音乐作品的主要内容和情绪性质的同时，要感受和理解音乐表现手段的作用，比较完整、全面地感知音乐作品，并记忆、识别音乐作品的主要音调。

年幼儿童对音乐的理解往往难以用语言表达清楚，但可以通过动作和图画来反映。教师应引导幼儿在各种活动中综合表达对音乐内容的认识。教师应设计各种活动，启发幼儿用多种感知觉共同参与欣赏活动，包括听觉、视觉和运动觉等。其中，教师要允许幼儿的动作有较大的自由度和创造性，多鼓励幼儿自由想象、发挥，不强求动作一致，只要求符合音乐的情绪。

（3）第三阶段：检查音乐欣赏的效果。幼儿欣赏的音乐作品，经过一段时间后可以进行再欣赏。这一方面是为了复习，以加深、巩固其对音乐作品的印象；另一方面是为了检查欣赏的效果。检查幼儿记忆作品的情况，是音乐欣赏活动的继续。

（五）幼儿园韵律活动

1. 幼儿园韵律活动的教育内容

韵律活动是指在音乐伴奏下所进行的以身体运动和身体造型为表达媒介的一种艺术活动。幼儿园韵律活动的主要教育内容有以下几种。

（1）韵律动作及其组合。幼儿园音乐教育活动中的韵律动作分为基本动作、模仿动作和舞蹈动作。

①基本动作主要包括走、跑、跳、拍手等动作。

②模仿动作是指幼儿模仿特定事物的外在形态和运动状况所做的身体动作。幼儿可以模仿动物的动作，如模仿小鸟飞、小兔跳等；自然界的动作，如模仿刮风、下雨等；成人劳动或者活动时所做的动作，如刷牙、洗脸、梳头、炒菜、骑马等。

③舞蹈动作是指幼儿要学习和掌握的舞蹈动作，主要是一些基本舞步。

韵律组合是按照一首结构相对完整的乐曲组织起来的韵律动作组合，包括身体节奏动作组合、模仿动作组合、舞蹈动作组合。

（2）幼儿园韵律活动材料的选择。

①动作。主要注意动作类型和动作难度两个方面。

动作类型。一般情况下，年龄较小的幼儿比较适宜选用基本动作和模仿、象征性動作。随着幼儿年龄的增长可逐渐增加舞蹈动作所占的比例。

动作难度。一般情况下，年龄较小的幼儿比较适宜先从单纯的、不移动的、上肢的、大肌肉的、分解的、独立平行的动作开始入手。随着幼儿年龄的增长逐渐增加复合的、移动的、下肢的、小肌肉的、整合的、人际配合的动作。

②音乐。主要注意音乐结构和音乐形象两个方面。

为幼儿选择的音乐结构：节奏鲜明；乐句、乐段清晰、单纯、工整；速度适宜。

为幼儿选择的音乐形象：优美动听；性质鲜明；风格多样。

③道具。为幼儿选择的道具的特点：便于使用，不妨碍做动作；便于获得，不浪费资源；便于幼儿自己管理；可一物多用，有益于激发想象、渲染气氛；既不过于粗制滥造，又不过于精致逼真。

（3）韵律活动的常规。由于韵律活动的特殊性，幼儿在活动中经常处于运动和兴奋的不稳定状态，所以，良好的常规是非常重要的。

①活动开始和结束时的常规。活动开始和结束时的常规包括听音乐的信号起立和坐下，听音乐的信号开始活动和结束活动。

②活动进行中的常规。活动进行中的常规包括在教师规定的范围内活动；在没有队形要求时，要知道找空位子站；空间移动时不和他人相撞；在结伴时，能迅速、安静地在规定时间内寻找、交换舞伴。

2. 幼儿园韵律活动的设计与指导

（1）韵律活动目标制定。幼儿韵律活动目标的制定需考虑幼儿园音乐教育的总目标和本阶段的音乐教育目标，从本班幼儿的实际出发，着眼于从以下几个方面制定目标：

①让幼儿享受参与韵律活动的快乐。

②发展幼儿运用身体动作进行艺术表现的能力。

③发展幼儿感受音乐的能力。

④积累一定的音乐语汇与艺术动作语汇。

（2）韵律活动导入。

①观察导入。该方法适用于让幼儿在观察具体事物的外部形象或运动状态后，立即用自己的动作创造性地进行表现的活动。

②回忆导入。该方法适用于让幼儿在回忆有关具体事物的外部形象或运动状态后，再用自己的动作创造性地进行表现的活动。

③基本动作复习或练习导入。该方法适用于从复习某个熟悉的动作开始练习新动作学习的活动，或直接从观察新动作示范开始的新动作学习活动。

④队形复习或学习导入。该方法适用于从复习某个熟悉的队形开始练习新队形学习的活动，或直接从感知、理解新队形开始的学习活动。

⑤舞谱导入。该方法适用于帮助幼儿理解舞蹈符号，学习使用舞谱来帮助自己学习舞蹈的活动以及通过舞谱来促进舞蹈学习的活动。

⑥动作创编导入。该方法适用于发展幼儿的动作创编兴趣和动作创编能力的活动。

⑦游戏导入。该方法适用于动作或队形的教学，可以用游戏的方法来进行的活动。

⑧故事导入。该方法适用于情节性比较强的韵律动作组合的学习或创编活动。

⑨音乐欣赏导入。该方法适用于音乐的结构比较复杂，对音乐与动作结合的要求比较高的韵律动作组合的学习或创编活动。

（3）韵律活动的准备。幼儿韵律活动的准备包括知识经验的准备和物质的准备两个方面。在知识经验的准备方面，教师必须事先考虑丰富与幼儿动作关联并有相应发展变化的系统动作技能，或引导幼儿体验、观察有关的知识问题等；物质方面的准备包括教师准备的相关教具，幼儿学习动作时形象的辅助材料，如图谱、录像，还有幼儿学习表演需要的相关道具，教学环境的布置，场地的准备等。

（4）韵律活动过程设计。

①律动方面。幼儿律动的内容主要以模仿动物动作、成人劳动、自然现象、生活游戏动作为主，这些方面的内容与幼儿的生活经验息息相关。在教学上，教师组织幼儿仔细观察是律动学习的一个重要环节，该内容的学习重点以引导幼儿自己观察模仿、联想想象、创编动作为主，必要时教师给予一定的示范帮助。

观察讨论导入。教师要充分利用实物、影视或图片引导幼儿仔细观察、讨论，从观察对象的形状特征、动态、发展变化等方面进行仔细的探讨，并引导幼儿用肢体动作进行形象的模仿表现。此外，教师可以根据教材的具体需要，选择故事导入、复习歌曲导入、情景表演导入、游戏导入等方式。

熟悉音乐，创编动作。教师可以引导幼儿一边倾听音乐，一边进行联想想象，将肢体动作、音乐与观察对象匹配，可以从"像什么？""做什么？""怎么做？"入手，随音乐的变化逐一创编。

相互观摩学习。教师可以请幼儿上台表达自己的想法和表演自己创造的动作形象，这对幼儿来说是一种成功的尝试，可以树立幼儿的自信心。教师要尊重幼儿的创造和表现，及时给予表扬和鼓励。同时幼儿之间也可以相互借鉴、相互学习。

匹配音乐进行表演活动。教师可以从幼儿创编的零散动作中提炼加工，组成一组或几组与音乐吻合的完整的律动动作，并带领幼儿进行完整表演。因为动作来自幼儿的创造，因此幼儿表演时会倍感亲切。

游戏复习巩固。单纯的律动动作没有情节、缺乏情趣，使得幼儿的学习无法持久。为改变这种现象，教师可以创设一个有一定情节、趣味性较强的游戏环节，引导幼儿边玩游戏，边复习巩固律动动作。

②舞蹈方面。舞蹈的学习与律动不一样，它有规定的舞步、手位动作、队形或舞伴变化等，幼儿学习的方法主要以感受、模仿练习为主。

完整欣赏舞蹈导入。教师在进行舞蹈教学之前应充分利用影视资料，引导幼儿观看欣赏，让幼儿对舞蹈或民族舞蹈的风格特点有一个完整的印象。此外，教师还可以选择队形复习导入、动作复习导入、复习歌曲导入等多种导入方法，具体的导入形式可以根据实际的需要来确定。

教师完整示范。为了引起幼儿的兴趣，教师示范前可以穿上漂亮的服饰，引导幼儿欣赏服饰的特点，例如从花纹属于哪个民族这个问题切入。教师的示范动作要合拍、准确、优美，有较强的表现力，示范后要引导幼儿说说看到了什么动作，这个动作表现了什么意思，喜欢什么动作。教师可以多遍示范，以便幼儿更仔细地感受和理解。

分解动作学习、练习。在幼儿学习舞蹈动作时，教师可以针对难以掌握的动作让幼儿进行逐个学习，为了让幼儿明白动作的发展变化过程，可将上肢动作和舞步分开。教上肢动作或舞步时，教师逐个示范动作，可以配合口令或教师哼唱旋律进行，速度稍微放慢。简单的动作不必分解，可以直接配乐练习，动作学习的过程最好按音乐及舞蹈动作的顺序进行。

完整合乐表演。在幼儿初步掌握的基础上，教师组织幼儿进行完整合乐表演，刚开始教师要带领幼儿练习，待幼儿比较熟练后可以分小组进行表演交流。如果有队形的学习，教师可以采用相应的辅助材料帮助幼儿记忆方位的变化，或在地面上做特定的符号，方便幼儿在队形变换时使用。

③音乐游戏方面。音乐游戏有角色表演游戏、歌舞游戏和听辨反应游戏。后面两种形式的设计可以和律动大致相同。角色表演游戏有一定的情节和角色，关系到角色的动作和情节的发展，所以要有游戏规则的制约。教学时幼儿要事先掌握各角色的动作、了解情节的发展、掌握游戏的规则后方能进行游戏。

熟悉音乐，理解音乐的性质。在音乐游戏中，音乐是指挥棒，游戏的开始、进行、结束都必须按照音乐的性质进行，所以引导幼儿倾听音乐是关键的一步。在倾听时，教师可以引导幼儿讨论 A 段音乐发生了什么事情，有什么动物出现，出现的动物做了些什么；B 段音乐又发生什么事情，有谁出现，它们做了什么、最后怎样，并按情节的发展变化引导幼儿理解音乐。

学习游戏角色动作、分段表演。教师带领幼儿分别扮演学习游戏中的各角色，也可以引导幼儿自由创编新的动作形象。待幼儿初步掌握后，教师可以用哼唱的形式分段表演。

交代游戏规则。游戏规则制约着幼儿的游戏，交代规则环节不可忽略，这也是成功进行游戏的条件，教师最好以简短的形式进行强调。

带领幼儿游戏。幼儿游戏可以多遍进行，教师必须观察幼儿进行游戏时出现的问题，比如动作与音乐是否匹配，角色的扮演是否形象生动，幼儿是否按规则进行等。每一遍游戏重新开始时教师必须有所强调，提出新的要求，不断提升幼儿的游戏质量。

（5）韵律活动的组织策略。

①创设一个完整欣赏、感受的环境，帮助幼儿理解肢体动作表达的意思。

②创设一个宽松的学习和表演环境，以便幼儿模仿学习和表现。

③创设一个探讨、创编、表演动作的平台，引导幼儿大胆想象、表现。

④巧妙抓住重点、突破难点。

⑤与各相关学科领域整合，提高幼儿各方面的能力。

（六）幼儿园打击乐演奏活动

1. 幼儿园打击乐演奏活动的内容

（1）打击乐曲。幼儿园音乐教育活动中使用的打击乐曲一般可以分为两类：一类是纯粹的打击乐曲，即专门为打击乐器创作或仅由打击乐器来演奏的乐曲；另一类是指特定的歌曲或器乐曲。目前幼儿园常见的打击乐作品是第二类打击乐曲。

（2）打击乐器。在幼儿园中，常用的打击乐器有圆弧响板、铃鼓、串铃、碰铃、三角铁、大鼓、钹、锣、木鱼、双响筒、蛙鸣筒、沙球等。

（3）指挥。

①知道如何用动作表示"准备""开始"和"结束"，并能使自己的动作清楚、明确，易于让被指挥者做出反应。

②指挥时应将两腿稍稍分开、站稳，以便灵活地将身体转向任何声部。

③指挥时应将身体倾向于被指挥者，用眼睛亲切、热情地注视被指挥者，并能用体态和表情激起被指挥者的合作热情。

④知道如何用指挥动作表现节奏和音色的变化，并能使自己的动作与音乐协调一致。

⑤在声部转换之前，提前将自己的头部和目光转向下一个将要演奏的声部。

（4）打击乐器演奏的常规。

①活动开始和结束时的常规。活动开始和结束时的常规包括听音乐的信号整齐地将乐器从座椅下面取出或放回；乐器拿出后，不演奏时须将乐器放在大腿上，不发出声音；开始演奏前，看指挥者的手势整齐地将乐器拿起，做好准备演奏的姿态；演奏结束后，按指挥者的手势将乐器放回大腿上；活动结束后，自己收拾乐器。

②活动进行中的常规。活动进行中的常规包括演奏时身体倾向指挥者，眼睛注视指挥者，积极地与指挥者交流；演奏时注意倾听音乐和他人的演奏；演奏时注意力集中，不做与演奏无关的事情；交换乐器时，先将原来使用的乐器放在座椅下面，再迅速找到新的座位，拿起新乐器放在腿上并做好演奏准备。

2. 幼儿园打击乐演奏活动过程的设计和指导

（1）打击乐演奏活动的导入。

①总谱学习导入。该方法适用于比较复杂、精美、完善的打击乐作品。

②总谱创编导入。该方法适用于原设计比较单纯，可以让幼儿有更多创造性表达机会的打击乐作品。

③主要声部学习导入。该方法适用于本身含有主次两个部分，主要部分本身比较复杂、精美、完善的打击乐作品。

④主要声部创编导入。该方法适用于本身含有主次两个部分，主要部分比较单纯，

可以让幼儿有更多创造性表达机会的打击乐作品。

⑤音乐欣赏导入。该方法适用于原设计本身比较复杂、精美、完善，更值得幼儿欣赏或更值得用来教幼儿学习怎样欣赏的音乐作品。

⑥故事导入。该方法适用于具有更多形象或情节描写的打击乐作品。

⑦韵律活动导入。该方法适用于适合改编成打击乐作品的韵律活动曲。

⑧歌唱导入。该方法适用于适合改编成打击乐作品的歌曲。

（2）活动过程的开展。

①幼儿欣赏、熟悉音乐。欣赏音乐是打击乐演奏活动的重要一环，可以引起幼儿对打击乐曲的兴趣，使其熟悉音乐，感受音乐的性质、力度、速度等。幼儿如果没兴趣也不熟悉音乐，就无法进行打击乐活动。教师可以向中、大班幼儿适当介绍配器的依据。

②练习整体的身体动作。为了便于幼儿充分感受音乐的节奏感、较快地掌握各种打击乐器的演奏方法，教师可以给每种乐器编上相应的身体动作，如拍手、拍腿、拍肩、拍膝盖、碰手指、跺脚等。

③幼儿拿乐器的整体演奏练习。在身体动作练习基础上，教师可以让幼儿拿乐器进行整体演奏的练习。开始练习时，演奏的速度可稍慢，由教师指挥并做语言指导，指挥的动作要清楚、利落。指挥除手的动作之外，教师可用眼神和面部表情辅助指挥。在幼儿掌握后，教师可以请能力强的幼儿担任指挥。持相同乐器的幼儿应集中坐在一起，高音乐器一般排在前面，中音、低音乐器依次向后。当大部分幼儿基本掌握演奏方法之后，应让他们轮换敲击不同的打击乐器，这样有助于幼儿更好地认识各种乐器，学习不同节奏的演奏方法，发展其相互协调的能力。教师可以先让幼儿单独练习打击乐曲中配器复杂、节奏变化较多的重点乐句，掌握后再练习完整的乐曲。

（七）案例示范——中班音乐课"小黑猪"

1. 活动目标

（1）感受歌曲幽默风趣的特点，通过图谱、动作理解歌词内容，初步学唱歌曲。

（2）根据教师的手势，学习有起落地演唱副歌部分。

（3）体验小黑猪憨厚可掬的形象，懂得要坚持锻炼才不会变肥胖的道理。

2. 活动准备

（1）知识准备：幼儿对双簧表演已有初步了解。

（2）材料准备：

①歌曲：《小黑猪》《健康歌》。

②根据歌词的内容制作多媒体画面四张（画面内容分别为"小黑猪""小猴子和小黑猪""小黑猪爬树""小黑猪睡懒觉"）及副歌图谱。

③醒木（双簧表演的道具）若干，猪鼻子（纸板做）人手一份。

3. 活动过程

（1）副歌前置导入，了解副歌节奏。

教师扮演"小猪"，提问导入情境：

①大家好，你们认识我吗？我长得怎么样？

②我可爱打呼噜了，你们知道我是怎么打呼噜的吗？

（2）学习副歌部分，掌握副歌节奏，并初步唱准音高。

①完整地欣赏歌曲《小黑猪》（播放录音），重点聆听副歌部分。

②幼儿讨论：小黑猪是怎么打呼噜的？能用手势拍出节奏吗？什么地方比较难唱而且容易唱错？

③教师范唱副歌部分，幼儿根据教师在副歌旋律起伏部分的手势感受音高。

指导要领：副歌第一乐句身体和手向上升，第二乐句身体和手向下沉，第三乐句身体和手向上升，第四乐句身体和手回水平位。

④出示副歌图谱，引导幼儿巩固对节奏型"××××　××｜×-｜"的掌握，并尝试唱出副歌旋律的起落。

提问：（图谱中）箭头向上代表声音应唱得怎样，箭头向下代表声音应唱得怎样呢？

小结：箭头向上，声音唱得高一点；箭头向下，声音唱得低一点。

再次聆听副歌部分，教师引导幼儿在倾听过程中跟随自己一起拍出该部分节奏"××××　××｜×-｜"。

谈话：小黑猪睡觉的时候发出什么声音？当唱到小黑猪打呼噜的时候，你们帮忙拍手伴奏吧！

⑤尝试与教师一起拍手唱出副歌部分。

（3）通过范唱及图片指引，学习主歌部分，重点理解歌词，熟悉基本旋律。

①教师完整地范唱全首歌曲，重点引导幼儿了解歌词内容。

师：小黑猪为什么会在树下睡觉呢？让我们来听一听！

②幼儿倾听教师再次范唱主歌部分，并借助多媒体画面理解歌词。

师：小黑猪长得什么样？它想做什么？后来发生了什么事情？

③幼儿回答，教师帮助归纳出主歌部分的歌词。

④教师引导幼儿根据歌曲旋律有节奏地朗诵歌词，并配合画面播放，帮助幼儿记忆歌词。

⑤引导幼儿尝试跟随教师唱出主歌部分，重点指导旋律与歌词的对应之处。

（4）创编动作，幼儿边表演边复习演唱。

①完整欣赏全曲，幼儿根据每一句歌词内容，分乐句创编相应的动作和表情。如胖乎乎的小黑猪、小黑猪爬树、小黑猪抱不住树干摇摇欲坠的样子，重点表现出小黑猪在树底下形态各异的睡懒觉动作。

②教师帮助幼儿提炼所创编的动作，带领幼儿一边巩固动作一边演唱歌曲。

（5）幼儿尝试进行简易的"双簧"表演，学习与同伴合作表演，巩固对歌曲的掌握。

①幼儿欣赏教师的表演，了解"双簧"表演唱的特点。

师：两只小黑猪来了，她们今天要给我们表演节目。我们一起看看她们是怎么表演的？（与配班老师示范表演）

玩法：敲击一下"醒木"后，一人坐在前面跟随歌曲做相应的动作，一人蹲在其后面唱歌。唱完歌曲后，后面的人亮相，用各种有趣的方式（如轻拧耳朵、挠痒痒、揉揉肩等）唤醒前面的人（饰小黑猪）："小黑猪，别睡懒觉啦！"

②全体幼儿两两自由结伴表演，让每个幼儿都有机会体验两种不同的角色。

师：你们找一个好朋友，商量一下，谁先坐在前面表演，谁蹲在后面唱歌。商量好了我给坐在椅子上表演的小朋友贴上有趣的猪鼻子。

（6）结束部分。

在歌曲《健康歌》的伴奏下，幼儿扮演"小黑猪"退出活动室。

师：小猪宝宝们，别睡了，要减肥了，跟我一起到外面锻炼锻炼吧！

4. 活动延伸

在区域活动继续进行简易"双簧"表演，可在家中尝试进行亲子表演。

七、幼儿园美术教育

（一）幼儿园美术教育的目标

1. 幼儿园美术教育总目标

幼儿园美术教育的目标是指导美术活动设计与实施过程的关键准则。制定幼儿园美术教育目标的依据包括幼儿美术发展的规律、幼儿美术学科本身的特点及社会发展对幼儿美术教育的要求。

幼儿园美术教育总目标是确定其他层次目标的依据，必须符合《幼儿园工作规程》中关于幼儿美育的精神。它是幼儿园美术教育目标最概括的表述。

2. 幼儿园美术教育各年龄班目标

（1）各年龄班绘画活动目标，具体如表6-5所示。

表6-5　各年龄班绘画活动目标

年龄班	认知目标	情感目标	技能目标
小班	初步认识绘画工具和材料 学会辨别红、黄、蓝、绿、橙等几种基本的颜色，并能说出其名称 学会辨别和感受直线、曲线、折线及各种线条的变化	培养儿童对绘画的兴趣，幼儿能愉快大胆地作画	学会使用蜡笔、水彩笔、棉签等工具进行染色 能画出直线、曲线、折线，并能表现线条的方向、粗细、疏密 学会用圆形、方形、长方形、三角形等简单图形表现物体的轮廓特征

年龄班	认知目标	情感目标	技能目标
中班	能较准确地把握形状的基本结构，理解形状符号的象征意义 认识常见固有色，说出它们的名称	喜欢用自己独特的绘画语言表达自己的想法和感觉 能大胆地按意愿作画	学会运用图形组合方法表现物体的基本部分和主要特征 会选择与物体相似的颜色，初步有目的地设色、配色 在教师的引导下能围绕主题安排画面，能表现出物体的上下、左右位置
大班	认识物体的整体结构和各种空间关系 增强配色意识，提高对颜色变化的辨析能力 知道运用不同的绘画工具和材料能表现不同效果的作品	在安排画面的过程中逐步体会均衡、对称、变化等形式美	能较灵活地表现各种人物、动物的动态 能运用对比色、类似色、同种色等多种配色方法，能注意色彩的整体感和内容的联系 能有目的地安排画面，表现一定的情节，并变化多种安排画面的方法 综合运用多种绘画工具和材料进行绘画创作

（2）各年龄班手工活动目标，具体如表 6-6 所示。

表 6-6　各年龄班手工活动目标

年龄班	认知目标	情感目标	技能目标
小班	初步熟悉泥工、纸工等材料、工具 了解泥的可塑性 了解纸的性质	通过玩泥、撕纸等活动，体验手工活动的快乐	掌握泥工中团圆、搓长、压扁等基本技能 学习撕纸、粘贴，能初步撕出简单形状并粘贴成画 初步学会用自然材料（石子、豆子、树叶等）拼贴造型 学会用印章、纸团、木块等材料蘸上颜色在纸上敲印 能大胆地运用印章、纸团、木块等材料在纸上按意愿压印
中班	进一步熟悉泥工、纸工及自制玩具的工具和材料投入手工作品的创作	通过泥工、纸工及自制工具的活动来积极培养幼儿对手工活动的兴趣	能正确使用剪刀剪出方形、圆形、三角形及组合形体，并拼贴成画 掌握折纸的基本技能，折出简单的玩具 学习用泥塑造出物体的基本部分和主要特征 掌握撕纸的基本技能，能撕出简单的物体轮廓 能大胆地按意愿塑造泥 能大胆地用纸按意愿撕、剪出各种物体轮廓
大班	了解各种纸张的不同性质，知道不同性质的纸张具有不同的表现效果 对自制玩具的材料加以分类，以获得选择、收集这些材料的经验	体验综合运用不同手工材料制作作品的快乐 喜欢用手工来表达自己的想法和情感	用泥塑造人物、动物等较复杂结构的形体，能表现物体的主要特征和细节 能集体分工合作塑造群像，表现某一主题或某一场面 能用各种纸张制作立体玩具 能用无毒、安全的废旧材料制作玩具并对其加以装饰 能综合运用剪、折、撕、粘、连接等技能，独立设计制作玩具

（3）各年龄班美术欣赏活动目标，具体如表 6-7 所示。

表6-7　各年龄班美术欣赏活动目标

年龄班	认知目标	情感目标	技能目标
小班	知道从自然景物、艺术作品中能享受视觉艺术的美	喜欢观看、欣赏艺术作品。对美术作品、图书中的各种形象艺术感兴趣 通过欣赏老师及同伴的作品培养对艺术的兴趣	初步学会运用线条表现力度感、节奏感 初步运用动作、表情等表达自己欣赏后的感受
中班	通过欣赏作品，了解作品的主题和基本内容	能体验作品中线条、形状、色彩、质地等 通过欣赏产生与作品一致的感受	感受作品的色彩变化及相互关系 感受作品中形象的鲜明性和象征性，并体验其情感；感受作品的构成，体验作品的节奏 通过欣赏，说出自己喜爱或不喜爱作品的理由，并对作品作简单评价
大班	通过欣赏，了解作品的形状、色彩、结构等美术要素 了解作品的表现手法、艺术风格和创作意图	喜欢各种不同风格的美术作品	能感受作品的色调、色彩的变化 能感受作品中形象的象征性、寓意性；能感受作品中的形式美 在欣赏和评价他人的作品时，能讲述自己独特的观点

（二）幼儿园美术教育活动的内容

1. 绘画、手工和美术欣赏

（1）绘画。幼儿绘画是幼儿运用简单的物质材料（如蜡笔、彩色水笔、毛笔、颜料等），通过线条、形体、色彩等表现形式，在纸上塑造可视的、具体的艺术形象的活动，以表达幼儿对周围生活的认识和情感。幼儿园绘画活动分为以下几种类型。

①命题画（又称主题画）。命题画活动是指教师确定集体绘画的主题和要求，幼儿按照绘画主题和要求作画。命题画是幼儿园绘画活动的一种重要形式。根据内容和习惯的不同，命题画又可分为物体画与情节画。物体画是教师帮助幼儿在充分了解、体会某一物体的形象、色彩、结构、性质等的基础上，以绘画方式对该物体进行表达、表现的活动。情节画是在物体画活动的基础上进行的，它是教师让幼儿以个别物体与其他物体相配合，表达一定情节的绘画活动形式。

②意愿画（又称自由画）。意愿画活动是幼儿根据自己的生活经验，由自己独立确定绘画主题和内容，运用所掌握的美术知识和技能，自由地表达自己的情感、愿望的一种绘画形式。意愿画可分为记忆画和想象画两种。记忆画是幼儿从日常生活的具体事件、生活场面及景物的记忆中，选择自己感兴趣的形象或事件进行创造性的构思和描绘的一种表现形式。想象画是幼儿在作画时，打破时空限制，不受现实生活的约束，自由作画的一种表现形式。想象画又可分为现实性想象画和虚幻性想象画。

③装饰画（又称图案画）。装饰画活动是指幼儿运用各种花纹、色彩或材料，在各种不同的纸型上对称地、和谐地、有规则地进行美化、装饰的一种绘画形式。

（2）手工。幼儿手工是指幼儿运用一些物质材料，如纸、泥等，用手和一些简单的工具，通过撕、折、剪、贴、捏等手段，制作成平面的或立体的物体形象的艺术形式。幼儿手工对于发展幼儿视觉、触觉、动觉之间的协调配合能力，锻炼幼儿手部小肌肉动作的协调性、灵活性，提高幼儿形象思维的能力和幼儿形成立体概念有着重要作用。

（3）美术欣赏。幼儿美术欣赏是指幼儿认识和观赏美术作品、自然景物和周围环境中的美好事物，从而受到艺术的感染，得到精神上的愉悦的活动。它对于提高幼儿的审美情趣和审美能力、陶冶幼儿的情操有着重要的作用。

2. 各年龄班美术教育活动的内容

（1）各年龄班美术欣赏教育活动的内容，如表6-8所示。

表6-8　各年龄班美术欣赏教育活动的内容

年龄班	活动内容
小班	日常生活中美的欣赏（手帕、服装、马路、花坛、路灯等） 周围环境中美的欣赏（幼儿园环境、"六一"儿童节环境等） 绘画、手工活动中美的欣赏（范例等） 美术作品欣赏（幼儿图书里的画，如《婴儿画报》《东方娃娃》等；动画片里的形象，如天线宝宝、米老鼠和唐老鸭等；工艺美术品，如泥玩具等）
中班	日常生活中美的欣赏（服装、围巾、手套、伞、街道、橱窗等） 周围环境中美的欣赏（自然环境，国庆节、元旦等节日环境等） 绘画、手工活动中美的欣赏（范例、幼儿作品等） 美术作品欣赏（画家的画，如韩美林的《福娃》、张乐平的《三毛》等；幼儿图书里的画，如《东方娃娃》等；动画片里的形象，如黑猫警长、喜羊羊等；工艺美术作品，如脸谱、建筑、桥梁等）
大班	日常生活中美的欣赏（服饰、窗帘、鞋帽、器皿、街道等） 周围环境中美的欣赏（自然环境，国庆节、元旦、圣诞节、春节等节日环境，社区环境等） 绘画、手工活动中美的欣赏（范例、幼儿作品等） 美术作品欣赏（画家的画，如齐白石的《墨虾》、梵·高的《向日葵》等；幼儿图书里的画及幼儿图书封面；动画片里的形象，如孙悟空、机器猫等；工艺美术作品，如剪纸、陶瓷、刺绣、雕塑、建筑等）

（2）各年龄班绘画教育活动的内容，如表6-9所示。

表6-9　各年龄班绘画教育活动的内容

年龄班	活动内容
小班	线条（点、直线、斜线、曲线、交叉线） 造型（圆形、方形、三角形等物体最简单的造型） 色彩（印章画、棉签画、点画、按物体轮廓描画、滚画等） 构图（凌乱式造型）
中班	造型（在几何形的基础上造型并以两个形体组合造型，表现物体的基本形象和主要特征） 色彩（在各种物体的纸形上作印章画、点画、水粉画、蜡笔水粉脱画、拓印画、对印画等，感受和运用对比色作品表现物品的固有色） 构图（以散点式构图、一字形构图、基线式构图为主） 情节（记忆画、故事画、主题画等） 想象画（以主题想象画、几何想象画为主）

年龄班	活动内容
大班	造型（以两个或两个以上形体组合造型表现物体的基本形象、主要特征和主要细节部分） 色彩（糨糊刻画、蜡刻画、国画、吹画、喷刷画、纸版画等，感受和运用对比色、冷、暖色） 构图（以基线式构图、多层并列式构图、主题式构图为主） 情节（记忆画、故事画、故事连环画、日记画、探索画、音乐画等） 想象画（以主题想象画、图形想象画、自由想象画为主）

（3）各年龄班泥工教育活动的内容，如表6-10所示。

表6-10　各年龄班泥工教育活动的内容

年龄班	活动内容
小班	玩泥 拓印 分泥 简单的搓长、团圆、压扁
中班	在搓长、团圆、压扁的基础上压坑、黏合、捏 在泥工板、塑料板等平面上泥贴
大班	综合运用搓长、团圆、压扁、压坑、黏合、捏等技能进行塑捏 在平面泥贴的基础上进行杯盘瓶托器皿的泥贴

（4）各年龄班粘贴教育活动的内容，如表6-11所示。

表6-11　各年龄班粘贴教育活动的内容

年龄班	活动内容
小班	点状材料粘贴（芝麻、米粒等） 面状材料粘贴（纸、橘子皮等）
中班	点状材料粘贴（米、麦片、泡沫屑等） 线状材料粘贴（吸管、麦秸等） 面状材料粘贴（纸、席子等）
大班	点状材料粘贴（瓜子壳、豆子、纽扣、贝壳等） 线状材料粘贴（麦秸、毛线、包装绳等） 面状材料粘贴（纸、布、席子等）

（5）各年龄班折纸教育活动的内容，如表6-12所示。

表6-12　各年龄班折纸教育活动的内容

年龄班	活动内容
小班	玩纸 对边折 对角折
中班	对边折及变化 对角折及变化 集中一角折及变化 双正方形折 双三角形折
大班	双三角形折及变化 双正方形折及变化 四角向中心折及变化

学前教育专业岗课赛证综合课程

（6）各年龄班剪纸教育活动的内容，如表 6-13 所示。

表 6-13　各年龄班剪纸教育活动的内容

年龄班	活动内容
小班	使用剪刀探索剪纸
中班	按老师画好的或者自己画好的轮廓剪 目测剪（拉花、花边、窗花）
大班	按轮廓剪（以自己画轮廓为主） 目测剪（两方对称折叠剪、四方连续折叠剪、团花、拉花、花边） 自由剪

（7）各年龄班制作教育活动的内容，如表 6-14 所示。

表 6-14　各年龄班制作教育活动的内容

年龄班	活动内容
小班	利用原形（在纸杯、果奶瓶等物品上进行简单剪贴，或者装入小豆子、小石子等）
中班	利用原形（纸盒造型、蔬果造型、纸杯造型、纸盘造型、餐盒造型、碟片造型等） 改装变形（铅丝造型、硬纸条穿编、挂历纸制作等） 组合造型（纸盒组合造型等）
大班	改装变形（瓶盖造型、铅丝造型、壳类造型、稻草编结、麦秸编结、绳子编结、硬纸制作、报纸制作等） 组合造型（纸盒组合造型、碟片组合造型、蔬果组合造型等）

（三）幼儿园美术教育的方法

幼儿园美术教育的方法是指在美术教育中，为了达到活动目标，教师所采用的指导方式和幼儿在教师指导下的活动方式。教育方法的采用应考虑幼儿的年龄特征、实际水平和美术学科本身的特点等。幼儿美术教育的方法多种多样，大致有以下几种。

1. 观察分析法

观察分析法是指在教师的指导下，幼儿通过多种感官感知事物的造型、结构、色彩、运动模式等审美特征，用脑思考并进行比较的一种方法。其目的在于帮助幼儿积累内在图式，深化表象，使幼儿获得鲜明、深刻、完整的视觉形象，激起其表现的愿望。

2. 示范与范例法

示范是指教师把美术活动过程中的难点、重点直接操作给幼儿看，有利于幼儿在直接模仿的条件下，学习一些参加美术活动必需的、关键的、技术性的措施。

示范包括整体示范和部分示范。整体示范是指教师把表现物体形象的过程连续地、完整地操作给幼儿看，一般在幼儿学习新的技能时用。如幼儿刚刚进入中班时，纸工活动"牵牛花"需老师从头至尾将折叠的过程操作给幼儿看。部分示范是指教师把美术活动中的某一部分操作给幼儿看。如大班绘画活动"美丽的公园"，在活动中，教师只示范树与树的遮挡重叠的画法（当然该班幼儿美术基础较好）。

范例是指教师提供给幼儿观察欣赏的直观教具，它可以是教师的范画，也可以是实物、图片、图书等。范例的选择必须符合以下标准：形象准确、线条清晰、色彩鲜明、大小适当，能反映事物的基本特征；具有一定的艺术水平，富有美感，能唤起幼儿的情感和兴趣；符合幼儿的年龄特点，容易为幼儿所理解和接受。示范与范例的运用都对幼儿的创造性有一定的影响，因此，在美术教育活动中，教师应慎重思考，将其用得恰到好处。

3. 游戏练习法

游戏练习法是指通过游戏的形式，引导幼儿在愉快、积极的状态下学习美术技能，把视觉形象改变为视觉—运动形象，提高幼儿手眼协调能力，培养幼儿对美术活动的兴趣。

游戏练习法符合幼儿的年龄特点，它的使用是灵活多样的。游戏性的命题、游戏化的练习方式、对美术成果的游戏性处理以及美术活动中游戏性材料的使用等，都可以把美术和游戏结合起来。

4. 情感熏陶法

情感熏陶法是指教师为幼儿创设宽松、愉快的心理环境和充满感情色彩的情境，让幼儿在身心最佳状态下，产生追求美、表现美的欲望和热情，从而积极主动地去观察、想象和创造。

幼儿的美术活动是在其美术动机的推动下产生和发展的。这种内在的美术动机有赖于教师对幼儿情感因素的调动。在美术活动中，教师要为幼儿创设一个宽松、愉快的心理环境。教师自身应对美术活动充满兴趣，全身心地投入活动中，以生动的、富有感染性的语言调动起幼儿对生活经验的回顾、体验。教师还应充分尊重幼儿的情感，信任幼儿的创作，不包办代替、指手画脚，建立起师生间真正的平等关系。这样，幼儿就会对美术活动充满兴趣，能兴致勃勃地参加活动。

5. 图式预知法

图式预知法是指通过各种方法和手段，帮助幼儿在头脑里获得对物象的鲜明的、深刻的图式，以便引导幼儿在创作中形成对图式的分化能力、联想能力和组合能力，为幼儿的创作积累原材料。

（四）幼儿园美术教育活动的设计与指导

1. 绘画教育活动的设计与指导

幼儿园绘画教育活动过程包括创作引导、作业辅导、作品评价三个主要步骤。其设计与指导如下。

（1）创作引导。创作引导阶段主要采用全班集体活动的形式，指导主要用语言启发、讲解，以帮助幼儿明确本次活动的要求，使幼儿的绘画活动能围绕主题来开展。该阶段大致分为以下几个步骤：

①导入活动。引导幼儿感知或回忆、提取与本次活动相关的经验。在物体画中，主要是引导幼儿用多种感官感知所要描绘事物的特征。在情节画中，主要引导幼儿回

忆并提取与本次活动相关的经验。导入活动应注意精练、游戏化，最好能在最短的时间内调动起幼儿的积极思维，激发幼儿的创作愿望。

②讲解示范。引导幼儿学习本次活动的重点和难点。教师讲解的语言要简练、富有启发性，示范动作要清楚，让幼儿能掌握本次活动的基本技能。在讲解示范中，教师应注意为幼儿留下宝贵的思维空间，不局限幼儿的创作。

③交代本次活动的具体要求。在幼儿创作前，教师要向幼儿明确地提出一些要求，以便幼儿能够准确明了地去描绘。一般包括交代绘画程序，如小班活动"草地上的鲜花"，教师要求的作画顺序是在纸上用蜡笔画好草地，用手指蘸水粉颜料点画鲜花；提醒技能要求，如色彩搭配、合理布局、均匀涂色等；提醒养成好的习惯，如正确使用工具、专心作业、爱惜作品等。以上几方面要求在实际运用时，应根据本次活动的特点、所使用工具材料的不同以及幼儿实际水平等灵活地、有侧重地提出。

创作引导在绘画活动中是最关键的环节，要求教师仔细推敲，在最短的时间内完成并达到相应的效果，以留下充足的时间供幼儿进行绘画创作。

（2）作业辅导。作业辅导包括如何构思、如何造型、如何使用色彩、如何构图等方面的内容。教师在了解每位幼儿在构思、造型、色彩、构图方面不同的发展水平的基础上，针对每位幼儿的特点采用分层指导法，有针对性地进行辅导，让每个幼儿在自己原有的发展水平上再进一步。

（3）作品评价。教师对幼儿作品评价的态度、标准，既影响幼儿参与美术活动的兴趣和积极性，又影响幼儿对作品的态度和对美的鉴赏能力。教师一般从以下几方面来评价幼儿作品，即符合同龄幼儿的一般水平，有童趣，有一定的艺术性（表现为线条有力、连贯，图形、形象清晰完整，画面饱满、均衡，色彩明快，内容丰富、充实）。

教师的评价应以鼓励为主，结合不同幼儿的发展水平，以发展的眼光来看待幼儿的作品。在组织作品评价时，小班幼儿作品可以以教师评价为主，中、大班幼儿作品可采取教师评价与幼儿评价相结合的方法。在评价过程中，教师应注意把评价标准慢慢教给幼儿，并帮助他们学会积极地评价同伴的绘画作品。幼儿通过运用自身评价与相互评价相结合的方式，不仅有利于其评价能力的提高，还有利于其社会性的发展。

2. 手工教育活动的设计与指导

幼儿手工的发展与绘画的发展，既有共同的方面，又有独特的地方，教师在设计与指导中，应考虑幼儿发展的年龄特征和手工工具、材料本身的特点，真正发挥手工活动的作用。

（1）泥工教育活动过程的设计与指导。

①导入活动。明确所要制作的形象，激起幼儿创作、表现的愿望。教师引导幼儿直接感知或回忆、提取相关的经验，帮助幼儿分析所要制作的事物的外形特征。

②讲解示范。引导幼儿学习本次活动的重点和难点。对不同年龄班的幼儿，教师的指导各有侧重。小班幼儿刚开始接触泥工活动时，要让幼儿玩泥，体验泥的柔软、

可塑性，教师要引导幼儿学习用团、搓、压的技能塑造一些幼儿熟悉的、外形简单、容易展现的物体。如"元宵""饼干"等。在泥工塑造技能学习方面，教师要边示范、边讲解，让幼儿跟着教师的动作模仿。中、大班幼儿进一步学习分泥、连接、捏边、砌合、抻拉等技能，教师应重点示范所学的技能。

③作业辅导。采用巡回指导、分层指导的方法。

④评价作品。以积极鼓励为主。教师评价与幼儿评价相结合。重点指导幼儿评价作品是否是按照技能的要求塑造的。

在泥工制作活动中，教师还应注意培养幼儿养成良好的卫生习惯，如操作时卷起长袖，随时将泥块放在泥工板上，以免弄脏桌面等。

（2）纸工教育活动的设计与指导。

纸工包括粘贴、撕贴、折纸、剪纸等。导入活动、作业辅导、评价作品同泥工教育活动的设计与指导。

①粘贴。粘贴是幼儿用教师事先准备好的规则的或不规则的纸粘贴出某种形象。形象轮廓可以是教师画好的或经过想象粘贴成的自己喜欢的作品。前者较为简单，一般在小班进行，重点指导幼儿如何用胶棒涂抹；后者可在中、大班进行，重点在于启发幼儿构思主题，展开丰富的想象。

②撕贴。撕纸可以锻炼幼儿手对形状的控制能力。撕纸的材料可以是普通彩纸或报纸等，撕纸的方法大致有自由撕、按折痕撕、按轮廓线撕、折叠撕等。一般来说，要求幼儿所撕的物象应该是特征明显、外形简略的。幼儿随意撕纸后，让幼儿根据所撕的形象想象贴画，发展幼儿的想象力。教师重点指导幼儿撕及粘贴的方法。

③折纸。折纸是幼儿喜欢的活动之一。折纸取材方便，彩色蜡光纸、旧挂历纸、废报纸等均可。折纸的基本技能有对边折、对角折、集中一边折、集中一角折、对中心线折、角对中心折、双正方折、双三角折、菱形折等。折纸活动要按照由浅入深的规律、由易到难的顺序安排。对小班来说，最初的折纸练习，教师主要指导幼儿对齐、抹平。由于折纸的过程易忘记，到中班时，教师可以引导幼儿学习看图折纸。教师事先按折纸顺序画好步骤图，步骤图上线条要简明，同时教师还要教幼儿认识和熟悉折法符号。一开始，教师可以边教幼儿识图边演示，帮助幼儿理解图上的符号。演示时，教师用的纸要比幼儿的大，要有正反面，手的动作要明确，语言要简练清楚。待幼儿理解图示后，教师可逐步过渡到仅演示重点和难点，其他部分让幼儿自己看图折。大班幼儿增添了组合折叠，即把折好的几部分组成一个整体。教师应重点指导几个部分的插接，引导幼儿思考如何插接才不会松散。

④剪纸。剪纸的主要方法有目测剪、沿轮廓线剪和折叠剪。剪的技能学习应按由易到难的顺序安排。从小班下学期开始，幼儿就可以学用剪刀。在小班和中班初期，以学剪直线和曲线为主。教师指导沿轮廓线剪时，重点指导幼儿用左手转动底片，防止边剪边拉，使物象周围不整齐；折叠剪的指导重点是折叠部分，只有折叠好了，才能剪出对称的或有规律的图形。在日常生活中，教师可在美术区（角）投放一些废旧

的挂历纸或有物象的旧画书,让幼儿在游戏时间多加练习。这样能提高幼儿剪纸的技能,更好地满足幼儿剪纸的兴趣。

3. 美术欣赏活动的设计与指导

一般来说,一个具有一定结构化的幼儿园美术欣赏和创作活动主要包括整体感受、形式分析、再次整体感受、心理回忆与构思、创作与表现五个基本环节。

(1)整体感受,自由地谈论对作品的第一印象或感觉。美术欣赏教育是一种给儿童以丰富而复杂的心理感受的精神活动,在这种特殊的精神活动中,儿童要获得各种各样的心理感受,把认知对象变为情感体验的对象。这一步主要组织幼儿围绕作品进行整体感受,自由地谈论对作品的第一印象或感觉。这时教师应把幼儿鲜活的个人体验放在优先位置,顺应幼儿发展的特点,让他们尽可能地进行直接描述。教师要给幼儿足够的时间欣赏,然后让他们用简洁的语言说说自己的真实感受。

(2)要素识别与形式关系分析。幼儿欣赏美术作品,不仅要获得对作品的内容、主题、题材等的认识,还要逐渐养成能够透过作品所描绘的故事、情节和具体的内容,进一步感知和体验画面形式意味的习惯和能力。所谓要素识别,就是指引导幼儿发现和识别作品中的点、线、形、色等形式要素。形式关系分析则是指分析要素之间的关系,也就是分析作品所表现的美的形式,如造型、色彩、构图及其所表现的对称、均衡、节奏、韵律、变化等形式美的特征。

(3)再次整体感受。再次整体感受建立在幼儿对作品的各种要素及美学意味的深切感受和讨论之上,它与第一印象相比,应该是更深刻和更到位的。这一步一般会涉及介绍作品的创作背景、解释作品所蕴含的意义、理解创作者个人特有的情感表达方式以及明确一些约定俗成的具有象征意味的符号含义等。此外,这一步还可以通过给作品命名并说出为什么要这样命名的方式来进行,因为幼儿对作品的命名往往能够反映他们对作品的总的感觉,而考虑起名字的理由则能帮助他们整理和清晰地了解自己的这些感受和思考过程,这里既有直觉的、感受的东西,又夹杂了理性的、逻辑的东西。

(4)心理回忆与构思。让幼儿对已欣赏的作品进行心理回忆和对自己将要创作的东西进行讨论构思,这是承上启下的必要一环。它既是欣赏活动的结束,又是创作活动的开始。心理回忆可以采取让幼儿闭上眼睛回忆已欣赏过了的视觉意象的方法,来加深幼儿对作品的印象和感受。构思时则可以将心理意象和交流讨论结合起来,使幼儿为下一步的创作做好心理准备和铺垫。

(5)创作与表现。美术欣赏活动可以是纯欣赏,也可以在欣赏后安排幼儿进行创作,这要根据具体的欣赏内容而定。但欣赏后的创作与一般的美术创作稍有不同,它既尊重幼儿的意愿,给幼儿提供充分的自由度,又鼓励幼儿把欣赏的经验结合进来,或学习、借鉴画家的作画方式和表现手法,或用自己的绘画语言描绘作品所表现、传达的情感等。

（五）案例示范——大班美术课"黑白配动物"

1. 活动目标

（1）欣赏生活中黑白配的物品，感受黑白装饰所带来的美感。

（2）能大胆运用点、线、面及黑白色彩来装饰物品。

（3）尝试在黑白用品上进行绘画创作，享受创作的乐趣。

（4）能大胆表达自己的感受，体验与同伴相互合作的快乐。

2. 活动准备

（1）幼儿尝试制作装饰画。

（2）PPT课件："黑白配动物"课件及黑白两种颜色相配的绘画作品。

（3）黑色、白色图形卡纸各一张（黑色大一些、白色小一些），教师着黑白颜色相配的上衣。

（4）花瓶、碗、盘子、包等黑白生活用品及课件。

（5）记号笔、毛笔、棉签、白色颜料及墨汁，黑色、白色的卡纸若干。

（6）一个幼儿作品展示台。

3. 活动过程

（1）出示黑、白图形卡纸，通过提问导入活动。

①今天罗老师给小朋友们带来了一样东西，看看是什么，是什么颜色的？

②罗老师把这张白色的纸与黑色的纸放在一起，请小朋友们给它们取一个好听的名字。

③老师把黑色与白色放在一起，看看会变出什么？（出示熊猫）

④熊猫是什么颜色的？小朋友们想一想，你们还看到什么东西是黑色和白色配在一起的？

（2）引导幼儿欣赏课件，了解动物身上的黑白配，感受黑白对比色彩的美。

①现在我们看看身上有黑白颜色的动物有哪些？

②你们喜不喜欢这些动物？为什么喜欢？

（3）引导幼儿欣赏生活中物品的黑白配，进一步感受生活中黑白对比色彩的美。

①小朋友，你们在家里、幼儿园、大街上还看到哪些黑白相配的东西呢？

②欣赏课件及黑白生活用品，了解生活中黑白配的物品。

（4）引导幼儿欣赏并了解黑白配的基本方法。

①罗老师这里有许多小朋友画的画，小朋友们看一看他们是怎样用点的方式、用线的方式、用一块一块颜色的方式把它们变成漂亮的画的？

②说一说，他们用黑色笔在白纸上画出的画是什么？

（5）了解工具材料，引导幼儿讨论表现的方法。

①提问：你想用什么工具、什么方法来装饰这些物品？

②讨论：黑色的纸（物品）上用什么颜色的颜料来画？白色的纸（物品）上用什

么颜色的颜料来画?

（6）幼儿作画，教师巡回指导。

①鼓励幼儿大胆用自己喜欢的颜料、方法来装饰。

②鼓励幼儿根据需要与同伴合作完成。

③注意巡回指导。

（7）展示幼儿作品，引导幼儿进行欣赏、评价。

4. 活动延伸

用黑色、白色装饰活动室或家里的生活用品。

八、主题活动

（一）主题活动的类型

主题活动又称综合主题活动，是指在一段时间内教师以幼儿发展所需要的某个核心知识经验为中心来组织教育教学活动。综合主题活动以主题的形式将幼儿园各学科领域中相互联系的内容有机地联系在一起，让幼儿在主题活动中获得较为完整的经验。主题活动分为以下两种类型。

1. 跨学科或领域综合

跨学科或领域综合，即将课程中同类或相关的知识归纳起来，合并同类项并以跨学科的内容作为课程核心。领域之间的综合有多种水平，有两个领域之间的综合，多个领域间的零星联系、多点联系和密集联系。在一个课程单元中，可能不同的领域间联系和综合的水平是不同的。如综合主题活动"海底世界"，这一活动所涉及的领域有科学、语言、艺术和社会，是明显的跨领域综合。

2. 超学科或领域综合

超学科或领域综合，即完全超越学科的界限，课程以现实生活中的真实问题为核心，展开专项研究或探索。其特点是不存在学科界限，以现实问题为主题或焦点，内容由幼儿的兴趣、需要而定，而不受任何学科指引而预先确定。如生成课程就是主题综合活动的最高境界，在活动过程中，教师和幼儿不断地发现新的活动线索，这些新线索能把活动不断地引向深入。因此，活动的生成要求教师有一种生成意识、生成能力，对幼儿新的需要、新的兴趣、新的发现有接纳的态度。只有这样，活动的生成才能实现，计划的活动和非计划的活动才能综合，幼儿现有的经验才能与新的经验实现综合。

（二）主题活动的特点

1. 整合性

幼儿园的综合主题活动不是单一指向一个内容、一个时段、一个领域或一个环节的活动，而是体现多领域、多内容、多形式整合的活动。这里谈到的整合，一方面是指活动形式的整合，如主题活动与区域游戏的整合、主题活动与生活教育的整合、主题活动与户外游戏的整合，等等。在"衣服"的主题活动中，区域活动开设了"美丽服装店""小小服装设计室"，娃娃家中增设了很多大小不同、样式不同的衣服，供幼儿尝试穿脱；在生活环节中，教师利用午睡环节、户外活动环节和来园离园环节，有意识地引导幼儿学习正确地穿脱衣服、叠衣服等，这是主题活动与区域游戏、生活活动整合的体现。

另一方面是指不同领域教育内容的整合。在"衣服"的主题活动中，活动内容涉及不同领域，如社会领域的"我喜欢的衣服展览会""不同用处的衣服"；健康领域的"给娃娃穿衣服"；科学领域的"爸爸妈妈的衣服和我的衣服""衣服上有什么"；艺术领域的"我们设计的小衣服""漂亮衣服秀"等。这些活动虽然所属领域不同，但都是围绕着幼儿熟悉的"衣服"这个中心进行的，体现出了主题内容的整合性。

2. 连续性

主题活动要围绕一个中心话题开展多个不同的教育活动，因此往往需要一周以上的时间，大班的一些大型主题活动因其内容的丰富性甚至会持续一个月。在由一个个独立的教育活动组成的整个主题活动之中呈现出有机的内在联系，具有连续性和推进性。例如，大班"朋友"的主题活动依次开展了"我们都是不同的""我的好朋友""写给朋友的信""帮助朋友""我们一起做""朋友之交"等活动。在有关"朋友"的讨论话题中，从认识自己与他人的不同开始，学习观察自己的好朋友、夸奖自己的好朋友，到体验帮助朋友的方法、与朋友共同协商做事，再到总结、梳理好朋友之间的交往方法等，逐步在主题活动中引导幼儿深入认识、提升经验。整个主题活动由浅入深，从关注自己开始逐步学会客观地评价他人、掌握交友方法，这体现出了活动的连续性和推进性特点。

3. 活动性

幼儿的认知发生于动作，是幼儿自身与外部世界不断相互作用而逐渐形成的一种结构。幼儿的智慧是其自身在与周围环境的人、事、物发生关系的过程中逐步建构起来的。幼儿的发展离不开外界环境，更离不开幼儿自身与外界的积极交往，所以，主题活动要促进幼儿认知的发展，就离不开操作活动。而用活动的形式构筑主题活动过程就意味着要让幼儿充分地动手、动口、动脑；也意味着要让幼儿更多地直接接触自然、接触社会，积极主动地参与活动过程，掌握学习内容；还意味着主题活动与游戏、参观、劳动、制作、表演分不开，只有这样，幼儿才会学得主动积极、兴趣盎然。

4. 灵活性

主题活动从设计到实施的过程都是灵活的。活动的来源既可能是幼儿近期感兴趣的话题，又可能是幼儿日常活动中的一个问题、一种行为。预设好的主题内容也有可能根据幼儿的兴趣需要或扩充内容或减少内容。这对于实施主题教育活动的教师来说要求相对较高，需要教师细致地观察幼儿、深入地了解幼儿、熟知各领域的发展目标，这样在实施过程中才能融会贯通、灵活运用。如在小班主题活动"我长大了"中的"生日晚会"活动计划本来是在本班开展的，但是教师在活动之前发现小班的幼儿很喜欢和大班的幼儿一起玩。于是，教师临时调整计划，和大班的教师商议：两个班合作开展这个活动，通过这样的混龄活动促进小班幼儿和大班幼儿的交往，大班幼儿帮助小班幼儿，小班幼儿又让大班幼儿体验到长大后的自豪。

5. 综合性

一般来说，主题活动往往有自己的侧重点，有的侧重认知学习、有的侧重情感体验、有的侧重技能练习，但都不会彼此割裂，更多的时候是综合的。在一个主题中，往往有语言领域的内容、艺术领域的内容或社会领域的内容，指向不同领域目标的活动又都是以主题中的核心话题展开的，彼此之间相互关联，充分体现了主题活动的综合性。

（三）主题活动的设计

1. 主题的选择

主题是幼儿园主题活动的核心。它既表明幼儿将要参与的系列活动，又表明他们将要从中获得的关键经验，同时对教师选择组织学习内容、展开教育活动、创设教育环境起到导航作用。主题是幼儿园主题活动设计的起点和灵魂。

（1）选择主题的出发点。

①从课程目标出发。课程目标的实现需要相应的教育活动的支持，因此可以从确定的课程目标出发，寻找相应的活动主题。如根据《幼儿园教育指导纲要（试行）》提出的"对周围的事物、现象感兴趣，有好奇心和求知欲"这一目标，选择"奇妙的种子""我家的电器"等主题。

②从幼儿的兴趣和需要出发。幼儿感兴趣的事物中可能包含丰富的教育价值，可以选作单元教育活动的主题。

③从现有的材料出发。有些学习内容或学习资料会有规律地呈现，如"一年四季的变化""与幼儿有关的节日"等。

④从意外事件出发。如蝴蝶飞进了教室、洗手时水停了等。

（2）常见主题的选择。

①幼儿自身。生理方面：身体的特征与功能；身体的发展与变化；身体的健康、安全与保护等。如"我的器官用处大""我在长大""我生病了""小小营养师""小小运动员"等。心理方面：幼儿的兴趣、爱好、能力、情绪等。如"我的本领""我高兴，我不高兴""我的宠物""你，我，他"等。

②幼儿的社会环境。如"我的家""快乐的幼儿园""我的朋友""爸爸的工作""超市""城市的立交桥"等。

③幼儿的自然环境。自然中的动植物、水、沙、石头、自然现象、季节变化等，如"海底世界""奇妙的磁铁""珍贵的水"等。

2. 确定主题活动的目标

活动目标是对教育宗旨和教育目的的反映，是对活动固有价值的某种程度的体现，是活动任务指标的表现形式。对于主题活动来说，其目标分为两个层次：主题的总目标和具体活动目标。

主题活动目标的确定需要综合考虑幼儿园的总目标、主题中蕴含的价值、本班幼儿的具体情况等诸多因素。主题活动的总目标要尽量涵盖五大领域的教育目标，促进儿童在认知、情感态度和动作技能上的全面发展。主题活动的总目标是主题活动要体现的核心价值，不是具体活动目标的罗列。

例如，某大班"海底世界"主题活动的总目标可以设为以下几点：

（1）通过参观或收集活动，知道海底有各种各样的海洋生物，产生对海底世界的探索兴趣。

（2）通过对海底动物的观察，能进行奇思妙想，大胆表达海底世界的各种奇观。

（3）运用画、折、剪、贴等技能，发挥想象，进行个性化的审美与创造。

（4）在欣赏音乐的基础上，能创编各种海底生物的动作，并能大胆地随着音乐协调律动。

（5）能用各种方式表现自己对海底世界的认识，培养热爱大自然的情感和保护生态环境的意识。

3. 选择主题活动的内容

主题活动内容的选择就是主题可包含的具体活动容量，它决定着将以哪些类型的活动来组织幼儿的学习以及学习哪些具体的经验。教师需要根据主题活动的目标、幼儿的需要和兴趣、可以利用的教育资源等因素来设计一系列活动内容。

活动内容选择要遵循以下原则：

（1）能反映社会发展，有利于幼儿的长远发展。

（2）符合幼儿的年龄特征，符合幼儿的认知水平。

（3）能引发幼儿的兴趣需要，激发幼儿的探索欲望。

（4）能对应教育目标，不堆砌各领域的内容。

例如，某大班"海底世界"主题活动可选择以下内容：

谈话教学活动：海洋里有什么。

区域活动：在图书区提供有海底世界内容的书籍和图片。

区域活动：提供材料，让幼儿在教室的一个角落搭建"海底世界"。

科学教学活动：各种各样的鱼。

区域活动：在美工区通过绘画、折纸等方式呈现各种各样的鱼。

区域活动：用废旧材料制作"海洋生物"。

艺术教学活动：学习歌曲《小螺号》。

艺术欣赏活动：欣赏动画片《海的女儿》。

音乐游戏：小鱼和水草。

4. 逐一设计每个活动

每个活动的设计包括活动的名称、目标、准备（包括材料、情境等方面的准备）、活动过程、活动延伸等。

（四）案例示范——大班主题活动课"海底世界"

1. 活动设计意图

"海"是幼儿感兴趣的话题，对于神奇的海洋，幼儿充满了好奇，经常问这问那："海底有什么？""海洋鱼是什么样子的？""它们是怎样保护自己的？"为了满足幼儿的求知欲望，让幼儿对海洋产生更大的探索兴趣，我们和幼儿一起生成此次活动——海底世界。

2. 主题活动目标

（1）通过参观或收集活动，让幼儿知道海底有各种各样的海洋生物、了解海洋生物保护自己的方式，激发幼儿对海底世界的探索兴趣。

（2）通过对海底动物的观察，能进行仿生联想，大胆表现海底世界的各种奇观。

（3）运用画、折、剪、贴等技能，发挥想象进行个性化的审美表达与创造。

（4）在欣赏音乐的基础上，能创编表演各种海底生物的动作，并能大胆地随着音乐协调律动。

（5）能用各种方式表现自己对海底世界的认识，培养热爱大自然的情感和保护生态的意识。

3. 活动一：奇妙的海底世界

（1）活动目标。

①知道海底有各种各样的海洋生物，能用比较完整的语言大胆讲述自己获得的信息，乐于分享自己的经验。

②能在游戏活动中对海洋生物进行分类，体验参与活动的乐趣。

（2）活动准备。

①收集有关"海底世界"的资料、海洋动物标本以及若干图书。

②《奇妙的海底世界》碟片。

③海洋生物卡片若干套，海底背景图两套。

（3）活动过程。

①经验分享。

这几天，我们收集了关于海底世界的资料。今天，把你知道的海底世界的知识告诉大家，好吗？

小结：海洋是一个神秘的世界，更是一个美丽的地方，那么，海底还有些什么呢？现在我们一起来欣赏短片。

观看碟片《奇妙的海底世界》，边观看边谈话。

刚才我们观看了海底世界，请小朋友说一说，你看到的海底是什么样的？

说一说，海底有哪些动物，有哪些植物？你看到的水族馆与看过的图书资料里有哪些奇妙、有趣的海底奇观？你最喜欢的是什么？

②"找朋友"游戏。

游戏规则：分别将海底动物、植物卡片贴到相应的背景图上。

游戏玩法：每人一张海洋生物卡片，请幼儿仔细看看手中卡片，想一想，它是海底动物还是植物，然后给它找"朋友"，把海底动物卡片贴到海马背景图上，把海底植物卡片贴到海藻背景图上。比一比，看谁贴得又对又快。

③海底知识大比拼。

将幼儿分成海马队和海藻队，分小组讲述海底动、植物的特征及生活习性。要求幼儿轮流、轻声地用完整的语言连贯讲述，并注意倾听同伴的讲述。

每组推选一个幼儿讲述，教师用投影仪协助幼儿讲述。

海马：海马不是马，是鱼，能直立游泳，海马是海马爸爸生的。

海蜇：能吃，营养丰富，美味爽口。

章鱼：章鱼不是鱼，是一种软体动物，可以喷墨，章鱼妈妈产的卵是长长的，卵产下后章鱼妈妈就死去。

幼儿每介绍一种获得一个贴花，最后统计小组获得贴花的情况，给获胜组发奖。

（4）活动延伸：看有关的图书资料，听广播，看录像、电视或向成人请教，了解更多的海洋知识。

4. 活动二：各种各样的鱼

（1）活动目标。

①在欣赏海洋生物的基础上能说出常见海洋鱼的名称及外形特征。

②运用画、剪、撕、贴等技能制作鱼，培养动手操作能力和创造能力。

③在活动中体验自主制作的乐趣，享受个人作品与他人作品组合成大型成果的快乐。

（2）活动准备。

①活动前组织幼儿参观海洋馆或观看海洋馆碟片。

②常见海洋鱼的图片。

③水彩笔、油画棒、图画纸、电光纸、皱纹纸、剪刀、胶棒、纸杯、纸盘、透明胶带等。

④在活动室内创设海洋馆环境的墙饰。

（3）活动过程。

①以谜语形式导入活动。

谜语：

不是船儿水中游，

摇摇尾巴点点头，

深海浅水都能去，

味道鲜美营养多。

②能说出常见海洋鱼的名称，了解鱼的外形特征。

前几天，我们一起参观了海洋馆，在那里我们看到了许多鱼，请小朋友说说，你们看到了哪些鱼？（燕鱼、鲨鱼、气鼓鱼、章鱼、射水鱼……）

出示海洋鱼图片，讨论：这些是什么鱼，它们长什么样？

幼儿分组自由交流，每组请一个幼儿小结。

鱼的种类非常多，它们的身体形状各种各样，有的鱼像条带子，有的鱼像个鱼雷，有的鱼像个梭子，有的鱼身上长满刺，有的鱼能变颜色，有的鱼会飞……

③运用画、剪、撕、贴等制作鱼，激发幼儿制作的兴趣。

小朋友都特别喜欢去海洋馆看鱼，今天，老师想请小朋友一起动手来制作你喜欢的鱼，并把它放在咱们班的"海洋馆"中。

讨论：你们想用什么方法制作鱼？

幼儿分组制作各种各样的鱼。

第一，教师分别介绍材料，幼儿自主选择活动方式。

第二，教师分组指导。

剪纸组：重点指导幼儿运用对称的方法剪鱼，在此基础上鼓励幼儿大胆镂空，剪出不同形态和花纹的鱼。

绘画组：重点能画出鱼的外形特征，并大胆运用颜料较均匀地涂出美丽的花纹。

撕纸组：教师根据幼儿能力提供不同材料，一种沿线撕、一种脱线撕。

手工制作组：根据纸杯及纸盘的形状粘贴上鱼眼睛、鱼鳃、鱼鳍等，鼓励幼儿大胆装饰。

④装饰墙饰"美丽的海洋馆"。

师生共同布置"海洋馆"，幼儿将自己的作品随意粘贴在墙上。

请幼儿简单介绍自己的作品，如是用什么方法制作的，制作的是什么鱼。

请幼儿共同给"海洋馆"起名字。

总结：今天我们做的"海洋馆"可真漂亮，以后小朋友要做小小发明家，看海洋里还有哪些鱼，并制作出来放到我们的"海洋馆"里。

（4）活动延伸：把橡皮泥放在活动区，让幼儿用橡皮泥捏各种海底的动、植物；在日常生活中吃带鱼、鲳鱼、鳊鱼等海鱼，知道海鱼味道鲜美、营养丰富。

5. 活动三：快乐的海底世界

（1）活动目标。

①在欣赏音乐的基础上，创编表演各种海底生物的动作，并能跟着音乐进行协调律动。

②乐于创编动作，发展在音乐活动中大胆表现的能力。

（2）活动准备。

①《水族馆》音乐碟片。

②音乐磁带《小鱼和水草》、录音机。

③小鱼、水草头饰若干。

（3）活动过程。

①欣赏音乐碟片《水族馆》后，边讨论边表演。

你听到了什么？你看到的大海是什么样子的？你会用身体动作来表现吗？（引导幼儿用动作表现相关情景：有时，微风轻轻吹过，海面泛起小小的波浪；有时，大风吹过，海水卷起高高的浪花。）

大海一望无际，如果几个小朋友合作表演，我想肯定会更精彩，你们愿意来试一试吗？

幼儿跟着音乐将看到的动作自由表现出来。

海里的动物最活跃、最自由，动动你的身体来模仿它们，让我猜猜你模仿的是谁？可以一个人模仿，也可以跟好朋友合作。

②幼儿自由模仿海洋动物。

与好朋友合作，讨论模仿的动物（如：螃蟹、鱼、虾、乌龟、章鱼等）。

③动作展示。

分别请2～3个幼儿随着音乐展示模仿动作，请其他幼儿猜猜模仿的是谁？

集体大造型：幼儿以小组为单位，把看到的海洋动物来一个大组合，并跟着音乐表演相应动作。

音乐游戏：小鱼和水草。幼儿戴上小鱼或水草的头饰，听音乐《小鱼和水草》，模仿小鱼在水草中自由自在畅游和互相嬉戏的情景。

（4）活动延伸：欣赏动画片《海的女儿》。

6. **活动四：海底世界展览会**

（1）活动目标。

①收集各种各样的海产品，交流分享海底世界的秘密，并能大胆讲述自己的发现。

②将各种海产品分类，布置海产品展览。

③了解海产品的多样性及其与环境的关系，爱护动物，有初步的环保意识。

（2）活动准备。

①有条件的家庭可以带幼儿参加一些服装、家电或食品等的展览会，引导幼儿体验相关服务内容。

②制作海报、请柬，邀请家长参加展览会。

③分组准备展览会所需物品：如送给家长的礼物（折的鱼、虾、蟹等，画的海洋鱼卡片等）；各种海洋鱼的图片；贝类饰品、菜场找寻可以食用的海洋生物、超市找寻用海洋生物制成的干货等。

④被污染的海洋图片一张（海面漂浮着塑料袋、盒子等垃圾，黑色的海水），《小鱼的哭泣》录音带、录音机。

（3）活动过程。

①幼儿相互介绍、讨论收集来的海产品。

海洋生物丰富多彩、各不相同，小朋友收集了很多海产品，大家说说你们都收集了哪些海产品。

②鼓励幼儿将收集的海产品分类展览。

请你们想一想可以分几组来摆放海产品？想好后请各个小组分头布置展览。

③交流分享，幼儿分组介绍展览的海产品。

贝类展览区：幼儿介绍各式各样的海贝类生物及各式各样的装饰品。

小结：贝类生物不仅可以吃，还可以做美丽的装饰。

海洋鱼（图片）展览区：幼儿介绍海洋鱼的名称、主要特征。

小结：大海里有成千上万的鱼，它们都有自己特殊的本领，既有趣又有用。

海产品展览区：幼儿介绍可食用海产品的名称和用途。

小结：大海为我们提供了很多既美味又有营养的食品。

被污染的海洋图片展览区：播放《小鱼的哭泣》录音，幼儿介绍海水污染对海洋生物的影响。

小结：由于我们不注意保护海洋环境，致使海水遭受了严重的污染，海洋生物越来越少。我们要爱护大海，保持海水清澈、保护海洋生物。

④游戏：海产品大派送。每个幼儿拿一个礼物送给家长，送的时候要介绍其名称、外形特征或用途。

（4）活动延伸：在日常生活中品尝海产品，能说出海产品的名称并与家长交流；调查海水污染给海洋生物带来的灾难，教育幼儿有初步的环保意识。

模块七

幼儿园教育评价

内容摘要：幼儿园教育评价的目的在于了解幼儿教育的适宜性、有效性，进而促进幼儿全面和谐发展，提高保教的质量。该模块主要介绍了幼儿发展评价、幼儿教师发展评价、幼儿园教育活动评价三部分内容。

学习目标：了解幼儿园教育评价的含义及其意义；理解幼儿园教育评价分类标准及内容；初步学会对幼儿园保教工作进行评价与反思，并提出改进建议；初步形成正确的幼儿园教育评价观。

关键词：幼儿园教育评价　评价类型　幼儿发展评价　幼儿教师发展评价　幼儿园教育活动评价

第一节　幼儿园教育评价概述

案例导入

在一次语言教学活动中，全班孩子都叽叽哇哇开口说话，整个活动现场热闹非凡、气氛活跃，从活动开始到结束，老师不断地夸赞每一个孩子，生怕落下一个孩子。不管孩子们说的是字、词，还是句……只要开口说话，老师都会竖起拇指，"真棒！""好厉害！""真聪明！""真能干！"不断称赞，甚至要求其他小朋友一次次鼓掌。但是活动后期，可能是老师对于教学活动太过于投入，以至于没注意到孩子们的情绪变化，他们注意力逐渐分散，掌声也变得稀稀拉拉……

思考：教师在课堂中对幼儿的表扬恰当吗？为什么？

一、幼儿园教育评价的概念

《幼儿园教育指导纲要（试行）》指出："教育评价是幼儿园教育工作的重要组成部分，是了解教育的适宜性、有效性，调整和改进工作，促进每一个幼儿发展，提高教育质量的必要手段。"

幼儿园教育评价是通过系统地收集、整理、分析幼儿的相关信息，对教育活动满足社会与幼儿个体需要的程度给予的价值判断。评价的目的在于为幼儿园教育管理和决策提供依据，从而实现教育改革，提高保育和教育的质量。

二、幼儿园教育评价的要素

幼儿园教育评价的要素包括评价主体、评价内容和评价标准三个方面。

（一）评价主体

幼儿园教育评价的主体应该是多元化的，既可以是内部人员，又可以是外部人员。内部人员为实施教育活动的教师和受教育的幼儿；外部人员包含教育管理人员、教育行政管理人员、教育科研人员等；而幼儿家长则是介于内外人员之间的最重要的评价主体。

幼儿园教育工作评价以教师自评为主，其他教育工作者和家长等参与评价，评价过程是多方共同参与、相互支持与合作的过程。

（二）评价内容

幼儿园教育评价根据内容的不同可分为三个方面：一是对幼儿发展的评价和教师发展的评价；二是对幼儿园教育环境和设施的评价；三是对幼儿园教育活动项目和课程的评价。当前的学前教育实践活动中，更加偏向于对幼儿发展的评价和教育教学活动的评价两个方面。

（三）评价标准

幼儿园教育工作的复杂性决定了其评价不可能存在一个统一的标准，一般是用反映评价对象某一方面特征的主要因素、模糊量（如优秀、良好等）或数字等综合表示。评价还可以采用评价所赖以成立的事实，即评价过程中收集的各种教育信息及其处理结果，如收集的幼儿活动观察记录、谈话记录、作品分析等信息。

三、幼儿园教育评价的意义

《幼儿园教育指导纲要（试行）》指出，"评价的过程，是教师运用专业知识审视教育实践，发现、分析、研究、解决问题的过程，也是其自我成长的重要途径。"幼儿园教育评价具有以下四个方面的具体意义：

（1）有助于幼儿教师改进教学活动。

（2）有助于改进幼儿园的教育管理。

（3）有助于幼儿家长改进幼儿教育观和教育行为。

（4）有助于社会群体对幼教领域有更全面的认知。

四、幼儿园教育评价的类型

（一）按评价目的与进行时间分

1. 诊断性评价

诊断性评价是指在某一幼儿园教育活动项目开始之前，为使活动计划和方案更有效地实施而进行的事前评价，又称发展性评价。该评价侧重于把握现状或发现不足和问题，目的在于了解幼儿活动中的基本情况，为制订教育活动计划、收集资料、做好准备工作或解决某些实际问题提供依据。

2. 形成性评价

形成性评价是指在某项具体的幼儿教学活动正在实施的过程中所做的事中评价，又称过程性评价或即时评价。该评价的目的在于及时掌握教育活动过程中的情况，重在评价活动本身的效果，适时调节控制原有的活动方案或者状态，以减少其与既定目标之间的差距。

3. 总结性评价

总结性评价是指在某项具体的幼儿教学活动进行到一定阶段或完全结束后所做的事后评价，又称终结性评价或效果评价。以教育目标为基准对该阶段的教育成果做出价值判断，只关心结果而不注重过程，利用总结性评价结果为教育活动计划、方案提供依据。

（二）按评价主体分

1. 内部评价

内部评价是指被评价者根据一定的评价标准对自己的学习、工作状况所做的分析和判断，也称自我评价。如幼儿教师对每次教育活动的回顾和自评。内部评价有助于幼教工作者更好地认知自我、剖析自己，是其自我能力提高过程中的必要手段。

2. 外部评价

外部评价是指除被评价对象以外的任何组织或是个人组成评价小组或是专门人员对其实施的评价，又称他人评价。如上级教育行政主管部门领导对幼儿教师教育教学工作的检查，幼儿园内部教师之间的同行互评、园领导评价、幼儿评价等。

（三）按参照标准分

1. 相对评价

相对评价是指在被评价幼儿所在的集合体内选定一个或几个幼儿作为参照标准，然后将各个被评价的幼儿与参照标准进行比较，找到其相对应的位置或排序来给予的评价，又称常模参照评价。如幼儿园内部组织的各种课程教学活动比赛。

2. 绝对评价

绝对评价是指在被评价幼儿的集合体之外确定一个客观的标准或以某个确定发展目标为参照，将各个被评价幼儿与客观标准进行比较，以判断其达标程度的评价，又称标准参照评价。如幼儿园的教师职称评审评定工作。

3. 个体内差异评价

个体内差异的评价是指以被评价幼儿过去某一时期某一方面发展水平为参照标准，然后判断幼儿在这个方面的发展状况的评价，又称自身差异评价。如幼儿园对某个孩子入园前和入园后午睡表现情况进行对比。

（四）按分析方法分

1. 定量评价

定量评价是指对被评价的幼儿进行数量化的统计和分析，对被评价幼儿做出定量结果的价值判断，又称量化评价。该评价有助于加强评价的区分度、精确化，降低评价的模糊性、主观性，增加评价的说服力。

2. 定性评价

定性评价是指对被评价幼儿的某方面发展做概念、程度上的质的规定，然后采用观察、分析等方法收集和处理资料，并用文字性描述的方式对幼儿的发展的性质或程度进行价值判断的评价，又称质性评价。该评价简便易行，但评价不够精准、具体。

第二节 幼儿发展评价

案例导入

> 莹莹小朋友即将结束自己的幼儿园学习阶段，老师在她的毕业评语中写道："莹莹小朋友在幼儿园期间一直非常乖巧懂事，很少惹老师生气；身体偏瘦，不太喜欢户外运动，有较好的是非判断力，记忆力较强；喜欢看书、绘画、听音乐，有了一本属于自己的作品画册；性格比较内敛，不善言辞，属于比较安静的女孩。希望在以后的学习中莹莹小朋友能在同学们面前大胆发言，将自己的优势展示出来。"
>
> 思考：教师对莹莹小朋友评价的内容是否全面？方法是否恰当？

一、幼儿发展评价的内容

（一）健康与动作发展评价

学前教育阶段幼儿健康与动作发展评价主要包括形态指标、生理功能指标、大小肌肉动作的评价。

形态指标是幼儿躯体及各部分外在形态能通过测量工具测出的量度。如身高、体重、三围和皮褶厚度等，而身高、体重是最常用的形态指标。

生理功能指标是幼儿各身体器官、系统在生理功能上可测出的各种量度。由于幼儿的生理功能具有易变性，受外界因素影响较大，在测量时要用对方法以获得准确数据结果。肺活量、脉搏和血压是其常用指标。

大肌肉动作主要有走、跑、跳、踢、投掷、俯卧、攀登等。幼儿大肌肉动作能力发展的"黄金时期"是 0～7 岁。

小肌肉动作主要是由小肌肉群组成的随意动作，又称精细动作。如剪、折、夹、画、拼接等。幼儿的小肌肉动作主要表现在手部活动，如手眼协调、指尖动作、手指屈伸等。

（二）智力与语言发展评价

智力是运用知识、经验来认识、理解客观事物并解决相关问题的能力，主要涉及注意、记忆、观察、想象和思维等方面能力。

幼儿语言发展评价有书面语、口语、讲述、早期阅读、问题交流、前书写等方面，而学前教育阶段就是幼儿学习语言的最佳时期。

（三）社会性与情绪发展评价

幼儿的社会性与情绪发展评价主要包括幼儿在社会交往活动中获得的自我认知、同伴关系、亲子互动、社会行为等方面。

（四）学习品质发展评价

幼儿学习品质是能反映幼儿运用多样化的方式进行学习的行为倾向、态度、风格、习惯等。幼儿学习品质的要素包括学习的兴趣与好奇心、主动性、坚持与专注、想象与创造、反思与解释等方面。

二、幼儿发展评价的方法

（一）观察分析法

观察分析法是对被评价的幼儿行为进行有目的、有计划地现场观察或测量，并对观察结果进行分析、做出判断的一种方法。根据条件、角度、目的等不同，其可以分为以下两种类别。

1. 自然观察法

自然观察法是对被观测的幼儿的日常生活、活动状态、行为表现进行观察、记录并做出评价的方法，又称事件详录法。

自然观察法存在的优、劣势：优势方面，不进行人为的干预与控制，教师能观察记录日常生活中幼儿最真实、最典型的行为；不受时间间隔的限制，可以对幼儿所产生的事件或行为进行持续记录，以获得生动、具体的资料，全面真实地反映幼儿的行为。

劣势方面，要求观察者有较高的研究素养与科研能力，能自制研究工具，要具备应变能力和文字速记能力。

2. 情境观察法

情境观察法是由评价者基于教育的实际情境，控制和改变某些条件以创设一个与现实生活场景类似的情境，并将幼儿放置其中，观察幼儿的行为表现的方法。

情境观察法存在的优、劣势：优势方面，能排除一些无关因素的干扰，获得大量有用信息，观察的效率较高，而且能够观察幼儿发展水平的不同层次；劣势方面，难以创设一个能完整地体现评价目标的情境。

（二）谈话法

谈话法是教师与幼儿直接面对面交谈，并获取信息的评价方法。

谈话法的优、劣势：优势方面，能获得真实、可信的资料，操作灵活方便，还可以拉近师幼间的距离，具有人情味和个性；劣势方面，谈话得到的信息难以标准化，过程费时费力，难以进行量化研究。

运用谈话法时要注意以下问题：

第一，要求教师要有明确的谈话目的，并对谈话内容非常熟悉，语言表达能力要好，还要具备敏锐的洞察力，善于理解幼儿的言行和态度。

第二，教师在谈话前要做好充分准备，谈话提纲要罗列出先后顺序，问题简洁易懂，不要涉及与主题无关的提问。

第三，谈话要在自然轻松、愉快的气氛中进行，减少幼儿紧张的情绪，从而获得幼儿更多的真实想法。

（三）作品分析法

作品分析法是对幼儿的各成长阶段的代表作品（如图画、手工、儿歌创编、泥塑、拼插等）进行分析，以确认幼儿的发展水平或检测教育教学活动效果的一种方法。优点是资料容易收集；缺点是往往不能系统、完整地了解幼儿的发展水平。

（四）问卷调查法

问卷调查法就是由研究者简明扼要地拟定各种有关调查内容的问卷或表格，请被调查者回答或填写来间接收集资料的方法。优点是简便易行，能在短时间内获得大量有用的信息，便于量化统计分析；缺点是缺少直接的沟通，获得的信息不够深入、细致。

（五）档案评估法

档案评估法是指幼儿教师或家长有针对性地收集幼儿不同成长阶段的资料，并进行系统化、合理化的剖析与解读，以折射出幼儿在教育过程中的成长与发展痕迹的方法，又称成长记录袋或公文包法。具体包括描述记录和作品收集。

描述记录就是幼儿教师在日常教学活动中通过观察，有选择性地记录幼儿某些有价值的行为表现，运用记叙性的语言记录他们的语言、动作和形态。

作品收集主要是收集涉及幼儿五大领域发展的代表性作品，如语言、数学、音乐、手工等方面的作品。

第三节　幼儿教师发展评价

案例导入

某幼儿园为了推进教学质量改革，每学期都将会举办一次教师教学技能大赛，让园内的所有承担教学任务的老师们参加，以达到赶超比学的效果，从而促进教师的个人发展。但在一次比赛中，参赛规则是大、中、小年级组教师一起参加比赛，参赛内容现场随机抽取。这可把刚入职不久的小班的李老师急坏了，她才带了一学期的小班教学活动，参赛题库中又设计了中、大班级的活动，这可如何驾驭得了？但是参赛规则不能改，李老师只能硬着头皮上。现场抽签的结果也不尽如人意，抽中的是大班数学教学活动，是李老师最不擅长的学科领域，她只好鼓起勇气在全园教师面前完成这次比赛。

思考：学校组织的这次比赛是否有助于教师的专业成长？是否能让管理者看出老师的真实教学水平？

一、幼儿教师发展评价的内容

幼儿教师发展评价的内容包含教师教学的评价和教师素质的评价两个方面。

（一）教师教学评价

第一，教育计划和教育活动的目标是否建立在了解本班幼儿现状的基础上。教师一切的教育计划和教育活动目标必须建立在幼儿已有的经验基础之上，教师必须要了解、掌握班上幼儿的现状。幼儿发展的现状是教学的出发点，幼儿成长的效果是教学的落脚点。以幼儿的最近发展区为界限，能更好地促进幼儿的全面发展。

第二，教育的内容、方式、策略、环境条件是否能调动幼儿学习的积极性。良好的积极性源于幼儿的内在动机，它是保证有效学习的重要基础，所以教师在选取教学活动内容时不仅要符合教育目标，还要符合幼儿的兴趣爱好。

第三，教育过程是否能为幼儿提供有益的学习经验，符合其发展需求。教育的根本目的就是促进幼儿的全面发展，并不是简单地满足幼儿的需要与兴趣，作为幼儿园教师，要学会为幼儿提供有益的学习经验，以促进其健康发展。

第四，教育内容、要求能否兼顾群体需求和个体差异，使每个幼儿都能得到发展、都能获得成功感。教师要充分尊重每个幼儿独特的发展优势和个性特点，积极地为每个幼儿提供多样化的发展机会，努力为每个幼儿创造展示自我和获取成功的条件。对幼儿的信息要及时给予反馈，帮助幼儿充分认识自己，增强他们的自信心，实现弱势向优势迁移，最终实现每一个幼儿的全面发展。

第五，教师的指导是否有利于幼儿主动学习、有效地学习。师幼互动应该呈现的是动态现象，教师在学习活动中应紧随幼儿的思考，把握时机提供适宜的"支架"，不断减少"支架"，最终撤销"支架"，使幼儿能够独立解决挑战性的问题，提高教师教学和幼儿学习的价值和意义。

（二）教师素质评价

教师素质评价可以从职业道德、学科知识、教学能力、认知能力、交往能力、自我评价能力等方面进行。

教师的职业道德修养评价标准应基于对教育事业进取心、职业热情程度，对学生的爱心、公正程度，对教师自身的正直诚实性、健康心态情况进行评价；教师的学科知识主要表现在教学方法上，具有更大的自主性，能更灵活地选择与使用教学法；教学能力除了要有判断、表达、教学组织等方面能力，还需具有相应的教学科研能力、创新能力、终身学习能力等；认知能力方面，思维能力是核心成分，但也不能缺少敏锐的观察能力、丰富的想象力和良好的记忆等；交往能力是幼儿教师实施教学活动的前提，即使再有水平，一旦幼儿不喜欢，就无法完成教学目标；自我评价能力贯穿于教师的教学与生活，"以人为本"的评价具有积极的效果，评价的话语体系由作为评价对象的老师和评价者共同构建。

二、幼儿教师发展评价的方法

幼儿园教育活动工作评价制度是以教师自评为主，园长和有关管理人员、其他教师和家长参与评价的制度，主要有以下几种方法。

（一）自我评价

自我评价是教师自我反省意识建立的基础，能有效提高教师个人工作效率，激发教师努力向前发展的积极性，最终成为一名反思型的幼儿园教师。教师可采用自我评价问卷或对照计划和建立幼儿发展档案的方法进行评价。

（二）观察记录

管理者利用平时在与教师共同研讨、听课、观看活动、沟通交谈等环节中所获取的资料信息，对每位教师进行深度剖析，以了解他们的发展情况、教学特色和专业能力需要提升的地方，建立良好的沟通桥梁，及时给予有关支持与服务，协助每一位教师不断成长。

（三）案例分析

将拍摄的教师教学活动视频或照片收集整理，采用集体、小组或个人的方式进行教学研讨，充分挖掘实际教学活动中存在的问题与困惑，自由发表言论以获得新视角，通过相互讨论、撞击，澄清一些模糊认知，找出解决问题的对策。

（四）家长评价

通过家长问卷、座谈等形式可以了解教师的教学态度，了解家长对教师工作的看法及对教师专业能力的评价等。

第四节　幼儿园教育活动评价

案例导入

在高质量发展学前教育目标的驱动下，幼儿园教师们各显所能，倾尽所能将每一个教学活动都设计得尽善尽美，想给幼儿的全面发展奠定夯实的基础。但在实际的教学活动设计过程中，许多幼儿园老师普遍有这样的体会，很多领域的教学活动课程难以制定一个评价标准，如美术中的绘画和科学中的数学相比，其难以用量化的方法来评价教学活动的优劣，导致教师无法对教学活动有进一步的改善与提高。

思考：幼儿园不同领域的教学活动真的就没有相同的评价标准吗？

一、教育活动计划的评价

在幼儿园各领域的教育活动计划中，分别有着不同层次的教育目标，各领域、层次的教育计划的具体评价内容和标准不尽相同，但评价时都要注意以下几点：

第一，教育活动计划中能否呈现我国的教育方针和正确的教育思想，实现该领域幼儿教育的总目标。

第二，教育活动计划能否依据前一教育阶段存在的不足，拟定现阶段教育活动的任务要求，以达到循序渐进的教育效果。

第三，教育活动计划要从班级幼儿的现实发展水平出发，必须与其年龄特点和现有经验相结合。

第四，教育活动计划中教学活动是否专门分类地开展教学工作，必须做到有整体的重点培养，又有个体差异的发展，做到因材施教。

第五，教育活动计划中是否有相应的教学方法和措施来保障教育目标的达成，教学活动的形式及完成计划的日期应该有明确规定。

第六，教育活动计划中是否融入了家庭教育、社会教育等，以实现学前教育教学资源的有机结合。

二、教育活动目标的评价

教育活动目标是教师期望实施教育活动后能获取的教育效果，其评价标准包括以下五个方面：

第一，活动目标与幼儿发展总目标、年龄阶段目标、学期目标及单元目标是否一致。所有目标必须围绕幼儿发展总目标来制定，各层次目标之间应该紧密联系，教育目标层次越低越是应该具体描述。

第二，活动目标与班级幼儿发展的整体水平和已有经验是否相契合，并且要考虑幼儿个体发展的需求。每个班级的幼儿在年龄特征上应该都处于平均发展水平，但也有个别差异，要结合具体实际情况来看其是否合理。

第三，活动目标是否涵盖知识技能、方法过程、情感价值等多维度学习目标。因每一次具体活动的组织策略不同，目标学习的侧重点也不同，可以进行综合目标的达成。

第四，活动目标是否指向幼儿的终身学习和发展。幼儿园的教学活动重点是培养幼儿探索新事物的兴趣，激发其对未知事物探寻的欲望，引导幼儿勇于创新、乐于思考，获取解决问题的方法和能力。

第五，活动目标的呈现是否简洁明了，有较强的可操作性。每一次教学活动目标都应该简约清晰，这样有利于教师的把控和幼儿的操作学习。

三、教育活动内容的评价

第一，活动内容的选取是否依据活动目标而定。教育活动内容比较多样化，在确定内容的时候要与幼儿具体达成的目标一致，这样更有利于促进幼儿的发展。

第二，活动内容是否具有科学性。所有教学活动都是为了帮助幼儿获取新知识和新概念，具体的活动内容应该是基于幼儿的生活经验，能被幼儿感知且使用的材料是可靠的材料，千万不能把知识性的错误传递给幼儿。

第三，活动内容的选择是否体现时代性。幼儿天生就对新事物具有好奇心，在科技飞速发展的时代，对幼儿的教学活动内容应该添加现代智能化的科技知识。

第四，活动内容是否贴近幼儿的生活经验。幼儿的学习活动源于生活，只有贴近幼儿具体体验的事物才能引发他们的兴趣。

第五，活动内容是否适合幼儿的现有水平。符合幼儿最近发展区的知识内容，才能有效提高知识与技能获取的效率，过高过低都不利于幼儿现有经验的积累和兴趣的培养。

第六，活动内容幼儿是否能直接参与活动。要选择具有探索性质的活动内容，让幼儿的手、脑都能参与其中，能够获得亲身体验感，这有利于幼儿具体学习经验的建构。

第七，活动内容是否体现整合的理念。幼儿园活动内容虽然分为五大领域，但彼此之间是有着内在联系的，是相互渗透、有机结合的关系。

四、教育活动方法的评价

教育活动的方法包括教师指导的方法和幼儿学习的方法，其使用是否得当直接影响活动目标的实现。教育活动方法的评价标准主要包括以下四个方面：

第一，活动方法是否适合幼儿的年龄特点。方法尽量直观、生动、形象、灵活，要与幼儿的年龄特点相契合，这样幼儿才易于接受，对教育活动才更感兴趣。

第二，活动方法是否做到因地制宜。根据园所的环境、设备和实际条件等选择合适的方法，做到因地制宜，发挥特色。

第三，活动方法是否恰当运用现代科技手段。多媒体教学、立体打印等现代科技的运用，可以使幼儿多角度、立体化地观察和探索，提升教育效果。

第四，活动方法是否体现幼儿的主体性。教育活动的主体是幼儿，充分调动幼儿的积极性、主动性和创造性是教师应该考虑的重点方向。

五、教育活动过程的评价

第一，活动过程的结构是否严密。教育活动的每个步骤应该是紧密联系的，整个活动过程的结构应该是严密的，层层递进，环环相扣。

第二，活动过程是否围绕活动目标而进行。所有活动过程应围绕活动目标展开，活动顺序的安排、教师的提问等都要紧密围绕活动目标。

第三，活动过程是否充分接纳和尊重幼儿的个体差异。活动中，教师既要面向全体，又要注意对幼儿的个别指导。

第四，活动过程是否做到灵活掌握、动态调整。每一次活动的开展都有其具体发展情况，有时需要对活动时间、组织形式、方式方法、设疑问题等做出适当调整，以适应具体情况。

六、教育活动效果的评价

教育活动中师幼良好的互动关系能确保活动取得较好的效果，师幼互动关系评价要注意以下四个方面：

第一，教师是否发挥了主导作用。活动中教师的提问是否得当，能否引起幼儿的兴趣，有无激发幼儿的积极性，对幼儿有何种程度的启发等。

第二，幼儿是否成为活动的主体。教师应创造条件使幼儿在宽松的心理环境下主动参与活动，自主探索和发现等。

第三，教师与幼儿交往是否和谐融洽。教师与幼儿的交往过程应该是积极主动、和谐融洽的，可以对幼儿采取关心支持、接纳尊重、理解鼓励等方式进行。

第四，幼儿参与活动的态度如何。幼儿参与活动的状态应该是积极主动的，而不是处于被动或是旁观者。

参考文献

[1] 陈明华，黄旖旎，张妍 . 保教知识与能力：幼儿园 [M]. 镇江：江苏大学出版社，2017.

[2] 余启泉，胡建中 . 学前幼儿心理学 [M]. 南京：南京大学出版社，2019.

[3] 陈帼眉 . 学前心理学 [M]. 北京：北京师范大学出版社，2015.

[4] 薛俊楠，马璐 . 学前儿童发展心理学 [M]. 北京：北京理工大学出版社，2018.

[5] 国家教师资格笔试命题研究中心 . 国家教师资格考试专用教材保教知识与能力（幼儿园）[M]. 北京：现代教育出版社，2019.

[6] 中公教育教师资格考试研究院 . 保教知识与能力高频考点速记（幼儿园）[M]. 北京：世界图书出版公司，2019.

[7] 刘曼 . 保教知识与能力幼儿园 [M]. 广州：华南理工大学出版社，2018.

[8] 王静，侯中太，邹却元 . 学前教育学 [M]. 长沙：湖南师范大学出版社，2021.

[9] 李丰 . 保教知识与能力（幼儿园）[M]. 北京：光明日报出版社，2015.

[10] 洪秀敏，金芳，刘宏旭 . 保教知识与能力（幼儿园）[M]. 武汉：华中师范大学出版社，2017.

[11] 国家教师资格认定考试命题研究中心 . 幼儿园保教知识与能力命题点及试题深度分析 [M]. 北京：机械工业出版社，2015.

[12] 杨桦，朱成科 . 保教知识与能力：幼儿园 [M]. 大连：辽宁师范大学出版社，2015.

[13] 王先达，全晓燕，叶圣军等 . 保教知识与能力：考点精练与备考指南 [M]. 上海：复旦大学出版社，2016.

[14] 邹群霞，朱蓓凌 . 幼儿园教师资格考试精讲精练：保教知识与能力 [M]. 北京：北京师范大学出版社，2017.

[15] 教师资格考试研究中心 . 保教知识与能力（幼儿园）[M]. 北京：北京师范大学出版社，2015.

[16] 中公教育教师资格考试研究院 . 保教知识与能力（幼儿园）[M]. 北京：世界图书出版公司，2012.

[17] 冯艳慧 . 保教知识与能力（幼儿园）[M]. 北京：教育科学出版社，2016.

[18] 教师资格考试统编教材题库编委会 . 保教知识与能力（幼儿园）[M]. 2 版 . 北京：高等教育出版社，2019.

[19] 山香教师资格考试命题研究中心 . 保教知识与能力（幼儿园）[M]. 北京：首都师范大学出版社，2015.

[20] 何兆华，杨西京，任振峰，等 . 幼儿园保教知识与能力 [M]. 北京：北京师范大学出版社，2016.

[21] 杨旭，杨白. 幼儿园教育活动设计与指导·综分版 [M]. 2 版. 上海：复旦大学出版社，2018.

[22] 何媛. 中班幼儿同伴冲突现状及解决对策研究 [J]. 幼儿教育研究，2018（4）:51-54.

[23] 孟朱珏. 幼儿攻击心理的诱因与疏导 [J]. 湖州晚报，2021-01-31.